U0915811

珍藏本
纪念版

汉译世界学术名著丛书

货币论

上卷

货币的纯理论

〔英〕约翰·梅纳德·凯恩斯 著

何瑞英 译

2017 年·北京

John Maynard Keynes

A TREATISE ON MONEY

VOLUME 1

THE PURE THEORY OF MONEY

Macmillan & Co., London 1933

本书根据英国伦敦麦克米伦出版公司 1933 年版译出

汉译世界学术名著丛书
（120年纪念版·珍藏本）
出版说明

2017年2月11日，商务印书馆迎来120岁的生日。120年前，商务印书馆前贤怀揣文化救国的理想，抱持“昌明教育，开启民智”的使命，立足本土，放眼寰宇，以出版为津梁，沟通中西，为中国、为世界提供最富智慧的思想文化成果。无论世事白云苍狗，潮流左右激荡，甚至战火硝烟弥漫，始终践行学术报国之志，无改初心。

逐译世界各国学术名著，即其一端。早在20世纪初年便出版《原富》《天演论》等影响至今的代表性著作，1950年代后更致力于外国哲学和社会科学经典的译介，及至1980年代，辑为“汉译世界学术名著丛书”，汇涓为流，蔚为大观。丛书自1981年开始出版，历时三十余年，迄今已推出七百种，是我国现代出版史上规模最大、最为重要的学术翻译工程。

丛书所选之书，立场观点不囿于一派，学科领域不限于一门，皆为文明开启以来，各时代、各国家、各民族的思想与文化精粹，代表着人类已经到达过的精神境界。丛书系统译介世界学术经典，引领时代思想，为本土原创学术的发展提供丰富的文化滋养，为推动中国现代学术和现代化进程做出了突出的贡献。

为纪念商务印书馆成立120周年，我们整体推出“汉译世界学术名著丛书”120年纪念版的珍藏本，寄望既利于文化积累，又便于研读查考，同时向长期支持丛书出版的译者、编者和读者致以敬意。

两甲子后的今天，商务印书馆又站在了一个新的历史时间节点上。我们不仅要铭记先辈的身影和足迹，更须让我们的步伐充满新的时代精神。这是商务人代代相传的事业，更是与国家和民族的命运始终紧密相连的事业。我们责无旁贷，必须做好我们这代人的传承与创造，让我们的努力和成果不仅凝聚成民族文化的记忆，还能成为后来人可以接续的事业。唯此，才能不负前贤，无愧来者。

商务印书馆编辑部

2017年10月

中译本序言

约翰·梅纳德·凯恩斯(John Maynard Keynes,1883—1946)是当代西方经济学界具有深远影响的英国资产阶级经济学家。他的兴趣和活动是多方面的,但就其主导方面来说,他是一个以传统的货币学家起家,然后转而以建立非传统的就业、产量一般理论为主攻方向的经济学家,是一个最初信奉萨伊定律、歌颂自由放任的自由资本主义,然后转而倡导政府干预的国家垄断资本主义的经济学家。他的三部主要经济著作,1923 年出版的《货币改革论》、1930 年出版的《货币论》和 1936 年出版的《就业、利息和货币通论》(以下简称《通论》),在理论体系和政策主张方面,前后差异很大。可以说,它们是他的经济学说不断演变、发展的总过程的三部曲:一方面,这三部著作,彼此有着巨大的变化和差异,可以独立成书;另一方面,它们却有着前后继承关系,可以找出凯恩斯经济学说从《货币改革论》、《货币论》到《通论》的发展线索。

《货币论》一书在凯恩斯的上述三部曲中,是一部过渡性的重要著作,在凯恩斯《通论》的形成进程中,有它的独特地位。这里只就有关此书的下列几个问题简要地加以介述:

第一,关于凯恩斯经济学说的不断演变和发展,特别是《货币论》的时代背景问题;

第二，关于凯恩斯的治学风格，以及《货币论》一书的主要特点；

第三，关于上述“三部曲”中，《货币论》这部著作的主要内容；《货币论》这部著作的过渡性，以及它为《通论》作准备的发展线索。

一、时代背景：坎坷多艰、江河日下的英国经济

维多利亚女王 1837—1901 年临朝的六十四年是大英殖民帝国经济的极盛时代。直到第一次世界大战爆发，英国经济还是活跃的、有起色的，这时市场机制的运行还算比较灵便，自由放任的经济体制还算大体上能够正常运行。

凯恩斯生于 1883 年 6 月，终于 1946 年 4 月。从他的出生到 1914 年第一次世界大战爆发，1915 年应召到战时财政部工作，这 32 年约占他一生的一半岁月。这是凯恩斯的前半生，包括他的童年时代，在剑桥受教育的青年时代，以及 1908—1915 年在剑桥大学担任经济学讲师的他的学术生涯早年时代，这些都是在这个“黄金时代”度过的。尽管这时英国已届“黄金时代”的尾声，它的处境已经内外交困，各种矛盾正在酝酿和发展，但大体上说，大英帝国仍然算得国势昌盛，经济繁荣，英国资产阶级对资本主义制度和英国经济的前途仍然充满信心。凯恩斯终生拥护资本主义制度，并且相信只要有“正确的”经济理论和经济政策，资本主义的各种弊端都可以得到改善。他的这种基本态度同其前半生的上述时代背景有密切关系。

第一次世界大战是大英帝国由强盛趋向衰败的转折点：受战争的沉重打击，英国由债权国变成了债务国，海外许多传统市场被美、日等国夺走，航运和国际贸易受到重大削弱。英国是这次战争的胜利者，又是这次战争的失败者。它赢得了战争，但输掉了帝国。从此，帝国瓦解初露端倪，再也不能按照以往的那种传统办法继续统治下去了。英国在前一阶段资本主义发展过程中所积存的各种矛盾，到大战胜利结束之际，都通通暴露出来，并且日益尖锐。

英国战后及整个 20 世纪 20 年代面临的重大经济问题主要有三：一、巴黎和约与战债；二、通货紧缩政策；三、恢复金本位制。这三个问题在某些方面是互相关联的，后两者彼此之间的关系尤其密切。凯恩斯认为，它们的严重后果集中表现为英国整个 20 年代独特的长期慢性萧条。现举当时主要资本主义国家 1913—1929 年加工工业生产指数如下表，作为考察当时英国经济状况的具体材料：

1913—1929 年主要资本主义国家加工工业生产指数

国　　别	1913 年	1929 年
美　　国	100	180.0
英　　国	100	100.3
法　　国	100	142.7
意 大 利	100	181.0
日　　本	100	324.0
德　　国	100	117.3

资料来源：《工业化和对外贸易》，日内瓦 1946 年版，第 134 页。

从上表数字可以看出，英国 20 年代的长期慢性萧条，同其他国家相对照，具有十分明显的独特性。20 年代的美、日、法、意等国的工业都有相当大的增长，而英国在整个 20 年代却是停滞不前的;到1929年,英国的工业生产才勉强达到1913年的水平,这在英国经济发展史中确实是空前严重的。

第一次世界大战前英国统治阶级普遍具有满足于维持现状的保守思想,即使在战后经济困难的年代里,英国正统思想界占统治地位的仍然是对1914年以前兴盛优势的留恋。他们认为,战前有着经济发展的常态和均衡。为了重新回到那种"幸福世界",原来的经济体制和政策都应该恢复。在这种恋旧情调的支配下,英国各届政府在战后和20年代主要采取如下几项重大的经济政策和措施:

(一)坚持健全财政原则(财政部观点):平衡预算,紧缩政府开支,坚持自由放任政策,同时厉行通货紧缩政策。英国在大战期间,战费开支浩大,入不敷出,于是国债大大增加,同时货币供应量也有所增加,引起通货膨胀,物价上涨。这是战时经济的必然结果。战争结束后,进行财政与金融的整理,回到平时经济的轨道,这是所有交战国在战后初期必须实行的共同原则,不仅仅是英国如此。这里值得特别注意的是,英国战后希求"回到1914年"这种怀旧幽灵,强烈地表现为支配着英国战后经济政策的独特格调。其他如美、法、日等国却没有战前"黄金时代"的历史包袱,它们的经济政策,特别是货币金融政策,都是适应经济发展的要求,适当扩大信用;特别在经济衰退的年份,不仅不追求预算平衡,而且不惜举债去应付困难。在这种适度扩张政策的影响下,这些国家的经济在20年代都有相当大的发展。而英国呢,不论在20年代初期的经济危机中,还是在随后的长期慢性萧条期间,都是在传统经济理论的指导下,始终贯彻着财政金融紧缩政策。

历届政府推行这种紧缩政策，在于希图借此来为市场经济提供一个健全的环境，使其便于充分自动调节，回复到 1914 年以前的经济繁荣局面。但是，结果却适得其反，使英国经济长期陷于慢性萧条的困窘境地。凯恩斯则坚决反对这种通货紧缩政策，围绕着"通货膨胀还是通货紧缩"这种关键性的重要经济政策问题，在整个 20 年代以至 30 年代前半期，长期地、经常地、越来越强烈而深入地，同传统经济学教义展开针锋相对的论争。他对通货膨胀和通货紧缩的经济影响进行了比较细致的分析，认为两者都会导致物价水平的波动（上升或下降），引起财富重新分配，而使一些阶级得益，另一些阶级受损。他认为，通货膨胀有欠公平，而通货紧缩则必然会造成经济衰退和失业增加，危害很大。权衡利害得失，在两者中宁取前者（假若比较温和的话），而反对后者。

（二）恢复金本位制，而且回到战前平价。第一次大战期间，交战国家乃至中立国家暂时脱离了金本位制。英国停止了银行券的兑现，实际上等于结束了传统的金本位制。

英国战时和战后初期通货膨胀是严重的，物价普遍上涨。战后英国朝野人士怀恋战前物价水平的稳定，寄希望于恢复金本位制，控制通货数量的增大，遏制通货膨胀，此其一。英国战后输出贸易处境困难。大战期间许多传统的国际市场被别国夺去了；同时，英国出口商品因价格昂贵，在国际市场中竞争能力低落，战后输出总值只及战前的 2/3。而英国出口贸易在国际经济中素占很大比重，输出锐减使英国战后国民经济遭到很大困难。英国统治阶级希望恢复金本位制，能够提供一个市场自动调节的机制，消除或减轻英国国际贸易大量逆差的失调病态，此其二。战后英国在国际金融领域中的地位大为降低，英镑的国际信誉大受损害；世界黄金储备的40%被美国掌握，纽约一跃而成为国际金融中心。英国政府决定恢复金本位制，寄希望于提高英镑汇率，使英镑价值固定在黄金上，从而达到提高英国在国际金融中的信誉，巩固伦敦作为世界金融中心的地位等目标，此其三。

英国《麦克米伦报告书》指出：恢复黄金的昔日地位，作为国际的标准价值，是战后六七年来通货政策的正常目标。经过战后几年的筹划和酝酿，终于1925年4月由当时财政大臣温·丘吉尔决定：恢复金本位制，并且回复到战前的金平价，即提高英镑外汇价格的10%。这一重大措施的后果，完全事与愿违，使英国输出商品价格昂贵，进口商品价格低廉，从而使英国对外贸易逆差变本加厉。

凯恩斯对恢复金本位制一向坚持反对态度，尤其反对使英镑汇率回到战前金平价。他早就指出，这种措施会使输出更加困难，国际贸易和国际收支更趋恶化。这种论断没有得到英国政府的重视和采纳。但是，他这种预言后来却得到证实，英国不得不于1931年9月放弃金本位制，实行英镑贬值。

（三）工人运动高涨。战争使国内阶级矛盾大大地尖锐化。强行降低工资激起了空前的全国总罢工。战后英国工人运动的蓬勃发展，也受到了俄国十月革命的巨大鼓舞。当英国及其他各国资产阶级联合进攻苏维埃社会主义俄国时，英国工人阶级坚决反对干涉苏俄，成立了“不许干涉俄国”全英委员会及地方委员会，进行了各种富有意义的活动。1920年英国共产党成立，标志着英国工人阶级革命运动进入了一个新的阶段。

英国20年代的长期慢性萧条，使工人失业率达到10%以上，问题十分严重。资产阶级谋求复苏工业,解决失业问题。英国剑桥学派经济学家认为:失业是工资过高造成的;只要工人肯降低工资,资本家就能降低成本,增加利润,从而增雇工人。英国统治阶级早就着眼于通过降低工资来改善对外贸易的不利困境。经过几年策划,1926 年 4 月底煤矿业主宣布降低工资,延长工时,并以大批解雇来威胁工人。英国工人阶级于 5 月 4 日开始全国性总罢工,除矿工而外,铁路、运输、机械、建筑、印刷业、电力等行业的工人都参加了罢工,全国交通断绝,整个国民经济瘫痪。这次总罢工历时 9 天,但煤矿工人罢工则持续了大约半年。它显示了工人阶级团结斗争的巨大力量。

凯恩斯反对用强行降低工资的办法谋求输出贸易的好转,他早就预言并警告过:强行降低工资势将引起劳资纠纷。他的论断没有受到重视和采纳。结果,在英国历史上空前的全国总罢工爆发了。目睹当时整个国民经济陷于瘫痪的那种危殆局势,他从维护英国资本主义制度的立场出发,对政府当局及传统工资理论进行了指责。

《货币论》这部专著就是凯恩斯以英国这种长期慢性萧条,特别是 20 年代后半期的危困局势为时代背景所提出来的病情诊断和治疗处方。

二、凯恩斯的治学风格

凯恩斯生逢大英帝国由鼎盛转趋衰败,坎坷多艰,江河日下的危困时期，又是资本主义已经发展到新的历史阶段——帝国主义阶段的时期。他的资产阶级立场驱使他对英国经济发展进程中的障碍究竟何在，以及如何解救这一中心问题，不断进行探索、探索，再探索。这就是凯恩斯为了救治英国资本主义病症，不断规划诊治方案的三部曲：

第一步“探索”：是他的《货币改革论》；

第二步“探索”：是他的《货币论》；

最后一步的“再探索”：是他的《就业、利息和货币通论》。

凯恩斯在这种不断探索、寻求救治方案的过程中，表现出他如下的治学风格：

（一）首先注重经济现实。凯恩斯是一个以货币学家起家的经济学家。货币金融这个领域，相对于经济学的基本原理来说，是更接近于经济现实的。凯恩斯所从事的经济研究，大都针对当时英国及国际上的重大的经济现实问题。他的上述主要著作“三部曲”如此，即使他早期出版的第一部专业著作《印度的货币与金融》，战后初期出版的《和约的经济后果》，以及第二次世界大战后期所发表的战后国际金融方案等等，也无一不如此。

二是对问题采取比较现实的态度。他承认经济发展中出现了严重问题，战后情况改变了，过去的老办法行不通了，必须改弦更张。因此，他对解救问题的办法采取自由派的开明态度，反对全盘回复到战前的旧体制和旧办法。这样，他在当时的经济学界处于“异端者”的地位。

三是为维护资本主义制度而出谋划策的立场始终如一。他认为，只要采取正确的经济政策，病症就可以得到救治，英国经济就能保持兴旺。他在重视经济政策的同时，还重视对经济“病症”的“诊断”。在上述“三部曲”中，每一著作都是既有政策建议，又有理论诊断。

（二）多产与善变。凯恩斯的著作既有通俗性的论文和小册子，又有学术性的专著；此外，还有大量书讯和演讲词。英国皇家经济学会把他的全部作品编辑成《凯恩斯选集》，计 30 大卷。

凯恩斯的上述专业著作“三部曲”，前后差异很大：《货币论》与《货币改革论》相比，《通论》同《货币论》相比，理论观点和政策建议都是各成体系，成为独立的专业著作。在不到 20 年的岁月里，理论体系和政策主张发生了三次划阶段性的变化，每次变化如此之快，如此之大，可以说前后判若三人。

（三）凯恩斯的整个学术生涯贯彻着激烈的论争。争辩的矛头指向当时执政当局所推行的政策和传统的经济学教义。以 20 年代的长期慢性萧条而论，论争就十分激烈。

例如，战后初期英国经济严重失调，处于慢性萧条的困境，英国统治阶级力图从这种困境中摆脱出来。《货币改革论》主要是适应这种需要而出世的。在此书中，一来反对当局采取的通货紧缩政策，认为这一政策使物价水平不断下跌，招致产业萧条；主张容许温和的通货膨胀，试图用这种货币政策去解救经济衰退。二来反对英国朝野提出的恢复金本位，并回到战前金平价的政策，主张改采管理本位的货币制度。

例如，1925 年 4 月英国保守党内阁财政大臣丘吉尔作出恢复金本位制的决定后，凯恩斯很快就写了《丘吉尔先生政策的经济后果》一文进行争辩，指责丘吉尔“是在故意扩大失业”。

又如，英国整个20年代的失业率，除1924年外，从未低于10%。这是长期慢性萧条期间最令人困扰的病症。1929年5月英国普选，凯恩斯代自由党撰写大选宣言——《关于扩张计划》，阐述了劳合·乔治提出的每年由政府支出一亿英镑，使50万失业工人获得就业机会的扩张计划。劳合·乔治为了采用公共工程政策作为失业的治疗剂，四处游说。凯恩斯和汉德森合写了《劳合·乔治能做得到吗?》的一本小册子，对劳合·乔治所作的努力表示支持。他认为通过政府财政支出，举办公共工程，能够对救济失业产生积极的效应。在关于救治失业对策问题的这次论争中，凯恩斯首次跳出了货币调节的传统领域，进入财政政策领域；同时，在讨论财政政策的效应时，他还粗略地提出了储蓄对投资的关系等理论。这些理论可以说是日后《通论》中有关重要论点的萌芽。

论争，这是凯恩斯贯穿于他的许多论著中的理论特点。

可以说，《货币改革论》是20年代初期大论争的总结，《货币论》是20年代中期和晚期大论争的总结，《通论》是30年代前半期大论争的总结。

三、《货币论》的主要内容及其同《通论》中就业理论的联系

(一)《货币论》中货币调节方案的基本内容

1. 从《货币改革论》中的货币调节方案到《货币论》中的货币调节方案的转化

英国在两次世界大战之间的长期萧条病症大体上可以分为三

个阶段:从1920年经济危机爆发到恢复金本位制前夕为病症初发、有时略见好转的早期阶段;从1925年恢复金本位制到1929年世界经济大危机爆发为病症加剧而空前持久的中期阶段;1929—1933年经济大危机及随后的特种萧条为病势垂危的晚期阶段。

《货币改革论》中的货币调节方案是凯恩斯救治上述早期萧条病症的理论诊断和政策处方。他撰写《货币改革论》的岁月,病症尚在初期,他以为以传统的货币数量论为理论依据,主要依靠市场机制的作用,并辅以英格兰银行货币政策的温和调节,就可以稳定物价、克服萧条,恢复英国经济的均衡和繁荣。但是,事与愿违,这一套救治方案并未被英国当局采纳;而且,英国经济病情继续恶化,即使方案付诸实施,也未必能有明显"疗效"。特别是1925年按战前平价恢复金本位制后,英国输出贸易更加困难;随后,政府和垄断资本家强行削减工资、延长劳动工时,激起1926年英国历史上空前的全国总罢工和煤矿工人的长期罢工,局势严重恶化。凯恩斯面对英国历史上最严重而漫长的萧条困境,深感救治这种痼疾的迫切性大大提高,而《货币改革论》中提出的货币调节方案,忽略了应该考虑的一些复杂因素,对日益严重的慢性萧条痼疾解释得不够深透,必须进行修正。

于是,《货币改革论》出版不久,凯恩斯就着手撰写《货币论》,编制"新"型的货币调节方案。他把传统的货币数量论改换成"物价水平基本方程式",将原来被忽略了的因素增补进去,从而使以此为基础而推导出来的货币调节政策在内容上、格调上都相应地扩大化、复杂化了。

例如,原来偏于笼统的货币总量,此刻进行了各种货币的明细分类；原属单一的银行存款，此刻分解为收入存款、企业存款和储蓄存款了。

原来偏于笼统的货物总量，此刻分解为消费品货物和投资品货物；相应地，原属统一的支出，此刻分解为消费支出和投资支出了。

原属统一的物价水平，此刻分解为消费品物价水平和投资品物价水平了。

原属利润的范畴，此刻分解为企业家的正常收入和意外利润了；原属单一的利率范畴，此刻分解为自然利率和市场利率了。

原来只在《货币改革论》序言中简要地提到"储蓄—投资"关联问题，此刻把储蓄和投资两者的均衡和矛盾问题，着力加以发挥，构成"新"型货币调节理论中十分重要的组成部分了。

这样，两种类型的货币调节方案，既有着共同的实质和战略目标，显示其前后的连续性，也有不同的具体格调和表述方式。

2.《货币论》中的货币调节方案的基本纲要和总体结构

《货币论》的中心内容是：将《货币改革论》中的货币数量论加以修订，增加一些被认为忽略了的因素，扩展成为"货币价值的基本方程式"；并以此作为理论基础，论述物价水平的稳定和经济的均衡。

他认为，物价是否稳定与经济是否均衡，取决于投资与储蓄是否相等；而投资与储蓄是否相等，又取决于市场利率是否与自然利率相一致。

他提出，如果放弃金本位制，改采货币管理本位制，由中央银行采取适当的货币调节措施，使市场利率与自然利率相一致，从而使投资与储蓄相等，则物价水平就可以稳定于生产费，使经济趋于均衡。

《货币论》的全部目的在于，考察如何维持物价水平的稳定和经济的均衡，如何维持投资与储蓄之间的相等，如何促使市场利率与自然利率相一致。具体建议是实行银行体系的货币金融管理，操纵并调节利率去影响投资率，使投资与储蓄相等，并保持稳定，从而达到价格稳定与经济均衡的战略目的。罗宾逊夫人论断说：凯恩斯在此书中“关心的只是严格地限于一般物价水平”。我们可以说，《货币论》是一部物价决定理论：以物价稳定为轴心，对影响物价波动之各种因素进行理论上和政策上的探索和分析。

《货币论》中的货币调节方案所包罗的因素颇为复杂，可以概括为如下要点：

第一，战略目标：物价稳定与经济均衡，解救英国当时的经济困境。

第二，理论结构：(1)一些奇特而怪诞的经济概念；(2)根本理论——(a)十足的名目主义货币本质观，(b)以货币购买力为具体内容的货币价值论；(3)核心理论——从以传统货币数量论为基调转化而成的“货币价值基本方程式”；(4)中介理论——(a)利率理论——市场利率与自然利率两者间的矛盾与相等；(b)投资理论——储蓄与投资两者间的背离与一致。

第三，政策方略：(1)基本方针——市场调节为主，辅之以货币金融领域的调节，促使物价稳定、经济均衡；(2)货币调节的主脑和操纵者——中央银行；(3)货币调节的杠杆——利率。中央银行指挥整个银行系统操纵市场利率，使之与自然利率相一致。

(4)货币调节的对象——投资。凯恩斯的诊断是:病症在于投资与储蓄的差距;救治对策在于促使储蓄转化为投资,做到“储蓄＝投资”。投资(固定资本、营运资本和流动资本)因素及其波动的分析。(5)货币因素及其波动的分析。货币因素的管理,特别着重对银行货币的管理,对收入存款、企业存款和储蓄存款及其各自的流通速度的管理。(6)货币管理的运用——国内金融管理与国际金融管理的结合,利率政策(贴现政策)与公开市场政策配合使用。

以上是“《货币论》中的货币调节方案”的基本纲要和总体结构:第二项是《货币论》第一卷的主要内容,第三项是第二卷的主要内容。

3. 基本经济概念和经济理论,经济均衡的各项条件以及物价水平的基本方程式

凯恩斯《货币论》中的货币调节方案有其奇特而怪诞的一系列经济概念、经济理论以及繁杂的“货币价值基本方程式”,不易理解,现简要地加以介述。

(1)货币本质观与货币价值论

凯恩斯的货币本质观是十足的名目主义。他认为货币理论的基本概念是“计算货币”(Money of Account)。他在《货币论》第一章开宗明义地说:“计算货币,即债务、价格、一般购买力所赖以表现的计算货币,是货币理论的基本概念。”[①]他又说,通过货币的交付而使债务契约与价格契约得以清偿,并以货币形态去储存一般购买力,这种货币本身的性质乃由其对计算单位的关系而派生出

① 凯恩斯:《货币论》,上卷,第1章,第1段。

来。由此可见，凯恩斯不是从商品经济的矛盾、不是从价值形态的发展去引出货币，而从货币计算单位去引出货币；也就是不从货币本体去引出货币符号，而从货币符号去引出货币本体。这是对货币发展历史的严重歪曲。

关于货币的形态和分类，显得十分复杂。总的说来，从“计算货币”这个概念导致两种货币形态：一种是用计算货币所表现的契约与债务凭证，随着时代的发展，债务凭证逐渐用于结算交易而成为货币本体的代用物，后来成为“银行货币”。另一种是相应于计算货币，通过其交付而用以履行契约或债务的货币，成为“国家货币”的货币本体。两种货币相辅而行。在英美两国，银行货币占“通货”总量的绝大比例。银行货币的数量及其流通速度成为货币调节的主要目标。

关于货币价值问题，凯恩斯认为人们保存货币不是为了货币本身，而在于它的购买力。它的购买力是由货币所能购买的“综合商品”的价格来量度的。这就形成价格水平，其变动用物价指数表示。凯恩斯对货币购买力、物价水平、物价指数等问题十分重视，在全书的整个第二篇中作了细致的考察与分析。

(2)收入、生产费与“意外利润”

凯恩斯承袭了马歇尔的生产四要素(劳动、土地、资本和管理才能)说，把社会的货币收入、各生产要素的收入和生产费三者说成同一含义。他把收入分为四类，即工资和薪水、地租、利息和企业家的报酬。

企业家把这些金额付给各生产要素，即企业家的生产费，同时构成各生产要素的个人收入。他们又以消费者的身份支出其收入的一部分，向企业家购买消费品。收入的其余部分，由他们加以储蓄，存入银行，或购买有价证券和不动产，或用以清偿原来的债务。

最奇特的是，凯恩斯把一般经济学中的利润这个范畴，区分为企业家的正常报酬和“利润”两部分，把正常报酬当做生产费和收入的一部分，把利润称为“意外利润”，是常年产量生产费与实际销货收益两者间的差额，不算是生产费，也就不算是社会收入的一部分。

所谓“企业家的正常报酬”即企业家获得当时通行的报酬率，使其生产规模处于均衡、稳定的状态，既无扩大营业规模的动机，也无缩小营业规模的意向。若企业家所取得的实际报酬超过其正常报酬，即意外利润为“正”，则企业将扩大其营业规模；若实际报酬小于正常报酬，即意外利润为“负”，则企业将缩小其营业规模。因此，企业家获取利润不是必然的而是“意外的”，因而称之为“意外利润”。

凯恩斯认为，利润是现行经济制度下经济波动的主要原因。“正”的意外利润将引起一种促使就业率和经济扩张的倾向；反之，则反是。若产品的价格等于生产费，即“意外利润”为零，则经济处于静态的均衡状态，既不扩张，也不紧缩。因此，他提出的第一个均衡条件就是要消除利润，使利润为零。

(3)储蓄与投资的背离与均衡

在凯恩斯主要经济专业著作的“三部曲”中，关于储蓄与投资二者间的关系问题，论点不断有所发展。他在《货币改革论》中没有正式接触这个问题。当他着手撰写此书时，还是服膺着“储蓄全部自动转化为投资”、“储蓄＝投资”这个新古典学派论点。到此书撰写完毕而写“序言”时，他才开始意识到储蓄与投资两者未必相等的问题，凯恩斯关于储蓄与投资两者间关系问题的探索，在此已经初露端倪。

在《货币论》中，凯恩斯把储蓄与投资两者间的背离与矛盾看成是英国当时经济萧条的病根。按照他的定义，储蓄是人们的货币收入与其常年消费支出的差额；利润不是收入的组成部分，它不用于常年消费，也不组成储蓄的一部分。投资是在一定时间内社会资本的新增价值。由于他在《货币论》中将收入限于工资、企业家的正常报酬、利息和地租，而不包括“意外利润”，故储蓄与投资必不相等。

凯恩斯认定，投资成为货币调节的对象，只要通过中央银行对利率的调节，使储蓄等于投资，经济均衡就可达到并保持了。因此，“储蓄＝投资”便是物价稳定、经济均衡的第二个条件。

(4)利率理论：自然利率与市场利率的背离与一致

凯恩斯在《货币论》中的利率理论只不过是阐述维克塞尔的理论。自然利率与市场利率等术语，两种利率的背离导致经济波动、两种利率相等则导致经济均衡等论点，都是从维克塞尔的利率理论袭用而来的。

他认为，自然利率是使储蓄与投资价值完全相等的利率，从而也是总产品的价格水平与各生产要素的收入完全相等的利率。市场利率围绕着自然利率而上下波动，使储蓄与投资两者不能相等，物价不能稳定，经济失去均衡。他认定，“意外利润”决定于市场利率与自然利率之间的差额。如自然利率高于市场利率，则利润为“正”，经济趋于扩张。如自然利率低于市场利率，则利润为“负”，经济就会趋于紧缩。如自然利率等于市场利率，则利润为“零”，经济保持均衡。

凯恩斯坚信利率有调节储蓄与投资的巨大作用，中央银行调节市场利率使之与自然利率保持一致，则可使价格等于生产费，储蓄＝投资，从而消除利润，使价格稳定，经济均衡。因此，在凯恩斯《货币论》中的货币调节方案内，“市场利率＝自然利率”是经济均衡的第三个条件。

(5)货币价值的基本方程式

凯恩斯在《货币论》中的“货币价值基本方程式”是他在《货币论》中对货币数量论的一种修正。他在其主要专业著作的“三部曲”中，对待货币数量论的态度一变再变：在《货币改革论》中对它倍加信奉；在《货币论》中则加以修正，改换为“货币价值的基本方程式”；而到《通论》阶段，则抱反对态度，改换成“物价的一般理论”①。

在《货币论》中，货币价值基本方程式虽然演化成十个方程式，但主要只有两个，即：

$$P=\frac{E}{O}+\frac{I'-S}{R}, \cdots\cdots\cdots\cdots\cdots\cdots (1)$$

$$\pi=\frac{E}{O}+\frac{I-S}{O}。 \cdots\cdots\cdots\cdots\cdots\cdots (2)$$

上两式中，P 表示消费品价格水平，π 表示社会总产品的价格水平，E 表示生产要素的收入，即生产费，O 表示社会总产品数量，R 表示消费者购买消费品数量，I 表示新投资品增加量的价值，I' 表

① 凯恩斯：《就业、利息和货币通论》，商务印书馆 1963 年版(下同)，第 21 章。

示新投资品的生产费，S 表示储蓄的数额。

上列第一方程式表明消费品价格水平是怎样决定的，第二式表明社会总产品价格水平是怎样决定的。此外，书中还用 P' 表示新投资品的价格水平。由此可见，凯恩斯《货币论》的主要内容是关于价格决定的理论；“基本方程式”的目的在于表述价格决定的各种因素、研究价格变动的机制，以及揭示中央银行如何利用足够的权力去控制价格水平，消除经济周期的波动，使价格臻于经济均衡的稳定境界。

在这两个方程中，两种价格水平都由两个因素加以决定：(1)生产费（即成本），(2)超过、相等或不足于常年储蓄额而为正、为零或为负的新投资费用。由此可知，要稳定货币的购买力，必须使新投资的费用等于常年储蓄之量。这就必须是“意外利润”为零，价格水平等于生产费，满足前面所述的三个均衡条件。

在上述两个方程中，关于价格水平稳定问题的各种因素，凯恩斯没有考虑到产量（总产量 O 或消费品产量 R）的变动问题。也就是说，O 和 R 都被假定是既定的。所以，他在《通论》的“序言”中承认，“该书所谓‘基本方程式’，是在一定产量这个假定之下所得到的刹那图”[①]。他明确承认，在《货币论》中的调节方案内，“对于产量变动的后果，并没有充分讨论”，这是一个显著缺点。[②]

总之，基本方程式主要是企图改进传统的货币数量论公式，把利率和现金余额数量与各种价格水平（特别是总产品价格水平和消费品价格水平）的决定联系起来。凯恩斯企图通过这些方程式

①② 凯恩斯：《就业、利息和货币通论》，第 4 页。

表明市场利率相对于自然利率的变化,如何引起储蓄与投资水平之间的差距,这又会转过来引起价格水平的波动。因此,这些基本方程式表述了凯恩斯《货币论》中的货币调节方案的中心理论和基本政策,是这种货币调节方案的核心和集中表现。

（二）《货币论》的过渡性:为《通论》作准备

前面说过,在凯恩斯主要专业著作的"三部曲"中,《货币论》处于过渡性著作的地位。既然它们是"三部曲",则一方面它们必然有着彼此差异的具体内容,即各自的独特性,因而各自成书,另一方面,它们彼此又存在着有机联系,即前后承袭性。

关于这种前后承袭性,首先必须扼要介述凯恩斯"三部曲"中始终一贯的观点和论点;然后,针对《货币论》的过渡性,清理出它究竟为其后继著作(《通论》)作了哪些准备工作。

"三部曲"中始终一贯的观点和论点主要如下:

(1)他对 20 年代、30 年代的英国(当然包括卷入 30 年代经济大危机的其他国家)经济困境,明确地承认其出了毛病,认为不能再放任自流,有必要运用市场机制以外的力量,进行调节和干预,才能恢复经济的均衡发展。他对这种调节和干预的"疗效"深具信心,认为只要政策对路,就可以"药到病除",永葆安康。而行之有效的政策,必须以正确的理论为指导,因此,他的经济理论是对经济病症的诊断书,是为开具"处方"(政策措施)提供理论依据的,有着明确的针对性和实用性。凯恩斯一生中的三部主要专业著作是针对上述"病症"不同发展阶段的三个"救治"方案,处方的具体内容及其理论诊断彼此有所不同,但救治病症的基本态度则始终是一贯的。

(2)在货币理论方面,他始终坚持十足的名目主义货币本质观和以购买力为内容的货币价值论。在这个理论基础上,坚决主张实行货币管理本位制。他自始至终认为货币对经济发展很重要。尽管在"三部曲"中对待货币这个因素,在考察的角度上,在强调的程度上,在政策运用的种类和方式上,彼此各自不同;但货币在"方案"中始终居于重要地位,起着重要作用。

(3)他认为,投资波动是资本主义制度的原动力,高水平的投资对经济繁荣极为重要。他把产业资本家同金融资本家区别对待,认为企业家在经济上是一个活动的阶级,而食利阶级则是一个不活动的阶级,因而自始至终看重前一阶级,而主张把后一阶级加以牺牲。

(4)他对物价变动的态度是,在原则上主张物价稳定,但如物价稳定不可能做到,则主张宁可让物价温和地上涨,而反对物价不断下跌。他认为,通货紧缩(物价下跌)使财富从活动的阶级转移到不活动的阶级(食利阶级),这对经济稳定殊为不利。而物价上涨会给企业带来意外的利益,提高潜在投资者对利润的预期,对促进高水平的投资和就业是一个必要的刺激。他始终偏好以温和的通货膨胀刺激投资和就业的增长。

但是,前面说过,《货币论》是一本通向《通论》的过渡性著作,尽管它基本上属于新古典学派的理论模式,但其中包含了一些新的经济思想,后来发展成为《通论》理论体系的重要组成部分。主要有如下两点:

(1)在《货币论》中他对储蓄与投资两者的分离与矛盾及其均衡作了详细的分析和论证,并列为经济均衡的条件之一。他明确指出，储蓄是一群人的积累，投资则完全是另一群人的行为；没有任何一种自动的机制能足够使一群人的储蓄必然等于另一群人从事的自愿性投资。这种分离与矛盾导致以下三个重要论点：一来没有一个市场机制能够促使储蓄全部自动转化为投资，则势必求助于市场机制以外的调节力量发挥作用，进行干预。二来投资比储蓄重要，过多的储蓄甚至会使新投资所制造的商品销售发生困难，进而使进一步投资遭受阻滞。三来在经济萧条的情况下，如果储蓄既不能转化为投资，又不用于消费，则节约便成了社会的一种罪愆。这三个论点在《通论》中得到了发展，形成了“投资支配储蓄”理论、“投资社会化”的政府干预方案及关于鼓励消费的论点。

(2)《货币论》将银行存款分成收入存款、企业存款和储蓄存款，并对人们保存现金余额的动机进行了分析，这为《通论》编制流动偏好规律提供了重要准备。

总之，《货币论》这部两大卷的著作，在内容上涉及面很广，包括货币、银行、物价指数、国际金融与英格兰银行业务等等；既有理论，也有货币银行实务。体系庞杂，组织松懈。凯恩斯在此书行将出版时所写“序言”中明确承认其一些缺点；最突出的一个缺点就是，他撰写过程中，经历了好几年的时光，不少论点已经有所发展和变化。结果，它的各个组成部分之间彼此并不完全协调；当他写完此书时，所持论点同他开始撰写时有着巨大的差异。凯恩斯这种自我评价表明他自己的经济思想在这一阶段中的不断演变。

我认为，这部著作在下列两方面至今仍然具有可供参考的价值。

第一，在金融管理方面，它不仅对国内金融调节的各种因素作了比较详细的分析，而且对国际金融调节机制也有不少论述。第二次世界大战末期，凯恩斯参与了战后国际金融体制的创建工作。西方有的货币金融学家认为，《货币论》对绘制这一国际金融机制的模式有着巨大影响。“里根经济学”中的高利率政策就具有发挥《货币论》型的货币调节机能的含义。财政金融专业人士和研究工作者要了解西方国际与国内金融的理论和实务，此书至今仍然有相当大的参考价值。

第二，《货币论》是凯恩斯经济学说发展过程的一个重要阶段，是了解其经济学说全貌所不可缺少的一部重要著作。从资产阶级经济学说史的角度看，《货币论》对深入研究凯恩斯从后期剑桥学派的货币金融学说转变为《通论》“新经济学”的发展过程至关重要。《货币改革论》和《货币论》是凯恩斯货币调节学说的姐妹篇，两者都是研究后期剑桥学派货币金融学说的重要著作。因为现代货币主义的经济学说和政策主张同凯恩斯《货币改革论》中的货币调节方案在理论基础上、在调节机制上有不少类似之处，现代货币主义代表人弗里德曼对《货币改革论》一书至今称颂不已。后期剑桥学派的货币金融学说是现代货币主义的思想渊源之一。因此，对凯恩斯的货币调节学说有所了解，有助于深入研究现代货币主义的内容及其实质。

归根到底，《货币论》对资本主义货币金融问题的分析，只抓住了一些次要因素和现象形态，完全没有触及资本主义制度下经济危机、生产停滞、失业严重这种“社会瘟疫”的根本原因（资本主义的基本矛盾）。《货币论》是非科学抽象的产物。

首先，关于名目主义货币本质观和以购买力为内容的货币价值论，凯恩斯不从商品经济的矛盾、不从价值形态的发展去引出货币，而从完成形态的货币出发，甚至从“计算货币”出发去论究货币的本质和货币的价值，从货币符号去引出货币本体。这样，他就割裂了货币从萌芽、逐步发展到完成形态的历史进程。凯恩斯的货币本质观和货币价值论是庸俗的、错误的。

其次，作为《货币论》理论核心的“货币价值基本方程式”，是以货币数量论为理论基础、增添“储蓄—投资”关系等因素扩展而成的一个烦琐模式。它同传统的货币数量论属于同一范畴，是不科学的。

再次，他所分析的储蓄与投资的分离与矛盾、市场利率与自然利率的偏离与矛盾等因素，相对于资本主义经济危机和失业问题的实质根源而言，都是些次要因素和现象形态。凯恩斯费了大量篇幅对它们进行了反复探讨，但并没有抓住这种“社会瘟疫”的真正病根；他只是在枝节问题上、现象形态上大做文章而已。

刘　涤　源

1985年3月于武汉大学

目　　录

前言……………………………………………………………………… 1

上卷　货币的纯理论

第一篇　货币的性质

第一章　货币的分类……………………………………………………… 7
一、货币与计算货币 ………………………………………………… 7
二、正式货币和银行货币 …………………………………………… 9
三、表征货币 ……………………………………………………… 10
四、货币的形式 …………………………………………………… 11
五、流通货币 ……………………………………………………… 13
六、历史例证 ……………………………………………………… 14
七、管理货币的发展 ……………………………………………… 19
第二章　银行货币 …………………………………………………… 25
一、银行货币的“创造” ……………………………………………… 25
二、流通货币主要是银行货币 …………………………………… 31
第三章　银行货币的分析 …………………………………………… 34
一、收入存款、营业存款与储蓄存款 …………………………… 34

二、活期存款与定期存款 …… 36
三、存款与透支 …… 39
四、相对于交易额的存款量 …… 42

第二篇 货币的价值

第四章 货币的购买力 …… 51
一、购买力的意义 …… 51
二、货币购买力或消费本位 …… 54
三、货币的劳动支配力或报酬本位 …… 60
四、工人阶级指数 …… 61
第五章 次级物价水准 …… 63
一、批发物价本位 …… 64
二、国际贸易本位 …… 67
第六章 通货本位 …… 73
一、现金交易本位与现金差额本位 …… 73
二、“一般物价客观平均变化”是否存在? …… 76
第七章 物价水准的分布 …… 84
第八章 关于购买力比较的理论 …… 90
一、购买力比较的意义 …… 90
二、近似法 …… 94
(一)类似的人的收入的直接比较法 …… 95
(二)比较等值综合商品价格的间接法 …… 96
1.“最高公因素法” …… 99
2.极限法 …… 102

3.“公式的结合” …… 105
4. 链法 …… 109

第三篇 货币的基本方程式

第九章 某些定义 …… 115
一、收入、利润、储蓄和投资 …… 115
二、可用产品和不可用产品 …… 118
三、资本的分类 …… 119
四、对外收支差额和对外贸易差额 …… 122
第十章 货币价值的基本方程式 …… 125
一、货币价值的基本方程式 …… 126
二、利润的性质 …… 129
三、新投资品的物价水准 …… 132
四、物价水准与货币量的关系 …… 136
第十一章 平衡的条件 …… 141
一、零利润的条件 …… 141
二、利率或银行利率 …… 143
三、膨胀与紧缩 …… 144
四、变化的因果方向 …… 145
五、企业家的行为 …… 147
六、对外平衡的条件 …… 149
七、由于报酬的“自发”变化而产生的物价水准变化 …… 153
第十二章 再说明储蓄与投资的区别 …… 158
一、储蓄与投资 …… 158

二、一个例证 …… 162
三、关于过度储蓄的理论 …… 163
四、上述说法的总结 …… 165
第十三章　银行利率的"作用方式" …… 170
一、传统学说 …… 170
二、银行利率的一般理论 …… 185
三、银行利率的某些特殊方面 …… 192
四、银行利率对于对外平衡的作用 …… 195
五、银行利率和货币量的关系 …… 198
第十四章　基本方程式的其他形式 …… 203
一、"真实余额"数量方程式 …… 204
二、"剑桥"数量方程式 …… 210
三、"费雪"数量方程式 …… 213
四、"剑桥"方程式与"费雪"方程式之间的关系 …… 217
五、"费雪"方程式与第十章的基本方程式之间的关系 …… 219

第四篇　物价水准的动力学

第十五章　工业流通与金融流通 …… 223
一、工业与金融的区别与定义 …… 223
二、决定工业流通量的因素 …… 224
三、决定金融流通量的因素 …… 227
第十六章　货币购买力不平衡原因的分类 …… 236
一、货币因素所引起的变化 …… 237
二、投资因素所引起的变化 …… 237

三、工业因素所引起的变化 …………………………………… 238
第十七章　货币因素所引起的变化……………………………… 240
一、货币供应改变在工业方面所产生的后果 ………………… 240
二、存款总量的变化在不同种类的存款之间的分布 ………… 243
三、移转问题 …………………………………………………… 246
第十八章　投资因素所引起的变化……………………………… 252
一、信用循环的定义 …………………………………………… 253
二、信用循环的创生与生命史 ………………………………… 254
第十九章　信用循环的某些特殊方面…………………………… 266
一、商品膨胀的"辩护"………………………………………… 266
二、商品膨胀的发生 …………………………………………… 271
三、信用循环的正常道路 ……………………………………… 273
第二十章　信用循环纯粹理论中的一个练习…………………… 277
一、标准情形 …………………………………………………… 277
二、八条结语 …………………………………………………… 284
三、一般化的情形 ……………………………………………… 287
第二十一章　国际不平衡所造成的变化………………………… 296
一、作为货币不平衡原因的相对物价水准和相对利率 ……… 296
二、对外投资收付差额和黄金流动之间的关系 ……………… 298
三、对外投资的净国家利益 …………………………………… 310
四、国际因素所造成的变化难局 ……………………………… 312
五、金汇兑管理下的同类现象 ………………………………… 316
六、国际贸易本位不存在时的同类现象 ……………………… 321

前　　言

我在这本书的第三篇和第四篇中，提出了一种货币理论基本问题的新研究法。这样做的目的是要找出一种方法，不但可以用来描述静态平衡的性质，而且可以用来描述不平衡的性质，同时还要发现货币体系从一种平衡状态过渡到另一种平衡状态的动力规律。这就是本书上卷关于"货币的纯理论"中的主体。在下卷关于"货币的应用理论"中，我力图将质的方法和量的方法结合起来，对于所讨论的量值的量级尽可能地善加估计，所根据的主要是英国和美国现存事实。在本卷中，我也叙述了现代货币与银行体系的主要特点，并讨论了实际领域中的货币管理的方法与目标。

当我校阅本书清样时，深感其中大有缺点存在。原先写作时，一边在做旁的工作，前后共费去好几年的工夫。我的思想在这一时期中逐步发展和改变，结果是各部分相互之间并不完全协调。结束时和起始时的看法相去很远。我恐怕这样的结果就会使本书中有很大一部分代表着我抛弃已往惯有的观念和寻求现有观念的过程。有许多已被摒弃的余物仍然掺杂在字里行间。因此，我要是把这书重新写过的话，就可以写得更好、更简短得多。我感到自己很像一个在丛莽中用力钻的人。现在我已经钻出来了，并看到自己本来可以采取一条更直的捷径；原先在途中困扰我的问题与疑难对我说来和当初所认为的意义已经不完全一样了。但我仍然希望能适当地把这本书就其现阶段的价值贡献给全世界，纵使这只代表着一种资料汇编而不代表一本完成的作品，也在所不计。

其次，我还设法把这一兼具纯粹理论与应用理论的系统论文和许多可以独立成为专论的专题讨论结合在一起，这样做也许是不聪明的。这些半离题的讨论中最重要的是关于指数的第二篇和关于投资率变动的第六篇。其中尤其是第二篇，使本书第三篇和第四篇中的基本理论探讨的主要进程推后了许多页，有些读者也许会宁愿跳过这几章，或者先跳过去然后再回头来看。

我的另一个不利之处是没有任何规范足资借鉴，以便正确地安排和整理不同的论题。阐述这类问题的最好途径，只有通过一系列的著作家的经验才能渐次地发现。不过，我的研究范围虽然是世界各大学都开课的问题，但十分奇特的是：据我所知，任何一种语言中都没有印行过任何论文，对于现代世界所存在的表征货币的理论与事实作系统而彻底的研究。我希望能利用我现在已经得到的经验，以较小的规模提供一些东西，尝试着发现解释这一问题的最佳道路。

我相信，正确地理解本书的论题对于世界的福利具有极大的实际意义。如果我能作出贡献的话，这也是得力于我在剑桥工作时的讨论与交谈的气氛。D. H. 罗伯逊先生对于某些基本问题提出了犀利的见解，没有他那些概念的帮助，本书就不可能成为现在的形式；同时，本书之所以能逐渐发展而最后定型，并得以避免许多错误，最应当感谢的是剑桥大学君主学院的 R. F. 卡恩先生。他的细心和明敏在许多地方的字里行间都留下了痕迹，索引也是由他编的。此外还有许多其他的人都在不同阶段中对我提供了帮助，其中特别值得提出的是 H. D. 亨德森先生。

当本书大部分已付印后，我被派到财政部金融与工业委员会工作，该会由麦克米伦勋爵任主席。因此，下卷中所提的实际建议只是代表我在该委员会工作开始以前的意见，而不代表该委员会将来作报告时的意见。

本书承印者爱丁堡的两位克拉克先生极为耐心，对校样校对准确；由于不断进行修改和增补致使他们的校样曾长期保持铅字版的形式，谨此致谢。

J. M. 凯恩斯

1930 年 9 月 14 日于

剑桥君主学院

第 一 篇

货币的性质

第一章　货币的分类

一、货币与计算货币

计算货币是表示债务、物价与一般购买力的货币，这种货币是货币理论中的原始概念。

计算货币是和债务以及价目单一起诞生的，债务是延期支付的契约，价目单则是购销时约定的货价。这种债务和价目单不论是用口传还是在烧制的砖块或纸载的文件上做成账面记录，都只能以计算货币表示。

货币本身是交割后可清付债务契约和价目契约的东西，而且也是储存一般购买力的形式。它的性质是从它与计算货币的关系中得来的，因为债务和价目首先必须用计算货币表示。仅仅在现货交易中用作方便的交易媒介的东西可能接近于货币，因为这种东西可能代表储存一般购买力的手段。但如果全部情形就是这样的话，我们便还没有超出实物交换的阶段。正式货币就其充分的意义来说，只能相应于计算货币而存在。

我们也许可以用这样一句话来解释货币与计算货币之间的区别，即计算货币是表征和名义，而货币则是相应于这种表征的实物。如果同一种实物永远只相应于同一种表征，那么这种区别就没有实际意义了。但如果实物可变，而表征则保持不变，这种区别就有很大的意义。其间的不同之处正像英国的国王（不论当国王的人是谁）和乔治王之间的区别一样。如果有一种契约规定在十年后支付重量等于英王体重的黄金，而另一种契约则规定支付当今皇上乔治王的体重那样多的黄金，那么这两种契约便是不相同的。前一种契约到时候还要等国家宣布谁来当英国的国王才能支付。

提到契约和定价，我们就引入了它们借以强制实现的法律和风俗习惯；换句话说，这样就引入了国家和社会的因素。此外，货币契约还有一个特征是，国家或社会不但强制实现其交割，而且还会决定以合法或合乎习惯的方式清偿按计算货币订立的契约时必须交割什么东西。因此，国家首先是作为法律当局出现，强制支付符合契约所载的名义或表征的东西。但当它除了这种强制作用而外，还要求有权决定并宣布哪种东西符合于这一名义；在有权不时改变其宣布的内容时，也就是说，当它要求具有修订品类规定的权利时，便会起双重作用。所有的现代国家都要求这种权利，而且至少从四千年以来，国家就有这种要求。只有当货币发展过程达到这一阶段后，克纳普氏的货币国定说（主张货币是国家特有产物的学说）才得到了充分体现。

因此，人们一旦采用计算货币时，货币时代就继物物交换时代而开始了。当国家要求有权宣布什么东西可以作为符合现行计算货币的货币时，当它不只要求有权强制执行品类规定，而且要求有权拟订品类规定时，就达到了国家货币或国定货币时代。现在，一切文明国家的货币无可争辩地都是国定货币。

应当指出的是，计算货币必然是连续的。当名义改变时（可能与相应的货币的改变配合一致发生，也可能不相配合），新单位必然和旧单位具有确定的关系。一般说来，国家会颁布一个公式，用旧计算货币说明新计算货币。但如果没有国家法令时，在某一日期前的一切契约便全都是按旧通货订定的，而此后的契约则都是按新通货订定的。纵使如此，市场上还是不免要在两者之间自行定出一种平价。因此，除非突然发生一次巨大的灾难，使一切现存契约一下子都被扫除，计算货币谱系的连续性就不可能有真正的断绝。

二、正式货币和银行货币

在上面我们已经看到，采用计算货币之后，就产生了两个派生的范畴：第一个范畴包括以计算货币订立的约定货价、契约和债务支付证券；第二个范畴包括相应于计算货币的正式货币，交割这种货币后，就可清付契约或债务。前一范畴为下一步的发展铺平了道路。下一步的发展是：人们发现，对于许多目的说来，债务支付证券本身在清算交易过程中可以非常有用地代替正式货币。当债务支付证券用于这种方式之下时，就将称为银行货币；不能忘记的是，它们并非正式货币。简单地说，银行货币就是以计算货币表示的私人债务支付证券。这种支付证券从一个人手中转至另一个人手中，和正式货币交相运用，清算交易。因此，国家货币或正式货币便和银行货币或债务支付证券两者并存了。

三、表征货币

这种情形转过来又导向国家货币的进一步发展。银行货币将不再像上述定义中所说的一样，代表私人债券，而是代表国家所欠的债务。这时国家就会运用其制定货币的特权，宣布该债务证券本身可作为清偿债务的手段被接受。于是就有一种特殊的银行货币变成了正式货币。这种正式货币称为表征货币。但当单纯的债务变成了正式货币时，性质就改变了，不应再认为是一种债务；因为债务的本质是必须能用本身之外的东西强制实现的。如果认为表征货币仍然是一种债务，那么纵使在它符合于一种客观标准时，也只能是一种似是而非的类比。

我宁肯让人说我不完全遵从一般流行的习惯用法，也要提出，国家货币不但要包括强制发行的法币本身，还要包括国家或中央银行担保在对其本身的支付中被接受的货币，或担保可兑换强制性法币的货币①。所以大部分的现代银行钞票，甚至连中央银行的存款在内，在这儿都列为国家货币；而银行货币（或非法币货币）目前则主要是由会员银行存款构成的。② 从历史上说来，许多表征性的国家货币都是由某种银行货币变来的。这种银行货币由于

① 各种货币的严格法律地位是可能发生很大变化的。比方说，美国的联邦储备银行的钞票便只是一种“任意”接受的货币。克纳普认为，国家担保在其偿付处所中接受的任何东西都是货币，不论是否已在公民中宣布为法币都是一样。这种说法我认为是正确的。

② 这一名词的解释请参看本书第 12—13 页。

被国家接受，所以后来就从一个范畴转到了另一个范畴。

四、货币的形式

现在我们可以进一步进行一个与上述目标不相同的分析，也就是把国家货币可能具有的三种形式加以分类。为了简单起见，我们可以把这三种货币称为商品货币、不兑换纸币和管理货币，后二者是表征货币中的两小类。

商品货币是由某种可自由取得的特定非垄断商品[①]的实际单位构成的。这种商品碰巧被选来用于货币的某些众所熟知的用途，但其供应却正像其他商品一样，是由稀少性和生产成本决定的。

不兑换纸币是一种表征货币（即物质材料的内在价值与其货币面值分离的东西），现在除了零币以外，一般都用纸张印成。这种货币由国家制定发行，但依法不得兑换成本身以外的任何东西，也不具有以客观标准表示的固定价值。

管理货币与不兑换纸币相似，只是由国家保证以一种方式管理其发行条件，以致通过可兑现性或其他性质，使之具有一种以客观标准表示的确定价值。

商品货币与管理货币的相似之处在于它们都与客观的价值标准有关。管理货币和不兑换纸币的相似之处在于它们都是表征货币或纸币，离开国家法令或习惯办法之后，内在价值较小或根本没有。

因此，在某种意义下，管理货币便是两者的结合产物。也许正

① 或实际存在的单位商品的仓库证券。比如美国的金券便大可以认为是商品货币。

是由于这一理由，它的性质便不容易理解。一般公众都知道商品货币，也知道不兑换纸币。但由于大家更容易认识货币的本位而不容易认识货币的形式，所以就往往把那些用一般熟知的商品作本位的管理货币看成了商品货币，并把具有不熟知的商品作本位的管理货币当成假象的不兑换纸币。实际上最好的典型现代货币虽然有许多依然是商品货币与管理货币的混合体，但却日渐更接近于管理货币的形式。同时，在某种意义下，管理货币也是货币的最普遍形式：从一方面说来，这种货币在管理当局为之提供百分之百的充分准备的客观本位、使之实际上成为仓库证券时，可以认为已蜕化成了商品货币；从另一方面说来，当它失去客观标准时，就可以认为已蜕化成了不兑换纸币。由于以上各种理由，往下各章中所发展的理论都主要是针对管理货币提出的。但所得到的公式如有必要时，却很容易加以修改，使之适合于商品货币或不兑换纸币的特殊条件。

以上所提出的形式与概念的格架及其相互关系可以用下列图解表示：

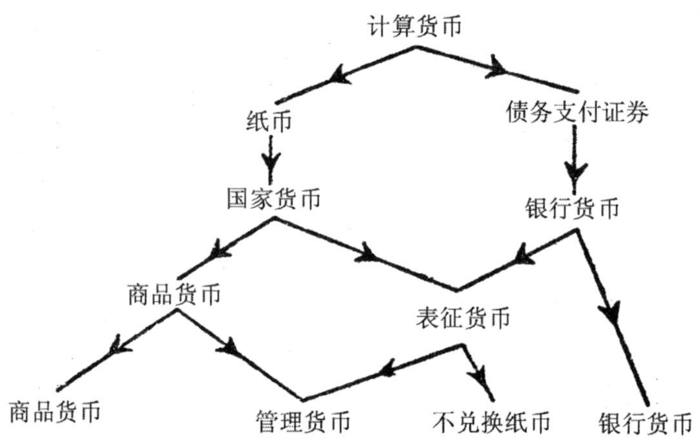

因此，我们便有了四种交换工具，其中三种是正式货币，第四种不是正式货币而是债务支付证券。

五、流通货币

货币理论中有一个基本因素是公众手中所持有的各种货币总量，至于有关的货币究竟是国家货币还是银行货币却往往没有什么关系。两者的总和可以称之为流通货币。兹将流通货币与国家货币之间的关系分述如下：

典型的现代银行体系包括一个太阳和许多行星。太阳就是中央银行，行星用美国用语说来最方便是称为会员银行。国家货币的总存量一部分由公众持有、一部分由会员银行持有、还有一部分则由中央银行持有。中央银行所持有的国家货币成为其存款的“准备”。这些存款可以称为中央银行货币。最方便的办法是假定所有的中央银行货币都由会员银行持有，就其可以由公众持有这一点说来，它可能和国家货币具有同等地位，也可以和会员银行货币具有同等地位，视具体情形而定。这种中央银行货币加上会员银行所持有的国家货币就构成了会员银行的准备，会员银行又用这种准备作为其存款的保证。这种存款就成为公众所持有的会员银行货币，加上公众所持有的国家货币（如有中央银行货币也应计入）后，就成为流通货币的总量。

因此，我们便可以继续把它们的关系发展成为谱系，如下图所示：

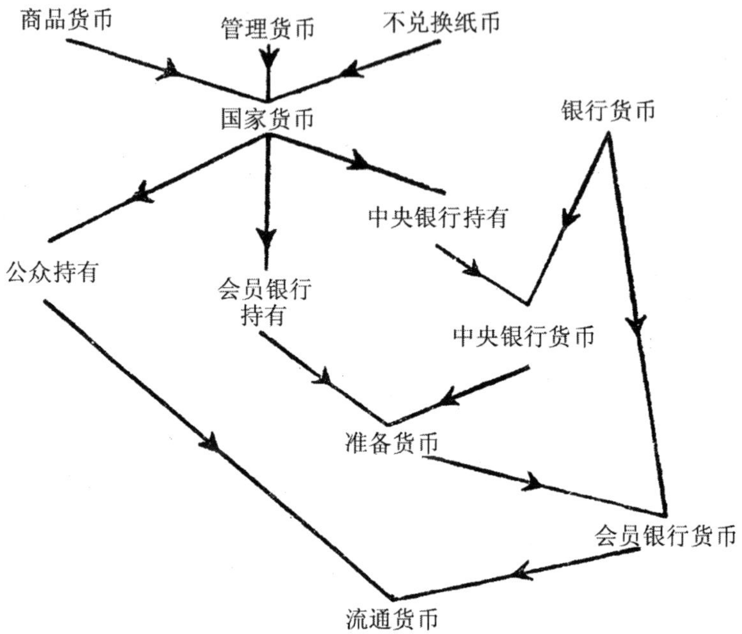

商品货币
管理货币
不兑换纸币
国家货币
银行货币
中央银行持有
公众持有
会员银行
持有
中央银行货币
准备货币
会员银行货币
流通货币

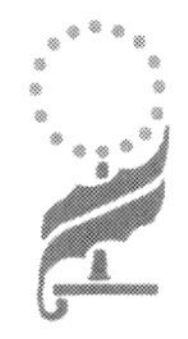

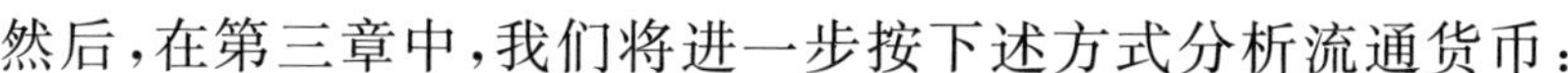

然后，在第三章中，我们将进一步按下述方式分析流通货币：

流通货币
收入货币
营业货币
储蓄货币

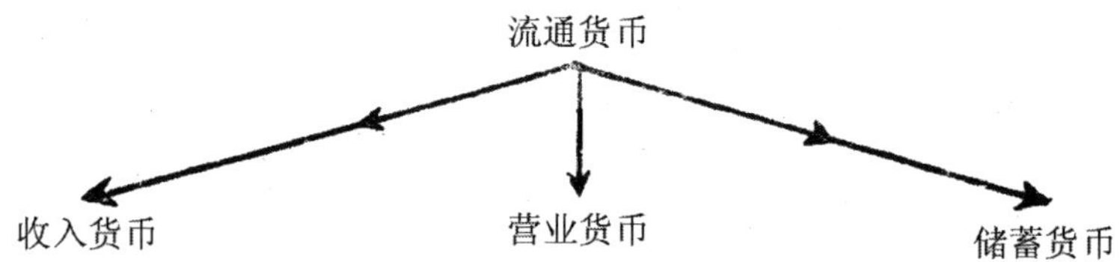

六、历史例证

历史上的某些例证可以说明以上的说法。历史家往往认为，正式货币是从第一次铸造硬币时开始出现的；关于铸币，希罗多德认为最初在公元前六世纪或七世纪时开始于吕底亚。这一说法仍然是可信的。但我认为铸造硬币并没有造成一般人所认为的那种重大变化。这可能是走向表征货币的第一步，至少也是使往后走向表征货币和不兑换纸币的转变过程变得更容易的一个步骤。但基本转变过程（走向国定货币或国家货币的转变过程）却可能早在这一过程之前就发生了；正好像下一重要步骤（变为表征货币的步骤）要过很久以后才发生一样。

因为国定货币是在国家指定相应于计算货币的客观标准时开始的，表征货币是在货币不再以其客观标准构成时开始的，不兑换纸币则只有在国家更进一步放弃客观标准时才出现。唯有国家能铸造、而价值又可能离开构成本身的商品的铸币，充其量不过是在表征货币方面跨出了第一步而已。因此，铸造硬币便不是货币发展中三大关键性的革新之一。诚然，表征货币在初次铸币后要过好几世纪才实际发行。从另一方面说来，国家指定货币（即国家指定本位）时并不一定要铸造本位币。甚至在货币按重量而不按枚数流通时，只要商品和重量标准是由国家指定的，国定货币的主要特征就已经出现了。

当吕底亚诸王初次铸币时，可能是作为纯度与重量的一种方便的证明，也可能只是克里萨斯①的后裔与迈达斯②邻人所特有的一种炫耀手法。在金属块上铸一个图记，可能只是一种地方性的虚荣心理、爱国主义或广告宣传的表现，并没有什么深远的意义。这种办法在某些重要的商业区从来就没有受到欢迎。比如埃及在托勒密王朝以前就没有实行铸币。中国所用的价值标准是白银，

① 吕底亚极盛时的国王，以富有著称，后战败于波斯被执，仅以身免。——译者

② 希腊神话中的佛利基亚王，受神之赐，诸物触手成金。其城邦被克里萨斯并入吕底亚。此处暗指吕底亚人铸币。——译者

但一般说来，直到很近的时期以前并没有将白银铸币。迦泰基人也是不愿铸币的民族，要不是为了对外贸易活动，可能从来就不会铸造货币。闪族各民族对于货币的本质具有最敏感的本能，他们所注意的是金属的重量与触感，而不怎么理会造币厂那种欺骗性的图记，北方对财政金融外行的民族却对这些图记感到心满意足。因此，泰伦[①]或夏克尔[②]并不一定要铸币，只要这些单位是国家制定的就够了。所谓国家制定，就是由国家规定（并有权不时更改其规定）、从法律观点看来、什么纯度和重量的白银可以偿付用泰伦数或夏克尔数表示的债务或习惯付款。

第一次有明确记录的国家重量标准改革是纪元前3000年末巴比伦所进行的一次改革。但这并不是最初的开端，还有更早的标准存在。在原始时代，当人们还没有获得重量概念或秤的工艺结构的概念时，衡量必须依靠数大麦粒、稻谷粒或玛瑙贝；这时以“一”、“二”或“十”等数字表示的债务究竟应当用哪一种或哪一类性质的单位作为正式的支付方式，仍然是由国家或社会决定的。因为直至13世纪，英国政府对一个纯银便士币的定义仍然是重量等于“谷穗上的小麦粒32颗”。又好比现代乌干达当地习用的标准是山羊；那儿有一个行政区专员告诉我说，他的官职任务中有一部分是在发生争执时裁定某一只山羊是否太老或太瘦，以致不能作为偿债的标准山羊。

正像某些其他主要的文明要素一样，货币这种设施的年代，比

① 古希腊（或希伯来）的重量名与货币名。——译者

② 古巴比伦的重量单位名，古犹太银币名。——译者

几年前人们让我们相信的年代要古老得多。它的起源消失在冰河融化时期那一印象模糊的时代中，可能远伸到间冰期人类历史上的黄金阶段中去了；那时气候宜人，人类心灵开朗，是新观念的沃土。至于发源地则是赫斯帕莱提诸岛[①]、新大西岛[②]或中亚的某个伊甸乐园。

纪元前 6 世纪时，梭伦对雅典货币所进行的改革是实行了一次与铸币同时并存，但却不取决于铸币的货币国定权。那只是一次本位的改变。据我所知，明确地为了取公众之财以增进国家利益的本位国定变更，最初出现在第二次布匿战争时代。罗马人首先把这种措施加入到治国国术的武库中。从此以后，本位国定变更就成了历史家所熟习的主题；一般所采取的方式是货币减色，有时是为了某一种目的，有时又是为了另一种目的。

然而，这些本位变更，就其对货币形式的影响说来，并没有使事情超出商品货币的阶段。本位币减色（也就是骤然减少计算货币价值的本位变更）这一点本身并不能使我们向表征货币跨进一步。商品货币并不会仅仅因为商品单位的种类改变或数量减少而不成其为商品货币。直到很久以后，才出现证据证明已经有货币在任何重大程度内成了表征或符号货币。铸币由于使用方便、信誉卓著，或由于有印记保证其纯度与可接受性，有时则仅仅由于审美品质（玛丽娅·特娜莎银元[③]在现代非洲阿拉伯游牧民族中就

① 希腊神话中的西方海岛，为金苹果守护女神住所，后转指西方国家。——译者

② 柏拉图所述大西洋中岛屿，后世乌托邦主义者多假托此岛，现经苏联学者考证，原先确有此岛，后因地壳变化而沉入海底。——译者

③ 奥地利银币，因其上印有玛丽娅·特娜莎像故名。——译者

得到了这种好印象)，而使其价值超过其所含金属的价值。此外人们还可能因铸币的劳务征收铸币费。有些辅币的通货面值很小。剪损或耗损的货币在一般人中可能按其面值流通。但这些例子的性质都不足以构成正式的符号货币。商品货币与表征货币的真正联系可能要在商品货币中去找；商品货币的供应受绝对稀少性的限制而不受生产成本的限制，其需求则完全取决于它被法律或习惯选定为货币材料，而不取决于它在其他用途上的内在价值，如波利尼西亚的原始石头货币就是这样。

除了据说古时就在中国流行的货币、约翰·劳[①]纸币以及其他先驱形式的货币以外，表征货币的历史重要性直到法国大革命这样晚近的时期才开始出现。这次大革命的紧急后果使得当时的世界首要金融中心——法国和英国都在许多年中不但采用了表征货币，而且采用了不兑换纸币。

表征货币虽然是较近代的设施，但我们已经看到，这种货币原先却是国家将私人金融方面一种远为古老的设施——银行货币加以修改后借用过来的。银行货币最早的原始形态正像国定货币最早的原始形态一样，消失在年湮代远的时期中。银行货币，尤其是汇票和出外旅行的人所持有的信用证书等形式，存在时期可能几乎和正式货币一样长。因为银行货币的运用所依据的只是人们发现债务本身的移转在许多情形下对交易清算过程说来正和表示债务的货币的移转一样有用。对债务的权利只比对货币的权利远了一步，在人们对于债务迅速转换为货币一事感到有信心的范围内，

① 英国银行家和经济学家。——译者

远期支付的因素完全不会影响银行货币在交易清算过程中的合用性。汇票形式下的银行货币对于清算远距离的交易过程说来，在古代和近代一样有用和必要。因为划拨这种银行货币的费用和运输正式货币的费用与风险比起来要合算得多。

七、管理货币的发展

从图解上可以看出，我所谓的管理货币这种表征货币是所有的形式中最混杂的一种；在四种形式中唯有它与另外三种全有关系。它是通过平易的发展阶段而出现的。现在有许多货币体系仍然是复合性质的，一部分由管理货币组成，一部分由商品货币组成。

为管理货币的管理制定科学管理原则，使之符合其本位（不论是什么本位）的第一次重大尝试是从一次争论中产生的，这次争论的结局是产生了 1844 年的不列颠银行特许状法案。18 世纪时，一般流行的仍然是商品货币，但银行货币在银行钞票形式下的发展却已指示出走向符号货币的道路。[①] 法国革命的后果使法国和英国的通货径直变成了不兑换纸币。在英国方面，当这一时期因引用金本位而告结束时，表征货币的运用对公众说来已是十分熟悉而又令人满意的了，对财政部和英格兰银行也十分有利，以致使新体系不是纯粹的商品货币体系，而是混合的管理体系。如果李

① 18 世纪中叶，银行钞票的流通在苏格兰已占显著地位，不持有金属的贵金属节省法对北不列颠人说来和持有金属的贵金属实有法对亚细亚近东部分一样特别有吸引力。

嘉图的铸锭提案实行了的话，商品货币便不会恢复，英格兰也就会在1819年实行纯粹管理货币了。

管理货币虽然从那个时候起就已实行，但负责管理的英格兰银行的经理与该行董事会对通货管理的方法与原理却理解得很差，实际上可以说是完全没有理解。接着就出现了25年的纷扰与本位崩溃的危机，直到当时的改革者以1844年的法案开创了一个管理方法的新时代后才停止。这一法案包含着一个健全的原理和一个严重的混乱因素。健全的原理在于强调限制表征货币量，以便保证能维持其本位。混乱因素则在于徒劳无功地试图无视银行货币的存在，因之也就是无视货币与银行使用的关系，并使表征货币完全像商品货币一样发生作用。这一混乱的确是很严重的，幸好在前后不久的时间里，最优秀的实际理财专家就认识到了第二条健康的原理，否则就有可能导致实际的崩溃。这一原理就是实际上并没有包括在该法案之中的银行利率原理。银行利率对管理货币的管理问题的效用是一个伟大的发现，而且也是最新的发现。在这几年以前，英格兰银行对于银行利率政策和本位的维护之间的关系还完全没有理解。

银行利率政策在伦敦那一特别适合的环境下逐步发展，加上银行货币的巨大增长，就成了往后70年中英国货币发展过程的特点。银行利率的实际效用在当时不但已经为人所熟知，而且也成了信念和教条。虽然如此，它的严格作用方式以及在各种条件下应用时预计应产生的结果却没有得到清楚的理解；我认为，一直到今天仍然没有得到清楚的理解。

那时其他种类的管理货币正在开始流行，在汇兑本位这总称下讨论的形式尤其如此。印度卢比是这种管理方法以及其大规模实际应用的首要理论探讨的论题，因之印度卢比也就成了其中典型的例子。几年以前，我曾在《印度的通货与财政》(1913 年版)一书中详细地讨论了汇兑本位的问题，在这里不妨再作为题外话简短地讨论一下，以便刷新我对这类本位的最方便分类法的看法。

我认为这一问题的某些讨论中，对于**汇兑本位制**和另一种制度之间的关系有一些含糊的观念存在。后一种制度更正确地说来应称为**汇兑管理制**。我对**汇兑本位币**的定义是：以某一外国法币为客观标准的管理符号币。关于印度卢比究竟应按英镑还是应按黄金确定的争论，就是关于卢比究竟应不应当成为汇兑本位币的争论。德国在稳定马克价值的过程中有一种过渡本位就是汇兑本位，而最后确立的马克则是金本位的马克。从另一方面说来，有些地方的客观标准不是外币而是黄金之类的东西；然而，对这种货币进行管理使之符合这一标准的方法，却完全或主要是在外国中心保持准备金，并按规定的汇率买卖外汇，而不是在当地按规定的汇率买卖黄金；这种币制我称之为**汇兑管理制**。汇兑管理制所要求达到的客观标准可能是汇兑本位，但并不必需如此。汇兑管理制的特点不在于其本位，而在于其形式。

与邻国相比幅员较小的国家，或不具有在国际地位上居于独立的金融中心的国家，最理想的办法是采用汇兑本位制。但这样做之后，在某种程度内就无疑必须依附于其汇兑本位所选定为基本货币的母国，对于国家的自尊心理可能有损害。从另一方面说来，汇兑管理制却可以部分地免除这种反对意见，同时由于节省了生金银的运输和避免了利息的损失，所以便在技术上具有很大的好处。有许多国家已经运用这种方法多年，并获得了很大的好处，日本就是一个例子，他们在一个以上的外国中心保持准备金，并根据具体环境调节各中心的比例。德国对于汇兑管理制的态度似乎是变化不定的。有迹象表明，国家银行当局对这种制度存在着偏见。我认为印度舆论界某些方面对汇兑管理制所表现的偏见一部分原因是把汇兑管理制与汇兑本位制混同起来了；依附的因素在后一种制度中更典型，但他们却错误地认为和前一制度也一样。

欧战时期的英镑，或者说，1915 年到 1919 年的英镑便是一种汇兑管理币的例子。从 1916 年 1 月 13 日起到 1919 年 3 月 19 日止，英国财政部委托 J. P. 摩根公司作为代理机构，将英镑价格维持为 $4.76\frac{1}{2}$美元左右，在纽约外汇市场上随时收购以这一汇率抛售的任何数量的英镑，或者按 4.77 的汇率以英镑收购美元。①

没有固定客观标准的法令货币往往采用汇兑管理制。在战后欧洲通货崩溃的时期，"官方支持"以及不时可作变化的"钉住"外汇率的办法，都是这方面人所共知的例子。

最后，欧战快爆发前，曾出现过截至目前世界最大的管理体系——美国联邦银行储备体系。这一体系开始时主要是借镜于英国体系，但后来却沿着其本身独创的新途径发展，只是严格说来，这些途径究竟会变成什么样子，现在仍然有些怀疑和争论存

---

①　汇兑管理制开始于 1915 年 8 月。但在 1916 年 1 月 13 日以前，外汇汇率并未钉住不动，此后汇兑率就稳定在 $4.76\frac{1}{2}$和 4.77 之间。自 1916 年 5 月之后，波动范围保持在 $4.76\frac{7}{16}$和 $4.76\frac{9}{16}$之间。

在。

英国的体系由于1925年的通货法案而从通行了若干年的不兑换纸币发展成了目前的这种形式。现在要对这一体系下论断还为时过早，但该法案中却包含着一个明确的转变，即英国的货币不再是复合体系了。欧战前苏弗林币形式下的商品货币没有恢复，李嘉图在百年以前提出的建议却被接受了，法律规定英镑是纯粹的管理货币。

许多人相信，英国恢复金本位制之前所进行的争论是关于英镑往后应当成为管理货币还是"自变"货币的争论，但这却是一种误解。"自变"货币的意义除非是指数量严格地与"商品"货币供应相关联的货币，否则就不可能指任何东西，而这种货币却既没有希望、也没有可能存在。这种误解之所以产生是由于一般公众不知道在欧战后的法令货币和现代以前的商品货币之间还有第三种形式存在。然而，对于其他问题不论作了什么决定，肯定必须采取的却刚好是这第三种形式，也就是通过管理符合于一种客观标准的表征货币。

争论的本质问题有两个：第一个问题是，在某一个时候或者以某一种方式改变英镑的本位，以致使过渡过程牵涉到货币收入水平的重大改变，难道是合适的吗？如果改变本位的方式能使新本位币的购买力在过渡时期等于现存计算货币的购买力，并与货币收入平衡，其结果使本位改变本身在当时并不牵涉任何货币现行价值水准的上涨或下跌的问题，那样岂不是任何本位的改变都应当采取的方式吗？反对故意降低货币价值的意见在反对派方面所造成的印象比在官方造成的印象深，所以反对派便认为在具体条件必然会使货币价值像这样降低时，改变本位是不合适的。但官方却十分重视相应于计算货币的黄金的严格金衡盎司数。他们既不愿意使盎司数适应于计算货币的现有购买力，也不愿等到计算货币的购买力适应于所需盎司数的时候，而是由于许多原因愿意冒险，这种危险是用任何强制或骤然的方式使收入与物价间的现存水准失去平衡时必然会伴随出现的危险。

这一争论问题和后来进一步的争论问题是完全不同的。后来的争论的是本位本身的选择问题，也就是黄金是否最合适的客观标准的问题。一般称为货币改革者的那批人和别人一样急于要使法令货币时期结束。他们的确比对方更强调稳定的客观标准的重要性。但他们却说，现在黄金所具有的圆满客观本位的性质甚至比以往更少了。因此便主张大体上根据经济学著作中早已为人熟知的所谓物价指数本位，用某种综合的代表性商品来代替黄金。

第二章 银行货币

一、银行货币的“创造”

在前一章中我们已经看到，货币债权的移转怎样和货币本身的移转对交易清算过程同样有用。因此，一般人确信了这一点之后，就往往会满足于可移转债权的所有权，而不去设法把它们变成现金。同时运用银行货币比运用现金也要方便得多，并有许多附带的好处。

现代银行是这类习惯确立以后才有可能出现的制度。从历史上来说，银行可能是从以下几种企业中发展出来的，即金店，外汇业，借贷中企业或财物保管业，或是以信誉担保借得公共储蓄，然后根据自己的决断、自担风险的投资业等[①]。但我们往下所讨论的是充分发展和正在营业的现代银行。

这种银行以两种方式对自己造成付款债务，往后我们将称之为存款。第一种是根据本身以现金的方式或以授权移转某银行

① 关于英国的实际原始形式，可参看 R. D. 理查德：《英国银行业的先驱》（《经济杂志历史增刊》，1929 年，1 月号）。

（另一银行或本行）存款的通知（如支票）的方式所收受的价值，使私人存款者具有债权。公众中的一员带着现金或某银行的一张支票来存入时，其谅解是他将因此而获得现金债权（即存款）；这种债权可以自己行使，也可以转让给别人。

银行还有一种方式对自己造成债权。它可以自行购置资产（也就是增加其投资），但却以对自己造成债务的方式付款，至少在起始时是如此。要不然，银行也可以由于借款者允诺往后归还而使之对银行负有债务；也就是说，它可以放款或垫款[①]。

在以上两种情况下，银行都造成了存款。因为唯有银行本身才能授权在其账簿中造成存款，使顾客有权提取现金或将其债权移转给其他人支配。这两种方式除了使银行造成存款的诱因的性质不同以外，并没有其他区别。

因此，银行在积极的业务中，一方面将不断由于本身所收受的价值或他人所作出的诺言而造成存款，另一方面又将因为对本身的债权以现金方式行使或移往其他银行而取消存款。于是它便不断地收受现金和支付现金，同时也不断收受对其他银行的债权，并需支付其他银行对它的债权。

由此看来，银行显然必须以一种方式营业，使这两种相反的过程能接近于互相对消。也就是说，使每天付出的现金量加上其他银行对本行的债权，和本身所收受的现金量加上本行对他行的债权不致相差太远。因此，银行家的实际问题在于经营其业务，使每

① C. A. 菲利普斯教授在其《论银行信用》一书第 40 页，也对他所谓的“原始存款”与“派生存款”作了类似的区别。

天以现金和债权累积的资产和每天以这两种方式累积的负债尽量接近。

这样说来，银行以贷款和投资方式造成的积极存款必须和它根据存款者存入的流动资金造成的消极存款具有一个适当的关系。因为后者纵使只有一部分最后由银行持有，也会增加银行的准备；前者纵使只有一部分付与其他银行的顾客，也会减少准备。我们也许还要更加强调这一结论，因为借款的顾客一般都希望立即付与为此而对他们造成的存款，但存款的顾客却往往没有这种要求。

实际银行家如沃尔特·利夫博士等，从这一点上得出一个结论说：对整个银行体系来说，主动权操在存款人手中，银行家所放出的款项不能超过存款者事先托付给他们的款项。但经济学家不能根据这一问题的表面把它当成常识看待。因此我将力图说明一个不应含糊的问题①。

甚至是从许多银行中的一个银行来看这一问题，也显然可以看出，银行造成消极存款的程度，一部分取决于它造成积极存款的情况。因为借款的顾客虽然可能很快地使用他们所获得的贷款，但付与的人中有些可能是同一银行的存款户。在这种现象的范围内，积极存款不但不是消极存款的派生物，情形倒正好相反。这可以具体而微地说明整个银行体系所发生的情形。因为当借款顾客将其存款付与其他银行的顾客时，受款银行因消极存款增加而增

① F. W. 克里克：在《银行存款的创立》（原载《经济学》1927 年 6 月号）中作了一个很好的尝试来说明这一点。此外并请参看 C. A. 菲利普斯教授《论银行信用》一书，其中对本章的论题有非常精辟、但相当繁复的讨论。

强的程度，正好等于付款银行减弱的程度。同样的道理，当其他银行造成积极存款时，我们的银行就增强了。因此，它的一部分消极存款虽然不是本身积极存款的派生物，然而却是其他银行积极存款的派生物。

假定有一个封闭式的银行体系，与外界毫无关系，其所在国的一切支付都用支票而不用现金；再假定银行在这种情形下发现无需保持任何现金准备，行际债务可移转其他资产予以清算；那么只要各银行齐步前进，发行银行钞票的安全量便显然没有限制。加重点的几个字说明了这种体系的活动的要领。一家银行每往前跨进一步都会使它减弱，但另一家邻行跨进一步又会使它增强。所以只要所有的银行齐步前进，收支两抵之后就没有一家银行被削弱了。因此，每一家银行先于其他银行的活动虽然不能超过一步，但会受整个银行体系平均活动的支配；对于这一平均活动量，它可以贡献其一分，大小不论。每一个银行经理都可以坐在客厅里，把自己看成个人力量无法控制的外界力量的被动工具；但这个“外界力量”就是他自己和邻行经理，而绝不是存款者。

这种货币体系具有一种固有的不稳定性。因为朝同一方向影响大多数银行活动的任何事件，不论其方向是向前还是向后，都不会遇到任何阻抗，并可使整个体系发生激烈运动。下面将可以看到，实际的货币体系一般并没有这样糟，其固有的不稳定性已拟定办法加以约制。但一个银行体系中单个成员像这样发生感应运动的趋势在一定程度内始终是存在的，而且必须加以考虑。此外，如果“封闭”体系的条件已满足，就像具有不兑现货币的国家或全世界整个的情形一样，那么由于感应运动而趋于不稳定的趋势便是该体系中具有极大实际意义的特点。

在上述虚拟的情况下，我们假定一切支付都用支票，会员银行没有义务或必要维持现金准备。现在我们必须把这些限制除去。如果某些支付是以现金实现的，那么像这样运用的现金量对于银行货币量一般便会或多或少地维持某种稳定的比例。在这种情况下，全部银行所发行的银行货币量增加时，就会使其现金流出；除非它们能支配更大量的现金，否则这种现金的流出就会对银行货币的发行量加上一个限制。

但任何银行家需要现金都不光是为了应付这种可能情形。他纵使和邻行齐步前进，邻行对他的债权和他对邻行的债务之间仍然会存在日差额；这种日差额量一部分要取决于其营业的规模，而这一规模则大致上等于其存款。因此，银行家为了应付短期内必然发生的小量差额，就会经常在手头维持一些流动资金。这种流动资金一部分采取现金的形式，一部分采取另一家或多家银行的存款的形式。这种资金就是所谓的"准备"，其数量随其存款量而增减；有时由于法律或习惯的规定，和存款保持着严格的比例。为了处理行际债权，各银行设立了一种所谓票据交换所，每天结算两抵后各行的人欠欠人数目。为了清付最后的差额，如有必要时可用现金。但为了方便起见，各行在日常清付中都接受对某一个选定银行的债权；这一银行有时称为银行家的银行，一般就是中央银行或国家银行。此外，中央银行存款不但可用来支付票据交换所的差额，而且在银行准备的现金部分需要充实时也可以兑现。

因此，银行首先必须决定，准备应达到多大数量才算妥当，有时这是由法律决定的。这一数字详情将在第 2 卷中讨论，它一部

分决定于该国在该时期中的流行办法所决定的存款者习惯，一部分决定于具体银行顾客所经营的企业种类，还有一部分则决定于银行业务的规模；对于这一目的来说，这种规模一般是以其存款量来衡量的。因此，每一银行都在心中对其存款确定一个比例（如10％），目的是将其划作准备；这一比例除非法律强制规定一致数额外，在不同银行中并不必须相同，同一银行也可以随时或在不同季节中加以变化。确定这一比例后，银行就不愿使其准备高于这一数额，正像它也不愿使之低于这一数额一样；因为高于这一数额时，一般就意味着可以获利的营业量没有充分发挥。因此，银行将根据其逐日变化以外的准备所显示的增减趋势，通过规模或大或小的放款与投资来造成积极存款。

现在我们可以看出，不但是各家银行的步调具有必须遵从的准则，而且整个银行体系也受这种规则的制约。因为如果整个银行体系造成存款的准备降得过低，那么有些银行家就会发现其准备比率不足，因而就会被迫往后撤退一步。但如果总存款量对准备的比率低于正常水准，某些银行就会发现其准备的比率过高，并会受到刺激往前跨进一步。因此，决定整个银行体系共同“步调”的因素是准备金的总量。

如果要把这一讨论更推进一步，找出决定会员银行准备金总量的因素，便是涉及以下各章的内容了。但这问题的要义仍然可以在这里加以讨论。

假定中央银行就是钞票发行当局，那么只要中央银行能控制其钞票发行与存款总量，会员银行的准备基金总量便在其控制之下。这时，中央银行便成了整个乐队的指挥，速度由它决定。但中央银行本身所造成的存款量可能由法律或风俗习惯规定不得由其自由控制，而由某种硬性的法规调节，这时我便可以把这种体系称为“自动”体系。最后，会员银行本身也可能有一些权力（也许有一定限度），可以随意增加其中央银行存款量，或增加其从中央银行钞票发行部门所取得的钞票量。这时会员银行的感应运动的强度，就会随着它们在增加准备基金的方式下为自己预备食粮的做法而加大，其结果是使银行体系固有的不稳定性难以控制。

我已尽量证明，一般常见的关于银行存款由谁“创造”和怎样“创造”的争论，是一个不大实际的争论。毫无疑问，最方便的说法是，所有的存款都可以说是由持有存款的银行“创造”的。但银行存款肯定并不限于必须由存款者主动缴纳现金或支票才能创造成的存款。但同样明显的是，某一银行主动造成存款的可能性服从着一定的法则与限制。它必须与其他银行保持同一步调，其存款相对于总存款而言，不能增加到与其本身在全国银行业务中所占份额不成比例的程度。最后，各会员银行共有的“步调”是由它们的准备基金的总量支配的。

二、流通货币主要是银行货币

以上述方式造成的会员银行货币与国家货币在构成流通货币总量中的相对重要性，随着各时代与各国家在货币实际状况方面所达到的发展阶段的不同而有极大的区别。但一般的趋势是银行货币取得压倒优势，国家货币居于从属地位；在英国和美国这样的国家，银行货币可能占流通货币总量的9/10。

因此，如果假定所有的中央银行货币都归会员银行持有，同时还假定公众手中所持有的流通货币都是会员银行货币（即银行存款），我们就可以使这说法变得简单，而不致十分损害其普遍性。这种简化的说法当然不能代表实际的事实，但却可以省去许多不必要的话，而且容易适应于实际事实。此外，当公众、会员银行和中央银行所持有的全部国家货币存量的比例趋于稳定时，这一假定的结论就差不多和实际事实相符。当实际事实以相关的方式偏离这一简化的说法时，我就会尽量使之回到讨论范围中来。

在美国方面，活期存款与公众手中在银行以外流通的钞票或铸币的比例，可以得到相当准确的估计，其情形如下：

美　　国①

单位：百万美元

	活期存款	货　　币	货币对总量的百分比
1919	18 990	3 825	17
1920	21 080	4 209	17
1921	19 630	3 840	16
1922	20 470	3 583	15
1923	22 110	3 836	15
1924	23 530	3 862	14
1925	25 980	3 810	13
1926	25 570	3 777	13

由此看来，纵使在欧战后的八年中，美国的流通中的现金与现金加活期存款所形成的总量的比例，也从 1/6 左右降到 1/8 这样小的

① 活期存款数字取自密契尔著《商业循环问题及其调整》，商务印书馆，1962 年版，第 141 页。银行以外所流通的货币量则取自《经济统计评论》，1927 年，7 月号，第 136 页。

数额。在下面我们将看到，由于活期存款的周转速度比现金要大得多；所以前者按已实现的支付量计算时，所占优势甚至还会更大。如果把定期存款包括在内，就会发现公众所持有的国家货币在流通货币的总量中还不到10%。

在英国方面，情形就只能作不那么肯定的猜测。但我估计，英国在1926—1928年时期的活期存款（定期存款除外）可能有107 500万镑，公众手中所流通的钞票则有25 000万镑；在这种情形下，后者在总额中所占比例为19%，也就是占1/5左右。计入定期存款时，我们就发现，正像美国的情形一样，公众所持有的国家货币大约占流通中货币的10%。

由此看来，银行货币的运用现在在美国和英国占着极大的优势（在其他国家也日益如此），所以把它当成典型现象并把其他种类通货的运用当成次要现象所引起的混乱，比把国家货币当成典型货币并把银行货币当成往后的复化情形所引起混乱要小得多。后一种看法已经落后于事实，使人对现代货币的某些最为典型的特点强调不够，并把它的基本特点当成不规则的或例外性质的。

第三章　银行货币的分析

一、收入存款、营业存款与储蓄存款

现在让我们从存款者或持有者的观点来讨论一下银行货币或任何其他种货币。人们之所以用银行存款或其他方式保持一个货币数量，理由不外以下三种：

第一种理由是应付个人收入日期和支出日期之间的这一段时期的支出。如果收支几乎同时发生，那么人们为此目的所需储蓄的平均量就会微不足道了。假定所有的人都在季度结算日取得其一切收入，并在同一天付出其款项；所有的支票都是同时开出的，预计存入的支票将及时清付，以应付付出的支票；那么收益与消费的正常交换循环提供资金所需的银行存款就会接近于零。如果支出不是与收入同时发生，而是相差几天，那么银行的私人存款总量在几天内虽然数字很高，但全季度平均仍然会很低。工人阶级的货币余额，当他们在星期六取得工资而又在当天或不久后花费时，的确非常接近于上述情形。但私人的收入与支出相隔不论久暂，一般总是有一段时隔的。同时，两者之中任一种的严格日期都无法始终事前预见。因此，为了弥补收入与支出之间的这一段时隔并防备可能发生的需要，人们必须保持一个货币贮量，或以银行存款的形式对货币保持随时支取的支配权。这类的存款是由私人从其收入中提款补充的，用于私人支出或私人储蓄，我们将称之为收入存款。没有银行来往账的工人或其他人手中的现金当然也应列入这一范围。

同样的道理，商人、工业家或投机者一般都不能将其收入与支出安排得同时发生。这类人有时在货币体系以外进行“清偿”与“清算”（如证券交易所两周清算）等等，这样至少可以使收支部分对消。但一般说来，对消关系是不完全的，一部分的营业交换过程（其大小随企业的性质而定）将使受款人具有临时的现款或银行存款的余额。同时，营业支出和私人支出一样，严格的债务偿付日期无法始终事先预见。所以方便的办法是保持一个边际数额以备不时之需。为营业目的而储存的这种存款将称为营业存款。

收入存款和营业存款总加起来就构成了我们所谓的活期存款[①]。

但持有银行存款的目的也许不是为了支付，而是为了储蓄，也就是为了投资。持有者之所以这样存款可能是受到银行家所提供的利率的引诱；也可能是预计到其他投资可能使币值贬损；或是着重于储蓄的币值稳定并且又能随时兑现；还有一种可能是他发现这种方法最便于储存小量积蓄，以便在达到足够数额后再变成专

① 值得提出的是，亚当·斯密也作了十分类似于上述说法的区分（见《国富论》第二卷，第二章），他说：“各国的流通过程可以说是分成了两个不同的部门：一个部门是经纪人相互之间的流通，另一个部门是经纪人与消费者之间的流通过程。虽然同一分货币（不论是纸币还是金属货币）可以有时用在一个流通过程中，有时又用在另一个流通过程中；但由于两个过程经常是同时进行的，所以两个过程都需要一定量的这种或那种货币的贮量，以便持续不绝。”

用投资；也可能是在等待机会，将款项用于其本身的企业；此外便是因为对他有影响的其他这类原因。我们称这种存款为储蓄存款。构成储蓄存款的标准是不需用于日常支付，而且当存款人由于任何原因认为其他投资方式更为可取时，取消这种存款也不会有任何不便之处。

二、活期存款与定期存款

现金存款大致上相当于美国人所谓的活期存款和我们所谓的往来账户。储蓄存款则相当于美国所谓的定期存款和我们所谓的存款账户，同时也相当于主要讨论商品货币的货币理论中经常称为“价值储蓄”的货币运用法。但这种相应关系并不严格。在英国，存款账户与往来账户之间有一个老式的区分，即前者能生利息，后者则不能，这一区别已经在迅速地泯灭。因为现在已经有愈来愈多的银行对顾客超过议定最低额的往来账户款项平均数付予利息。其结果是存款账户与往来账户渐次符合于银行对一国的不同部分与不同种类的顾客在习惯办法上的区别，而不符合于付利息不付利息的区别①。

还有一种往来账户为的不是有必要以这种方式来提供现金，以

① 一般说来，存款账户与往来账户之间的固有区别在伦敦还保存着。但在各地方就没有一致的办法，银行间的竞争造成了许多不同的安排。最常见的办法是由银行对超过议定最低额的往来账户款项平均数提供一定的利率，数额略低于广告存款利率(例如低 0.5%)，这就意味着实际上的储蓄存款从往来账户转为存款账户并不永远是值得的。因此，短期储蓄存款便很可能划入往来账户而不划入存款账户。储蓄存款的小额增值也是这样，这种增值只是隔一个时期才以较大单位移转为存款账户。

方便日常营业的支付，而是为了报酬银行家的劳务，这在英国也是一种极常见的办法。顾客报酬银行有时是根据其账户周转量以及其他原因所造成的麻烦而付予一定的手续费。但还有一种十分常见的形式就是议定由顾客维持一个最小量的不付利息的存款余额，根据这种谅解而保持的余额往往因为对于其差数支付利息的缘故而允许其低于议定的最低量，所以就很难确定究竟应当把它看成是储蓄存款还是活期存款。但不论当成哪种存款，它们总会形成一种不易移转的存款形式，在正常情况下很可能保持相当稳定。

除了银行办法使这种分类产生困难以外，储蓄存款与活期存款之间的区别甚至在存款者心中也往往不十分明确，尤其是关于防备不可预见的可能用途的那一部分更加如此。因为持有大量储蓄存款的人可能感到自己的资力已够雄厚，可以节省应付可能用途的现金存款量。因此，全部存款中便有一部分可以用于两种用途，存款者本人也很难严格地说他所持有的全部存款中为某一种用途而储存的比例是多大，为另一种用途而储存的比例又是多大。但大致的区别还是很清楚的，可以分述如下：储蓄存款量取决于它与其他可用来代替其本身的证券在存款者心中所产生的相对吸引力如何。活期存款量则取决于他用支票收支的款项的量与经常性以及收支时隔的长度。

目前还不便于对这两种存款在已公布的存款总额中所占比例作精确的统计。在英国，银行对于存款账户与往来账户甚至不分别发表数字。在美国，法律规定活期存款与定期存款必须分别发表数字，但由于种种理由，这种区别与上述区别并不完全相符，尤其是通知取款日期少于 30 天的一切储蓄存款都被当成了活期存款。

然而我们却有足够的资料可以对于两种存款的相对重要性作出粗略的推测，这些资料将在下卷中详述。在美国，定期存款与存款总量的比例在不同的联邦储备区中差别极大，旧金山比纽约高两倍左右，而全国的平均量则在不断发生变化，从 1918 年的 23％增加到 1928 年的 40％左右。在英国，一般常说，欧战前全部银行存款大约是存款账户与往来账户各占一半。[①] 欧战期间，在官方宣传的刺激下，对政府发行的证券的投资可能吸收了一些最巩固的存款账户，其结果是存款账户的比例降到总额的 1/3 左右。但在最近 10 年中，比例又渐次恢复到 1/2 左右的战前比数。因此，我们如果计入有利息的往来账户和酬劳银行的“最小量余额”，那么英国的真正储蓄存款看来就略微超过了总数的一半；虽然从另一方面说来，我们也必须估计到一个事实，即存款账户的规章（七天通知期）并没有永远打算让人们严格遵守。

读者不妨回忆一下，提出这些百分比不过是为了说明有关量的量值等级。两种存款对全部存款的比例不是恒定的，正是由于有这种变化的可能性存在，才使以上的分析在往下的说法中具有重要性。

前述的分类当然包括钞票和银行存款。由于钞票不生利息，所以就比银行存款更有理由被当成现金而不当成一种储蓄的形式被持有。在现代经济社会中，企业家之间的交往主要是通过支票进行的，所以便也有一种假定认为钞票是被作为收入存款而不是

---

① 我也曾听见有人说，欧战前账户存款估计更接近于占 1/3 而不是 1/2。利夫（《银行学》第 124 页）在 1926 年写道：在英格兰一般是活期存款较多而在苏格兰与爱尔兰则是账户存款多得相当多。

作为营业存款来持有的。

在过去一百年中，的确有一种稳定的发展趋向，避免使用钞票而运用支票。银行存款在可以预计为分别代表着储蓄存款、营业存款和收入存款的任何国家中，这三种存款之间的比例取决于该国在这一发展过程中所达到的阶段。在第一阶段中，银行存款主要属于投资性质，大多数的支付都是以钞票实现的。在第二阶段中，银行存款一部分被用作储存现金的手段；但到进行支付时，一般都变成钞票。在第三阶段中，营业交往主要是用支票，钞票只限于支付工资和小额现金。在第四阶段中，工资支付也用支票，钞票只用于小额临时现金支付和随手支付。大多数大陆国家都处在第二阶段与第三阶段之间。英国已处在第三阶段中，可能已在第四阶段的前夕。美国则处在第三阶段与第四阶段之间。钞票在货币体系中的意义以及调节其数量的适当办法显然必须取决于所达到的发展阶段，只是这一点还没有得到普遍的承认。钞票发行量的变动的统计意义也必然会按同一方式变化。[①]

三、存款与透支

我们已经把活期存款说成是为便于办理日常支付所需的货币

① 英国对现有钞票发行量如果具有统计数字的话，作为工资总额的指数而言就会具有很大的价值。目前关于现行流通量还无法取得统计数字，因为合股银行对于其准备中所存的钞票不发表数字，其实这种数字不发表是没有理由的。但到时候英格兰银行所发表的银行家余额总数加上各银行所发表的现金与余额总数，就可以让我们得到一些近似的推论。

提供一种可以随时支取的支配权。但这一分析在现代社会中是复杂的，因为活期存款不是提供这种款项的唯一方法，透支也可以同样提供。所谓透支就是与银行取得协议，以便在任何时候都可以造成不超过议定数字的借方账目，利息不按议定的最大量借款付给，而按实际平均借款量付给。银行的主顾可以根据其存款开出支票，因而减少他对银行的贷方数字；但他也同样可以根据其透支开出支票，因而增加其对银行的借方数字。

用银行账面记录的方式清算债务时，将借方数字从一个账户转到另一个账户就像将贷方数字从一个账户转到另一个账户一样有效。增加债务人的借差和减少债权人的借差对于付款说来就像减少前者的贷差和增加后者的贷差，同样是有效的支付方式。因此，对于支票——货币体系的有效运行说来，具有支票账簿的人完全不必同时具有存款。银行的资财可能完全只包括其本身的资本，也可能是从某一类顾客身上取得的；这类顾客和立现金账的顾客完全不同，他们在银行中立的是固定储蓄账。在这种情形下，现金账完全是借方账户（即透支）而没有任何的贷方账户（即活期存款）。

特别是在英国，人们愈来愈多地发展透支办法，节省现金存款量，①其他地方的银行办法，我还不敢肯定。在组织良好的大规模企业中，现金账平均说来（存款与透支正负两抵的结果）都趋近于零，或者至少也是数字很低；其原因一部分是运用透支办法，另一部分则是将票据或贷款的临时剩余差额投资于金融市场的缘故。

① 我认为，最初出现透支的地方是苏格兰。这办法在美国从未受到很大欢迎。

如果把根据报酬银行的协议而保持的最低余额除去的话，大企业的平均现金存量（按上述办法计算）在通过账户的支票量所占的比例就会极低。但一般私人也愈来愈多地运用透支账户。

读者必须注意的是，银行资产负债表上资产一方所出现的数字不是顾客的已用透支量，而是他的未用透支量。就目前情形说来，这一数量不会出现在资产负债表上相应于现金存款的任何地方。所以，现金存款总额加上未清偿的未用透支周转账款就构成全部现金账款。正确地说来，未用透支周转账款，由于代表着银行的负债，所以就应当像承兑账款一样出现在账目的两方。但目前的情形并不是这样，其结果是在未用透支周转账款中存在着一种日见重要的银行货币形式。关于这种货币，不论是它的绝对总量还是它随时的变动，我们都没有任何统计记录。

活期存款在货币价值理论中实际上就是现金。这种存款绝不相当于已发表的银行存款。后者有很重要的一部分根本不是货币（其接近货币的程度并不比库券大多少），这部分就是储蓄存款。从另一方面说来，已发表的银行存款中却不计入未用透支账款，这种账款是不折不扣的现金账款。当储蓄存款和未用透支账款都是整个存款中接近恒定的部分时，银行存款已公布的数字对于可用现金量说来，便是一个完全令人满意的指数。但正像我们在下面可以看到的，如果这两种比例可能发生极大的变动，那么把银行存款看成与现金相同就会发生严重误解，许多人的确已经发生了这种误解。

四、相对于交易额的存款量

我们已经看到，活期存款，不论是收入存款还是营业存款，持有的目的都是为了支付；它和储蓄存款不同，后者是为了另一种目的。因此，下一个问题便是这种现金存款量与和它所支付的付款量之间的关系。关于这一问题，我们将在下卷中作统计分析，但目前先作一个初步讨论是有帮助的。

让我们从收入存款开始。这方面的付款量是容易说明的。因为这显然等于一个社会构成收入款项的货币收入减去收入存款本身的任何增量(或加上任何减量)。[①] 一般说来，收入存款的年周转量将等于一年的薪水加一年的工资、食利者的利息和企业家的报酬；也就是说，这一周转量等于各生产要素在一年中的报酬。因此，我们如果不但把一切新生产的交换项目(包括劳务在内)列入本期产品之内，而且把运用固定消费资本(如房屋)的所得也列入其中，那么总货币收入就会随着本期产品的货币成本而发生变动。[②]

这种周转量(也就是一个社会的年货币收入总量)与收入存款量之间的关系是怎样的呢？后者是前者的一个分数，稳定性大小不等。这一分数我们称之为 K_1，其倒数称为 V_1。

① 为了避免误解起见，应当指出的是，私人非收入交往，如建筑或其他目的的贷款，或是交换投资等所造成的非收入交往，根据上述分类应认为是营业交往，与这种交往相关连的余额应认为是营业存款。

② 关于收入的更严格的定义，请参看本书第 9 章。

一般说来，我们可以预计，K_1 在一个给定经济社会中的逐年平均值是一个相当稳定的量。但如果收入虽稳定地逐日积累，其收入和支出却不逐日进行，而是隔一个时候进行一次，那就可能在平均稳定的情况下伴随出现相当大的季度变动。在工人阶级的工资这类的情形下，收入的支付是按星期进行的，K_1 在一个星期的每一天中都有一个不同的值，自工资发放之日起稳定地或猛烈地降低，但星期平均却是稳定的。在许多中产阶级的薪水那类的情形下，支付是按季度进行的，K_1 在季度结算日达到最大值；此后到下一季度结算日之前将不断降低。但 K_1 值最重要的季度变化可能出现在农业家方面，他们的收入是在出售农产品收成时取得的。例如在印度这样的国家中，各不同地区由于这一原因而产生的现金需求季度变动量十分大，以至成了人所共见的问题。因此，以星期工资获得者、季度薪水获得者和农业家构成的经济社会中，K_1 的合成值（读者可以记得，这里面包括钞票和收入存款项下的银行账款）显然会构成一个复杂的曲线，虽然全年平均相当稳定，但一年中却有许多峰与谷。

此外，它的平均值不但取决于支付日的平均时隔长度，而且要取决于该社会支付的习惯究竟是与消费同时还是积欠到消费之后；也就是说要取决于该社会究竟是按均等日支付率支付，还是紧接在支付日后的时期里集中支付。有些地方的某些重大支付集中在特殊的季节里，这一点就会反映为 K_1 值相应的季度降落。例如大家都知道，英国的所得税便有一种作用，使收入存款的水准在春季里显著降低。

对收入与支出的时间与季节有影响的风俗习惯的改变，对 K_1

全年平均值的影响一般说来比贸易或物价变动的影响还要大，但发展趋势却是缓慢的。真实收入的暂时降低会由于人们在降低时力图维持消费而对 K_1 值的降低发生一些影响。人们对通货失去信心时（如欧洲在欧战后通货膨胀时期中的情形），会使顾客急忙进行购买，这样也会使 K_1 远低于其正常值。但除了这种例外原因以外，K_1 的值在一年与另一年之间是不易于发生重大变化的。

目前由于没有任何统计资料可以使我们对收入存款与营业存款加以区别，所以就很难猜测这一稳定的 K_1 平均值实际上究竟是多少。由于这一问题将在下卷中作更仔细的探讨，所以在这里只要说明这样一点就够了：即在英国，K_1 的平均值十之八九会大于全社会年所得量的 5%，并小于这一数量的 12%，目前可以暂时假定它在 8% 左右。

下面让我们谈谈营业存款。在这一方面，情形很可能远不如收入存款那样稳定而规则。营业存款周转所根据的是企业的交易量，包括企业之间为支付一切货物交易、契约交换、票据往来而来回流通的支票，是由这些交易量构成的。按它们的不同性质可分类如下：

（一）由于生产分工而产生的交易：

a. 企业家对各生产要素的报酬所作的支付。

b. 上一生产程序（提取、制造、运输或分配）的负责者和下一生产程序的负责者或装配不同构成部分的负责者之间的交易。

（二）资本品或商品的投机交易。

（三）金融交易，如库券的回收与换新或投资的交换等。

上列各项中，(一)就像收入存款的来往一样，是本期产品货币价值一个相当稳定的函数。其中的 a 的确会刚好等于列入收入存款贷方的收入。因为收入存款方面所收到的每一张支票都是营业存款中所付出的支票；反过来说，除非是像某些个人劳务的情形一样由消费者直接从生产者那里购买，否则后者所开出的每一张支票都是为前者所存入的支票。其中的 b 这一范畴虽然会随着生产的技术与性质渐次地发生变化，在短期内则随着企业家是否预计到它们的需要而发生变化，但整个说来也会随着年产品的货币价值发生变动。此外，在下面就可以看到，专属于 b 的物价水平不会严格地随着专属于收入存款支付的消费品的价格水平发生变动。其结果是 b 类交易的货币价格变动不会严格地符合于消费者在同时所作支出的货币价格。根据往下第十五章的说法来讲，为 a 与 b 两种经济过程所储存的营业存款加上收入存款，就构成了我们所谓的“工业流通”。

从另一方面说，第(二)与第(三)两范畴的交往却无需也没有受本期产品量的支配。一群金融家、投机家和投资者将某些并非由他们生产或消费而只是由他们买卖的财产，或者由他们相互转让的权益进行交易。在这些交易中，它们的速度和本期生产率没有固定的关系。这种交往量受着多方面的和无法预计的变动的影响，很容易在某一个时期比另一个时期增加一倍，决定的因素是投机情绪的状况等。生产活跃虽然可能使它受到刺激，生产不活跃也可能使它受到抑制，但它变动的程度却和生产完全不同。此外，像这样交换的资本品的价格水准可能和消费品发生完全不同的变化。为第(二)和第(三)交往过程所持有的营业存款加上收入存款，就构成了第十五章中所谓的金融流通。

不幸的是这些交往过程不但极易发生变化，而且变化方式也跟生产以及消费所引起的交易过程完全不同。同时前一类交易量与后两种相比时也十分大，足以混淆统计数字。比方说，英国的各种支票交易总量在1927年可能达到640亿镑，此外还必须加上使用钞票的交易量，总共比年收入量大16倍以上。由于本期产品的每一项平均不可能转手16次，所以本期消费与生产所引起的交易量便显然被其他种类的营业交易过程淹没了。生产与收入的统计数字像这样受到巨大的金融交易可变因素的混杂后，就严重地妨碍我们在现代货币问题上求得可靠的归纳结论。

1926年美国的相应数字是支票交易为7 000亿美元，比年收入量大10倍左右。

从上面的论列中可以清楚地看出，营业存款平均水准对营业交往量的比（K_2），跟收入存款对收入总量的比（K_1）可能完全不同，其变化方式也很可能不同，可变性要大得多。在第二卷中，将对于K_2的量值和可变性提出一些估计，这些估计毋宁说是对K_2的倒数V_2提出的。

在任何给定经济社会中，我们都有理由认为K_1是国民收入货币量的一个恒定的分数，K_2就不如此。因为支配K_2的那种交往量与价格水准可能发生极大的变化，这些变化与国民收入货币量的变化不相符合。因此，我们如果说总现金存款（即收入存款加营业存款）和国民货币收入具有任何稳定或正常的关系，便会造成误解。

读者大概已经看到，K_1是一般所谓的收入存款"流通速度"的倒数；K_2 则是营业存款流通速度的倒数。

现在我们必须开始对于银行体系造成存款的方式与物价水平的关系进行一段很长的讨论。首先，本书的第二篇（主要论题不可避免的一段题外话）将专门用来分析货币价值的意义以及其衡量的问题。

第 二 篇

货币的价值

第四章　货币的购买力

一、购买力的意义

人们持有货币不是为了货币本身而是为了它的购买力，也就是为了它所能购买的东西。因此，他所需要的便不是若干单位的货币本身而是若干单位的购买力。但由于除了货币形式以外就无法储存一般购买力，所以对购买力的需求便转化成了货币“等值”量的需求。若干单位的货币与若干单位的购买力之间的“等值关系”的尺度是什么呢？

由于一定条件下的货币购买力决定于一单位货币所能购买的货物与劳务量，所以这种购买力便可以用各种单位货物与劳务按其作为支付对象的重要性的比例构成一种综合商品来加以衡量。此外，支付有许多不同的目的和不同的类型，关于这些我们在某些时候会注意到，它们都各有其相应的适当综合商品。代表着某种支出的综合商品的价格我们将称之为物价水准，说明某一物价水准的变化的一系列数字，则称为指数。因此，在一定条件下与一单位购买力等值的货币单位数就决定于相应的物价水准，而且由适当的指数来表示。

是不是有一种物价水准十分符合于我们所谓的货币购买力呢？如果有的话又是哪一种呢？这一问题的答复是无需犹豫就可以提出的。衡量货币购买力的变化不论在理论上和实际上有多少困难，但衡量的意义总是无可怀疑的。我们所谓的货币购买力是指货币购买货物与劳务的能力，个人组成的社会为购买货物与劳务以用于消费，就要付出他们的货币收入[①]。也就是说，货币购买力是由单位货币所能购买的这种货物与劳务量按其作为消费对象的重要性加权后来衡量的。与此相应的指数有时被称为消费指数。因此，说明购买力时永远必须比照处于一定地位的一群个人，也就是实际消费能为我们提供标准的一群个人；除了比照这种人以外，就不可能得出任何清楚的意义。

这并不等于说，对于各种目的和探讨说来，除了上述一种以外就没有其他具有极大意义和重要性的综合商品、物价水准和物价指数了。有许多不同的物价水准彼此相对发生变动，情形就像个别商品的价格彼此相对发生变动一样；关于这一点的概念对于货币理论的理解的确是非常有帮助的。这一丛物价水准可以恰当地称之为相应于不同目的与不同条件的次级物价水准；但有这另外的水准存在并不能成为承认货币购买力本身的含义有任何含糊之处的理由。

第一章开始时所说的计算货币是很早以前人们需要用一种方

---

①　参看马歇尔著：《货币信用与商业》第 21 页的下一段话："'货币一般购买力'一词往往被用来指货币在一个国家或一个地区中按实际消费量比例购买商品的能力，这种说法是合理的。"在 30 页上他又说："货币一般购买力应当比照制成品最后消费者所付与的零售价格作适当的衡量。"

式来说明一般购买力，计算货币是被提出来满足这种需要的。但用物价指数对购买力作明确的衡量却是一个现代的概念。欧文·费雪教授所著《指数的编制》一书附录四中对于指数的历史提出了一个简短的概述。此外我只要提出这样一本书就够了，那就是毕晓普·弗利特伍德在1706年出版的《宝贵的编年史》，尤其是第四章的前一部分和第六章。埃奇沃思把这书说成是"最早谈到指数的书，而且也是最好的书之一"。其中破题儿第一遭地以现代的方式讨论了购买力的概念和货币购买力变动的许多量度。下面这一段引文可以说明毕晓普的研究道路，他说："由于货币没有其他用处，而只能用来购买生活必需品与享用品。所以明显的事实是：如果亨利六世时代的五英镑能购买五夸脱小麦、四大桶啤酒和六码棉布，而目前的20英镑又不能购买更多的小麦、啤酒、棉布；那么亨利六世时具有五英镑的人便和现在具有20英镑的人同样富有。"但就实用目的说来，物价指数是从19世纪60年代开始的①。

这样说来，计算货币便是表示购买力单位的形式，货币则是储

① 关于这一问题留下的重要文献范围是很小的，情形如下：

一、杰文斯在《通货与金融的研究》一书中重印的论文。

二、埃奇沃思在《政治经济学论文集》第一卷中重印的论文。

三、C. M. 沃尔什：《一般交换价值的衡量》。

四、欧文·费雪：《货币的购买力与指数的编制》。

五、密契尔：《批发物价指数》（美国劳动局统计公报，173与284号）。

六、庇古：《福利经济学》，第1部第5章。

七、哈伯勒：《指数的意义》，1927年版。

八、M. 奥利维尔：《物价变动的指数》，1927年版（现存文献的杰出和渊博的总结和评论）。

费雪教授正在编制一本现存物价指数的字典。

存购买力单位的形式，而表示消费的综合商品的物价指数则是衡量购买力单位的标准。

物价水准理论(或指数理论)所引起的问题将按下列顺序加以讨论：

(一)货币购买力或消费本位将在本章中和货币的劳动支配力或报酬本位一起讨论，后者可以衡量货币支配人类劳作单位的能力。

(二)某些次级本位将在第五章中讨论。

(三)货币理论所引起的某些方程式或关于货币理论的所谓内在价值说等说法的专用特殊本位，将在第六章中“通货本位”这一大题下讨论。

(四)不同的物价水准之间的关系以及它们联系一致变化的趋势(不论是真实的还是设定的)都将在第七章中“物价水准的分布”这一大题下作简短讨论。

(五)最后在第八章中，我们必须向衡量货币购买力变动时所牵涉的难题本身进攻，并讨论其最好的解决方法。

二、货币购买力或消费本位

现在令人满意的购买力指数极感缺乏。截至目前，没有一个官方所编纂的指数可以恰当地称为购买力指数。这些指数所说明的一般都是这种或那种次级物价水准，如批发物价水准或生活费用物价水准等，这些我们在下面就将加以讨论。除了这一点以外，目前所能取得的一切指数都过于粗糙，不能解决衡量指数的一个位域与另一个位域之间的变化时所牵涉的细微问题和严重困难。这些问题和困难我们将推迟到第八章中去讨论。

货币购买力指数应当直接地或间接地将一切进入最后消费过程(与中间生产过程不同)的项目计入一次,而且只能计入一次,并要根据从事消费的公众用于这些项目的货币收入量的比例进行加权。由于根据这些方式编制完整而全面的指数是非常复杂的问题,所以在实际上我们就只能满足于求得包括总消费中一大部分富于代表性的项目的指数。但目前我们连这个也没有。

完整或充分的消费指数之所以未能编制,一部分原因是实际困难很大,但还有一部分原因也是由于批发物价指数这一特殊次级指数的声誉过大的缘故。当我们讨论信用循环这类短期现象时,批发物价指数的缺点是它的动态和货币购买力的关联动态不在同时发生,程度也不一样。在讨论长期现象时,这种指数又存在另一种问题;也就是说,它把某些重要的消费对象完全忽略了,或重视不够,对待个人劳务和复杂的制成品(如汽车)尤其如此。忽略前者虽然有时会部分地由于忽略后者而被抵消,但在技术进步和财富增长的社会中却是造成严重混乱的根源。因为技术进步就会使商品的成本按劳务计算时趋于下降,而平均财富增加的社会用于劳务方面的收入的比例也会增加。在大多数国家中,最接近于消费指数的是工人阶级的生活费用指数。但这一指数也具有批发物价指数那样的缺点,只是程度较轻而已,把它推广应用于社会其他阶级时尤其如此;也就是说,相对于商品方面的支出而言,它对于个人劳务方面的支出估计不足。

但在统计资料增长之后,强有力的政府部门的资料来源应当

足以在几年之内编纂相当准确的货币购买力指数。目前我们不得不满足于把某些现存的次级指数系列善加利用，以便尽可能地做到这一点。

纽约联邦储备银行统计家卡尔·斯奈德先生在这些方面已经进行了一些有价值的先驱工作。[①] 他所谓的“一般物价水准指数”是将以下四种次级指数按下述比例加权后制成的：

批发物价…………2

工　　资…………$3\frac{1}{2}$

生活费用…………$3\frac{1}{2}$

租　　金…………1

我将把这一指数当做差强人意的提供了近似于消费本位的指数而加以使用。但是必须记住，斯奈德先生在编制这种指数时，他是为了一个不同的目的，也就是为了本书第 74 页上所谓的现金交易本位而编制的。

我们可以看到，某些支出项目会不止一次地以直接的或间接的方式出现在斯奈德先生所编制的指数中。但只要指数编制中所加的权数总的说来没有不成比例的情形，这就没有什么害处。作为消费指数来说，斯奈德先生的指数的主要优于其他指数的地方是计入了工资支付的综合数目，这样就更加接近于对个人劳务的

---

① 关于他这一方法更精确的详情，请参看他所著的：《商业循环与商业衡量》，第六章，以及纽约联邦储备银行最近几期的每月公报。

费用作出适当的估计。

斯奈德先生对于美国的指数上溯到了1875年。在下表中[①]，早期年代所用的是五年平均数字。批发物价指数(除了早期的以外，都是美国劳动局的批发物价指数)也列在旁边以便比较，第三栏的数字是前两栏的比较。

斯奈德氏美国"一般物价水准指数"与批发物价指数的比较(1913＝100)

	消费指数(斯奈德)	批发物价指数	两种指数之比
1875—1879	78	96	81
1880—1884	78	101	77
1885—1889	73	82	89
1890—1894	74	77	95
1895—1899	72	69	104
1900—1904	79	83	95
1905—1909	88	92	96
1910	96	97	99
1911	96	95	101
1912	99	99	100
1913	100	100	100
1914	101	98	103
1915	103	101	102
1916	116	127	91
1917	140	177	79
1918	164	195	84
1919	186	207	90
1920	213	227	94

① 后来，斯奈德先生在1928年2月号的《经济统计评论》上发表了一个修正了的1913—1927年这一时期的"一般物价水准指数"，编制的方法与上述情形略有不同。但这种指数作为消费指数而言，远不及上述指教有用。因为斯奈德先生的目标不是制出消费指数，而是和上面所说的一样，要制出现金交易指数，所以，在实现这一目标时，新指数就不但计入了消费品与劳务，而且也计入了不动产价值和证券价格。这样说来，斯奈德先生的新指数虽然可能更适合于他自己，但他的老指数却肯定更适合于我。

1921	178	147	121
1922	170	149	114
1923	181	154	117
1924	181	150	121
1925	186	159	117
1926	186	151	123

我们之中有些人自来就把索尔贝克或经济学家①的批发物价类型的指数当成"货币价值的代表"看待。这表对于这些人说来是极有意义的;其实,谁不是自来就这样看待呢?显然,在技术进步的时代中,除了欧战时期这种例外情形以外,这些指数趋向于愈来愈多地过高估计用于一般消费的货币收入的价值。斯奈德先生的指数可能发生了相反的错误,他的编制方法对劳务的费用加权过大。这一点必须等到有关的事实作了进一步的调查以后才能确定。讲求实际的统计学家将来可望对这方面更多地加以注意。

此外,还有一种错误的来源是对制成品加权不足,它们的价格相对于劳务说来趋于下跌。把这种错误纠正后就可以使精确的消费指数比上述指数更接近于批发物价指数。斯奈德指数在其批发物价组成指数与生活费用组成指数方面都斟酌计算了这些货物,但这种计算是否充分就是问题了②。

如果仅仅是为了说明的缘故而按表面数值来看斯奈德指数的话,按照过去五十年中的批发物价指数来计算似乎会使斯奈德指数

① 法国以魁奈为首的重农学派,因当时影响甚大,法国学术界直称之为经济学家。——译注

② 我相信马歇尔运用批发物价本位作为费用数字来替代不存在的消费本位时,经常提出的理由是省略劳务的效果往往由于省略了制成品而抵消了。但如果假定这两个来源的误差会刚好抵消,那就非常不可靠而且不能令人满意了。

上升 50%。反过来说，以斯奈德指数为标准却会使批发物价指数跌落 1/3。有一点至少是清楚的，即运用一般的批发物价指数作为货币购买力的近似指标的办法，不能让人一看上去就觉得有道理。

斯奈德先生提出要为英国编制类似的指数，他提出的加权数与组成指数是这样：

商业部批发物价指数………………………… 2

劳动部生活费用指数 ……………………… $3\frac{1}{2}$

鲍利氏工资指数 ………………………… $3\frac{1}{2}$

租金 ………………………………………… $\frac{1}{2}$

这种加权办法可能还可以改良。但从我们现有的统计知识所能实际做到的情形来看，这一综合指数在目前可能已经为英国提供了最好的消费指数。将数字上溯到 1913 年时，这一指数的情形有如下表所示：

英国的货币购买力或消费指数(1913＝100)

	消费指数	批发物价指数	两种指数之比
1913	100	100	100
1919	215	258	83
1920	257	308	83
1921	223	198	113
1922	181	159	114
1923	170	159	107
1924	172	165	104
1925	172	159	108
1926	169	148	114

1927	166	142	117
1928	164	140	117
1929	162	126	119

正像美国的情形一样，我们可以看出，批发物价指数一方面夸大了货币购买力在战后的繁荣与萧条时期的上涨与跌落，但在1913年以后这一整个的时期中，却愈来愈趋向于低估其跌落的一面。

如果商业部能编制真正良好的一般消费指数，并在可能情形下上溯到五十年左右以前，那就会大大有助于人们清楚地理解货币购买力变化的社会影响。特为说明消费而拟定的指数显然比刚才所讨论的斯奈德先生的指数或密契尔教授的"一般"指数等任一种"混合"指数更为可取，"一般"指数是若干类型完全不同的指数的平均；只是当我们没有更好的指数时，这些"混合指数"[①]也可以用来代替适当的购买力指数。

三、货币的劳动支配力或报酬本位

这种本位的目的是衡量货币对于与商品单位相对的人类劳动单位的购买力，所以货币购买力用它的劳动支配力来除时，就可以对于真实报酬获取力提供一个指数，因之也就对生活标准提供了一个指数。

---

① 埃奇沃思在其英国协会备忘录中把这些指数典型地描述为："这是各种方式和目的的调和；如果实际的紧急情况使我们必须用一种方法而不用几种方法时，……许多来源不同和互不相谋的事项就会使我们考虑到这种方法，它就像詹姆士二世逃亡后宣布王位虚悬的杰出决定一样。"（见同书第256页。）

计算这种本位时，主要的障碍在于比较不同种类的人类劳动的共同单位难于求得。因为我们即使同意（不得不如此）在这方面可以略去技术程度不计，专指根据社会上实际流行的各等级技术平均算出的劳动单位的报酬率，我们也仍然要计入工作的劳动强度、厌恶程度和经常性等方面的变化，至少在理论上说来是这样。实际上即令我们能做到最好的程度，顶多也只是把各等级的全部工人的每小时平均货币收入作为货币劳动支配力或报酬本位的指数。

有些著作家说，报酬本位可以和消费本位竞争稳定货币单位时所应根据的理想客观标准的地位。其实这是一个方便和权宜办法的问题，往下将加以讨论。当然，在某些类型的社会机构中，为权宜计，大有理由稳定货币的劳动支配力而不稳定其购买力，正像我们有理由稳定小麦、电力或黄金的价格一样。在这种情形下，问题的答案必然要取决于人类劳动效率的变化在特定社会的具体环境中，究竟是反映为货币报酬的变化好还是反映为货币价格的变化好。

四、工人阶级指数

与整个社会的消费本位以及报酬本位相应的是（所谓）工人阶级的生活费用指数与工资指数，后二者之间的比可以提供真实工资的指数。这两种工人阶级指数在实用方面是很重要的，因为它们的必要统计资料比相应的全社会数字更容易取得。因此，实际上编制的正是这种指数。

由于这一原因，有时将工人阶级生活费用指数当做消费本位的初步近似数字是方便的；只要我们记住，这种指数不但只限于工人阶级的消费，而且只限于既定生活标准的必需品这一部分消费；一般说来，它比批发物价本位更加接近于消费本位。把它用来当做任何消费本位的组成部分是很自然的事情。现在这种指数的编制在大多数国家中都很流行。它的基础虽没有充分做到经常修订，但关于这方面所牵涉的统计困难和实际困难以及克服这些困难的最好办法却累积了相当多的经验。这一切大家都很熟知，而且也理解得很清楚，所以就无须多说了。

第五章　次级物价水准

对不同类型的物价水准作出区分的先驱者是埃奇沃思。物价指数第一次彻底分类就是他在他那《致英国协会备忘录》(1887—1889)中制定的，直到现在仍然是这一问题最重要的论述。他在这儿区分了六种主要形态，即资本本位、消费本位、通货本位、收入本位、无定本位和生产本位。将近 40 年以后，他又在《经济学杂志》第 35 卷(1925 年，第 379 页)上把指数分成三种主要类型，即代表福利的指数、未加权的指数和劳动本位。这三个范畴中的第一个和第三个相当于上述定义下的消费本位与报酬本位的变式。关于第二个范畴，我和他有基本分歧的意见。将在第六章第二节中再讨论这种指数。

除了这些基本的物价水准以外，还有一个次级物价水准，它不是表现为货币对全部消费品或全部人类劳动支出的一般购买力，而是货币用于大宗批发商品或股票与债券特殊项目的购买力。这些物价水准虽只限于表现一部分物价，但却或多或少地具有普遍性；除此以外，还有许多次级物价水准对于特殊目的或作为编制更普遍的物价水准组成部分而言，是有用处的。其中最有实用价值的包括为特定行业与劳务而编制的日益完整与精确的物价水准，如海运费、铁路运费、棉纺织品、毛纺织品、建筑材料、钢铁制品、化学药剂、电力、谷物、家禽、乳制品等等的指数都是。将来衡量一般购买力的消费本位可能要适当地综合这类的次级指数制成，而不会像斯奈德先生在没有更好的材料时所做的一样，将批发物价指数和工资指数等其他现存的更普遍的类型加以综合而成。

除了第 4 章中所讨论的消费本位以及第 6 章中将要讨论的通货本位以外，其他本位中还有两种也十分重要，值得另外提出来：

(一)批发物价本位；

(二)国际贸易本位。

一、批发物价本位

这种物价水准是由基本商品的批发价格构成的。这些商品有时分成食物与原料两类，有时则分成农产品与非农产品两类。这种水准所根据的几乎完全是从生产工序到消费者的过程中，制造完整程度不同或运行位域完成程度不同的原料价格。换句话说，这种水准大致上相当于以下几章所谓的营运资本(即未成品)的物价水准。

较旧的批发物价指数有些没有加权，最好的也只是粗略地加了权。在前一种情形之下，一切主要的基本商品的重要性被看成是相等的。在后一种情形下，像小麦这样的商品的重要性便被认为比锡大两倍或三倍，其实它的真实相对重要性可能要大十倍或更多。但近来最好的官方指数都已经按生产普查中所说明的各种物品在国民经济中所表现的相对重要性，精细地以科学方式加了权。截至目前，这些改进的最高成就是美国劳动局极为精良的批发物价指数。这种指数自从在 1927 年 9 月进行最后一次修订之后，所根据的便是以科学方式加权的 550 种单种商品。

早期的诸如杰文斯、索特比尔、索尔贝克和“经济学家”等等的指数，几乎都是批发物价指数；这主要是因为以往在许多年中，唯有这种指数的编制方式才有充分统计资料可用。由于当初没有其他指数，所以一般人和学术界讨论货币问题时，都不怎么保留不同意见就接受这些指数，认为它们说明了“货币价值”。我们之中大多数人自来就过于轻信地运用索尔贝克和“经济学家”等的指数，而没有充分地注意到，当初虽得不到更好的指数，但这些指数与货币购买力的实际差别如果能加以计算的话，就会证明无论从理论方面还是从实际方面说来都具有极大的意义。这种轻信的态度也由于著名的权威所习用的一种说法而得到了很大的鼓励，我认为这种说法是错误的。其中的大致内容是：根据理论统计学的理由，任何指数，只要包括范围相当广泛的独立物价行情，在实际上所得出的结果就会和任何另一种指数相同；因此，我们就用不着再为许多不同的物价水准而找麻烦了。这种态度在一般流行的经济学中扎下了很深的根，以致直到目前还在广泛流传，并引起了许多的误解。我认为这一说法中所存在的错误，将在第 6 章第 2 节中加以讨论。

批发物价本位和消费本位之间之所以可能存在分歧，是由于两种完全不同的理由造成的。为了往后很远的讨论阶段着想，在这里加以区分是有好处的。这两种本位可能发生不同变动的原因，要不是前一本位所计算的未成品和后一本位所计算的制成品的种类或比例不同；便是前一本位所计算的未成品价格通过预测与一种制成品相符，这种制成品跟后一本位所计算的制成品的存在日期不同。

关于不同支付对象对批发物价本位和消费本位的重要差别，有一点是很明显的，即：除了加权方面的其他出入以外，前一种本位没有计入个人劳务和大部分的销售费用，以及全部享受固定消费资本（如房屋）而得来的消费（最后一种资本的成本中，利率是一个很重要的组成成分）；然而这些项目却共占消费者支出的很大一部分。因此，我们绝没有理由希望这两种本位在长时期内会趋于一致地发生变化。

此外，我们也大有理由预计批发物价指数比消费指数的变动更激烈，因为前者受高度单一化的项目的影响较大。而后者则更多地计入了运输、销售等较不单一化的劳务。比方说，农产品的价格对于农民说来，比同一产品加上运费与销售费用后的价格对于消费者说来，变动就要大得多。[①]

在短期内，还有一个理由使批发物价本位和消费本位的变动发生出入。也就是说，不能用于消费的未成品，除非从它作为制成品的构成部分的预期价格方面所得到的价格就没有其他价格；因此，它所反映的就不是制成品的现存价格，而是现在的未成品到有时间完成加工工序的哪一日期上的预计价格。当我们讨论到信用

① 参看我在《经济学杂志》，1929 年号，第 92 页上对沃伦和皮尔逊的《供应与物价的相互关系》所作的评论。

循环时，就会发现批发物价指数受将来某一日期的预计消费指数所影响的事实是具有实际意义的。

二、国际贸易本位

现代经济中有许多国际贸易物资在各国间自由流通，关税、运费和其他障碍都不足以阻挡这种流动。每一个国家都有一个指数，我们将称之为该国的国际贸易指数，实际上是由那些在国际市场上具有销路并按其在该国贸易中的重要性加权的主要标准商品构成的，其中主要是原料。这种指数的完整情形当然还会包括棉织品匹头等国际贸易的大宗制成品。在任何一个给定的国家中，这种指数相当于现在一般所谓的国际竞争物价水准。

斟酌计入关税与运费后，国际贸易指数中每一构成成分的价格如果以同一种通货换算时，对于所有的国家说来便必然都是一样的。因此，如果按关税与运费的变动作出校正，用一个国家的物价表示的任何国际贸易指数对另一个国家的物价所表示的同一指数的比数变动，便必然会和两国间通货汇率的变动密切符合。也就是说，两种通货间的外汇汇率必然会和这两种通货对国际贸易主要商品的相对购买力成平价。

但我们不可以忽视一个事实，即运费和关税方面所需作出的校正经过一个时期后可能相当大，甚至连我们认为毫无疑问具有国际市场的商品也是这样。下面关于1896—1913这17年的统计表就十分清楚地说明了这一点。这是根据F.C.米尔斯先生所搜集的统计资料（见《物价的变动》第2节）编制的。

以英国物价变动为基准，1913年与1896年的物价变动比较表①

	英　国	美　国	德　国	法　国
小　麦	100	112	104	97
马铃薯	100	186	157	188
粗制糖	100	86	89	—
原　棉	100	101	100	101
生　铁	100	91	75	—
烟　煤	100	97	108	111
石　油	100	164	—	141
羊　毛	100	102	—	—
皮　革	100	103	—	—
咖　啡	100	248	—	172

以上这些数字中，有几个也许是错误的，而且无法作严格比较。把马铃薯列入国际贸易是可疑的，这方面的英国数字可能受到收成或气候等暂时条件的重大影响。但这个表的一般意义还是明显的。棉花、羊毛与皮革等原料不纳关税而且容易运输，所以国际平价就维持得很准确。但生铁和小麦等许多其他重要商品的价格在不同国家就可能存在着显著地不相符合的趋势。

然而当一个国家内的货币购买力动态和它的国际物价水准动态发生显著差别时，这种情形对于当地货币状况和物价动态的解释说来，就很可能是一个重要问题。当我写这一章时(1927)，当前最有意义的货币现象，就是许多国家的国际贸易物价水准相对于当地货币购买力的指数来说物价水准是普遍地趋于跌落。

还有一个现象对经济学的解释具有相当大的意义。这就是任

① 比如，这一时期内一种商品在英国上涨10%，在美国上涨20%时，我们上述的指数便在美国栏中列出109的数字，即120/110的得数。

何国家的国际贸易物价水准中作为进口进入其国际贸易的部分相对于作为出口进入其国际贸易部分的动态。这两种动态之间的比较就为进出口相对物价提供了一个导出指数,也可以说是为贸易项目之间的相对物价提供了一个导出指数。它可以衡量国内商品换取一单位外国商品时所需提供的量。正如鲍利教授所指出的,这种指数特别容易由于给定种类的进出口商品比例经常迅速变化而遭遇构成状况变化不定的困难。最初这种指数是吉芬为贸易部进行计算时首先引用的(1878—1879 年议会文件第 2247 号以及往后几年的议会文件)[1]。

近年来常常讨论的外汇购买力平价说在其最纯粹的形式下,不过是上述命题的重述而已。其主要内容是:两种通货间的外汇汇率和其中一国的物价所表示的国际贸易指数对另一国物价所表示的同一指数的比数采取同一方式变动。

的确,这不过是一句不言而喻的话,要不是被推广到了货币本身的购买力方面(我认为这是不正确的做法)就不可能得到现在这样大的注意,纵使有卡斯尔教授这样的权威支持也办不到。由于进出口方面的物价对其他物价有影响,所以一个国家的国际贸易本位的巨大变化和它的消费本位的变化之间,一般是存在着一些关联的。但即使在长期情形下,两国货币的汇兑率相对变化和两国消费本位的相对变化并没有理由存在任何严格、必然和直接的

① 关于英国的这种指数的讨论,参看鲍利在《经济学杂志》,第 13 卷,第 628 页上所发表的文章;我在同一杂志第 22 卷,第 630 页和第 33 卷,第 476 页上所发表的文章;贝佛里奇在《经济学》,1924 年,2 月号,第 1 页上所发表的文章,罗伯逊在《经济学杂志》第 34 卷第 286 页上所发表的文章以及陶西格在同一杂志第 35 卷第 1 页上所发表的文章。

关系。认为有这种关系就是忽视了贸易项目发生变化的可能。

购买力平价说不作为一种不言而喻的话来说，其威信与其说是由于它那相当粗劣的基本理论得来的，还不如说是由于它应用到某些最常见的国民经济指数上以后被人认为得到了证实的缘故[①]。但这些表面的证实可以用这样一个事实来解释，即许多旧日基础最稳固的批发物价指数主要是根据国际贸易中的大宗商品制成的；原因很容易理解，这正是因为在连续很长的年代中，唯有这些商品最容易取得令人满意的价格行情。如果它们所包括的完全是这些物品，如果每一种情形下的加权体系都是一样的[②]，那么证明就极为接近完整。因为购买力平价说不但可以适用于投入国际贸易的商品的指数，而且在计入运输成本等项的变化以后，也可以适用于这些商品中各项分别的价格。但由于这些指数一般都包含两三种不能随意投入国际贸易的商品，同时由于其加权系统和选定商品的等级和品质不同，所以证明中就刚好只存在着一种程度的矛盾，使它初看起来仍是有意义的。

从另一方面说来，当这种比较实际上是根据不同国家的货币购买力作出的时，外汇购买力平价说就不能得到记录材料的证明。我现在已经不像以往那样认为这一理论[③]所具有的意义了。现在

① 拙著《货币改革论》一书第 99—106 页上提出了一些例证。

② 关于运用地方批发物价指数时不同的加权体系所引起的误差量已由鲍利教授在其《物价变动的国际比较》以及其《十一个主要国家的相对物价指数》（伦敦与剑桥经济研究所，特拟备忘录 1926 年 7 月第 19 号，与 1927 年 7 月第 24 号）中加以讨论。

③ 关于这一问题更充分的讨论，参看拙著《货币改革论》一书第 87 等页。并参看卡斯尔教授《1914 年以后的货币与外汇》以及凯劳博士在《经济学杂志》，1925 年，第 35 卷，第 221 页上发表的文章。

我认为这一方面的讨论中真正有意义的问题是一个更复杂得多的问题，即物价水准在各国之间的国际分布问题。在我看来，卡斯尔教授最近把他的理论应用于现存事实时，由于他在基本上假定贸易项目不变，因而受到了损害。在本书第 21 章中可以看到，贸易项目可变正是一个国家维持对外平衡时的最大困难之一，例如对外投资率的变化就可以引起贸易项目的变化。

有一种通行的办法是发表一般作为物价指数的各种指数而又不进一步加以充分说明，这种办法显然会造成严重的误解。据我看来，卡斯尔教授本人把适用于我所谓的国际贸易物价水准这一特殊水准的结论在应有范围外运用时，也几乎受了贻误。当英国恢复金本位时，英格兰银行和财政部得出了一个错误的结论：他们说，由于与英国国际贸易物价指数几乎相同的批发物价指数那时正迅速地与金价的动态相适应（国际贸易指数必然会这样），所以“一般物价”也有同样的情形。此外，研究信用循环理论的人有时由于忽视了长期内可能联系一致变化的物价水准的暂时性差异，以致在假定中就正好把这种理论所要观察的事实忽视了；研究各种短期现象经济理论的人，诚然全都有这种情形。

然而，自从欧战结束以后，编制指数的物价水准种类大大增加，它们所根据的统计资料也更加充分，于是就逐步地破除了一种流行的看法：这种看法认为索尔贝克指数或“经济学家”指数等物价指数在原先编制时言明适用的条件以外的一切条件下，都可以用来提供或多或少地令人满意的货币价值指数。我认为官方统计部门的责任是首先编制一种真正良好的货币购买力指数，其次便要增加他们所编制和发表的专门次级指数和辅助指数的数目和种

类(编制时最好是取得贸易机构和商业专家的帮助),以便尽量使人们易于把这些辅助指数以不同方式结合,制成适于特殊目的或正在探讨的更复杂的指数。

第六章　通货本位

一、现金交易本位与现金差额本位

本书第 10 章将要提出的新基本方程式，正如其应有的情形一样。导引出了货币购买力。然而以往一直运用的数量方程式却不能导引出这种结果来。在本书第 14 章中，我们将要看到，这些公式所关涉的物价水准对各种不同的物品加权时，不是根据它们对消费者的重要性成比例地计算的，而是根据它们在现金交易量或现金差额量方面的重要性成比例地计算的；后两种量可以说是两种类型的通货本位，我们将分别称之为现金交易本位和现金差额本位。

这两种通货本位必然和货币购买力不同，因为各种物品作为货币交易对象的相对重要性和它们作为消费对象的相对重要性是不同的。显然，专属于消费本位的加权系统和专属于通货本位的加权系统可能大不相同。如果一种支付对象直接从原生产者转移到最后消费者手中（像个人劳务那样），而另一种价值相等的支付对象则要多次转手，并要通过许多生产阶段，而且每一回都要牵涉一定的货币交易量然后才达到消费者手中，那么前者所造成的货币交易量就比后者小。因此，这两种支付对象用于消费本位的各种目的时会作相等的加权，但用于通货本位的各种目的时则要作不相等的加权。此外，还有许多类型的金融企业造成很大的交易量，但对于消费本位却很少或根本没有意义。例如证券交易业或三月为期的库券交易便是这样；后者每三个月就造成一次大量的支票交易，而且由于在三月流通期间的转手，还可能成为更多的大量支票交易的对象。

然而通货本位却往往和货币购买力本身混为一谈了。甚至连极少数进展到将这两者分开的著作家也往往忽视了通货本位有两种不同的类型这一事实。在第一种类型的通货本位中，不同的支付对象按它们所造成的现金交易量的比例加权（支票付款当然和现金付款一起包括在内）。但在第二种类型中，支付对象是比照它们所需要的银行差额或货币贮量加权的。两种类型之所以不同，是因为根据预测日期与交易量时所能具有的肯定性与规律性，某些交易过程所需储存的预存货币差额比另一些货币价值量相等的交易过程更大。因此，某些物品的价格涨落在社会上所引起的现金差额变动，比造成相等现金交易量的另一些物品的类似价格动态所引起的现金差额变动要大。

我主张把第一类型的通货本位称为现金交易本位，把第二类型称为现金差额本位。这一区别意义将在第 14 章中讨论。在那儿我们可以看到“费雪”数量方程式引导出前一种本位，“剑桥”数量方程式则引导出后一种本位。

我认为，讨论通货本位的著作家一般所指的是现金交易本位而不是现金差额本位。被界说为现金交易本位的通货本位这一名称实际上是福克斯韦尔教授首先采用的。他认为这种本位是讨论复本位或本位选择等等的问题时最好的通货增值与通货贬值的尺度。但这种本位最重要的阐释却不是福克斯韦尔教授本人提出的，而是埃奇沃思教授根据自己和他的谈话在《1889 年致英国协会第三件备忘录》（同书重印版第 261 页）中提出的。埃奇沃思最后的评论是："整个看来，通货本位似乎应当更多地加以注意。以前编制指数的人认为不值一顾而扔弃一旁的石头可能成为未来建筑中的基石。"上面已经说过，还有一点也使现金交易本位占重要地位，因为它是相近于费雪教授远近闻名的关于物价水平的 $PT=MV$ 这一公式的。[①]

从另外一方面说来，有一个事实却使现金差额本位获得了突出的性质；也就是说，在其他条件相同时，这种本位的变动会使公众所需货币量**按同一比例**变化。

实际上，通货本位与消费本位之间最重要的差别在于前者对商品的加权比后者大得多，而对劳务的加权则比后者小得多，同时前者还包括金融交易对象，后者则排斥这些对象。其结果是当资本品的交易价格相对于消费品的交易价格而言发生变动时，或是当商品价格相对于劳务价格而言发生变动时，两种类型的本位的变动就可能极不相同。下面我们将看到，这一点对于商业与信用变动等短期经济现象的理论说来特别重要。同时这也意味着，纵使银行业务的习惯与办法没有改变，货币购买力和它的量之间的关系可以发生变动而不减少（或增加）方便的程度。但讨论这一点

① 狄维西亚在《通货指数与货币理论》（原载《政治经济学评论》1925 年号第 1001 页）一文中，参照用链法逐年计算的现金交易本位对货币价值下了定义。

便是涉及下面几章的内容了。

在某些条件下，批发物价本位的变动可能比消费本位的变动更接近于通货本位的变动。但通货本位受资本交易的影响而批发物价本位则不受其影响，这一点就使我们完全无法依靠这种相应关系。

二、“一般物价客观平均变化”是否存在？

但还有一种通货本位与上面所说的不同。这种本位在这一论题的历史中，占很重要的地位，而且对物价指数性质的流行概念发生了很大的影响。第一个实际上将物价指数引入货币学中来的经济学者是杰文斯，但正像其他创造性的天才一样，总是有先驱者在前的。他并不从以上所说的任何角度来看自己这一概念；他既没有从货币购买力的角度来看，也没有从刚才所界说的通货本位的角度来看这一概念。埃奇沃思在他 40 多年的时光中，不论是对这一问题的最早期贡献还是最晚期贡献，也都没有完全从这两种角度来看这一问题。鲍利博士在他的理论研究中至少没有明确地这样做。古诺的名字也应当在这里提出来。他将伦理学和物理学作虚假的类比，造成了许多极明显的错误；但由于他用地球与行星的相对位置由于地球运动而造成的变化来说明货币变化所造成的物价变动，所以就应当在这儿提出来。这些杰出的权威中，有些当然和别人一样熟习物价指数就是综合商品价格这一概念，同时也同样熟知不同的综合商品对不同的时间、地点和目的的适合性。他们也不一定会在任何主要问题上和我在上面所说的任何一切有分歧看法。但他们却追求了不同于货币购买力的概念,这种概念是通过一种完全不同的道路达到的,和他们所谓的货币本身的价值有关,用古诺的话来说则是与货币的"内在价值"有关[1];杰文斯肯定是这样做了,埃奇沃思和鲍利博士据我所知也是这样做了。我早就认为这是一种虚无缥缈的东西,是一种妄举,它使英国传统的物价指数理论的研究蒙上了难以捉摸的闪烁不定的色彩。但美国的情形就和这不一样。C. M. 沃尔什、欧文·费雪和韦斯特·密契尔等人的典型研究法基本上都没有我认为杰文斯、埃奇沃思和鲍利博士所具有的"色彩"。美国人虽然没有崇拜这种神秘的东西,但也没有积极地和这种东西斗争(沃尔什先生可能是例外);埃奇沃思机智地把它掩藏在一个阴森的洞中,他们并没有把它拖出来。[2] 至少为了使这一讨论完整起见,我必须努力把我的论点说清楚,如果有分歧意见的话,就要使它显现出来。[3]

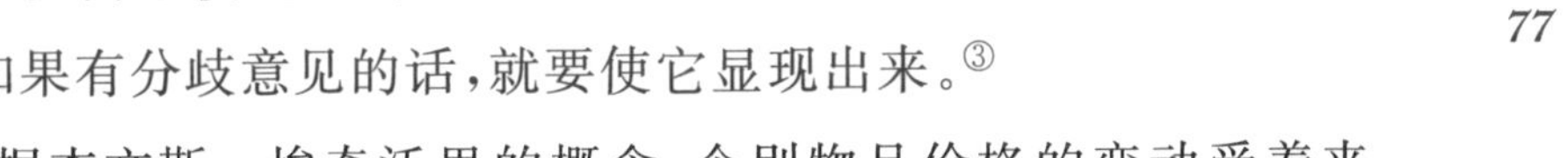

根据杰文斯—埃奇沃思的概念,个别物品价格的变动受着来

① 不同于他所谓的"货币力"或现代术语中所谓的"货币购买力"。

② 沃尔什先生和埃奇沃思在《经济学杂志》许多篇页上和其他地方对于从几率微积分方面使用的某些概念应用在物价指数上是否适宜的问题进行了很长的争论。在主要内容上我赞成前者的意见。阿林·杨教授原先略微有些倾向于赞成"有色彩"的英国学派,往后到 1923 年就转到另一方面去了(参看他所著的《经济学问题》第 294 至 296 页)。在大陆方面,意大利的吉尼教授(《麦特隆》1925 年号)和奥地利的哈伯勒博士(同前书 1927 年)都不带色彩。在法国,卢西恩·马奇(《麦特隆》1921 年号)是"带色彩"的,但狄维西亚(同前书第 847 至 858 页)则显然不带色彩。从马歇尔某些提到这一问题的说法看来,我相信他是不带色彩的,但他从没有明确地讨论过这一问题。

③ 我最初是在《物价指数论》这一论文中讨论这一问题的,只是讨论得不很充分。这篇论文在 1907 年获得了剑桥大学的亚当·斯密奖金。

自两方面不同的影响，一方面是“货币方面的变化”所造成的影响，另一方面则是“商品方面的变化”所造成的影响。前一种变化（要受时间这一量纲的摩擦）朝同一方向以同一种程度影响所有的物价；后一种变化则影响各种物价相对的关系。就第二种影响说来，物价彼此之间相对的变化不可能牵涉到货币价值本身的绝对变化。相对物价的变化当然会影响到表示特殊种类商品价格变化的局部指数，如工人阶级的生活费用指数就是其中的一例。但这类变化不可能影响“整个的”物价水准或货币本身的价值。他们所谓的整个的物价水准变化或货币本身的价值变化，指的是“货币方面的变化”在各种物价彼此之间的相对变化以及相对于物价水准的变化所引起的混乱而又互相抵消的变动被约消后，所出现的均匀一致的剩余变化量。为了析离出“货币方面的变化”，他们采用了根据或然率理论所提出的约消说。据说我们要是对单种物价足够地进行了不带偏见的观察，就会发现它们的相对变动将根据误差律互相抵消。除了按一般方式计算可能发生的错误以外，我们就会得到一种相当令人满意的物价水准本身的剩余变动指数，这正是我们所要求得的结论。[①]

让我们分别从杰文斯、鲍利博士[②]和埃奇沃思的著作中引三

---

① 这一结果和埃奇沃思在《1887 年致英国协会备忘录》（重印于其《政治经济学论文集》第 1 卷第 233 页），第 8 节和第 9 节中所提出无定本位相同。他在第 8 节中寻求“不管商品量的指数的确定法：所根据的假说是，有一类为数众多的商品，其价格根据完整市场的方式发生变动，具有影响货币供应量的变化”。在第 9 节中他寻求“运用商品量的指数的确定法，所根据的假说是共同的原因产生了物价的一般变化”。

② 并参看鲍利博士：《指数简论》一文第一部（原载《经济学杂志》，1928 年 6 月号）。

段话来看，就可以说明我试图描述的思想路线。

杰文斯在《通货与财政研究》第181页中说：

“看来几何级数可能以最准确的方式恰当地说明黄金方面的变动所造成的普遍物价变动。因为黄金方面的任何变动都会以相等的比例影响所有的物价。如果其他干扰因素可以认为和它们本身在一种或多种商品中所引起价格变化比数成比例，那么物价的所有单种的变化便会在几何平均数中严格地互相约消，黄金价值的真正变化也就可以看出来了。”

鲍利在《统计学概论》(第五版)第198页上说：

“因此，我们如果着手普遍衡量物价……以便使得出的指数可作误差律分析，那就必须用随机选样，并且样本的变动应独立于一般变动之外，与一般变动无关，有相互关系时就会使指定的精确性所必需的样本数增加……如果独立量的数目相当多的话，任何合理的加权系统便都能得出问题的具体条件所允许的最好结果。”

埃奇沃思在《政治经济学论文集》第一卷第247页上说：

“我们已经看到，假定货币供应量有变化时，杰文斯结合各种物价变化而不管相应交易量的方法便没有某些人所认为的那样荒唐了。情形就好像是我们要找出太阳的移动所造成的物影长度的变动一样。如果投射黑影的物体是不固定的(如摇曳的树)，那么衡量一次便不够，我们会要取许多影长的平均数。对我们的目的说来，投影的直立物体的宽度是不重要的。‘撒得很宽的毛榉’和桅杆似的松柏都同样可以用作粗略的尺度。”

在256页上又说：

“在一般人的心目中，似乎把我们设法在分析中加以区分的两种要素结合起来了。也就是把一般物价变动客观平均数的概念和货币购买东西的能力的变化结合起来了。”

简单地说，关于这种思想方法，有一个结合多次观察的典型问题存在，在这种情形下，各个独立的观察都受着一种干扰因素的影响，要我们去消除。我们所谓的“货币价值”涨落指的是一种假设的运动；如果“货币方面的变化”（即趋向于同样影响所有物价的变化）是唯一发生作用的变化，而“商品方面”又不存在任何力量趋向于使其价格相对发生变化，就会发生这种假设的运动。

这一问题的性质是这样：有人认为我们的计算所需要的坚实科学基础是各别的物价（尤其是受独立因素影响的许多物价）的多次观察。如果我们高兴的话，也可以放手运用某种粗略的加权，以便抵消可能对独立性未作充分衡量的结果。这种加权是没有害处的。但从另一方面说来，如果我们的观察次数很多，而且用的是随机选样法，那么这种加权对最后的结果便没有什么作用；因之，整个说来便是一种不值得的麻烦。随机选定了大量的各别的物价以后，下一步的工作便是决定最适宜的结合法。相对运动在靶心周围分布时最可能采取的方式究竟是服从着什么法则呢？是不是和杰文斯所认为的那样，单种物价的几何平均数最接近于这一靶心呢？大多数计算家都相信，算术平均数就够好的了，其理由也许不过是加法比乘法容易，情形是不是果真和他们所相信的一样呢？是不是会和埃奇沃思所相信的一样，整个说来，众数更加可取呢？我们是不是有很好的理由“设想”谐和平均数或均方根等等的公式呢[①]？

物价指数就是综合商品价格（即埃奇沃思所谓的“货币购买东西的能力”）的概念虽日益流行（所有的旧式指数几乎都完全没有加权，而美国劳工局指数等最好的新指数则全都精心细致地加了权），但另一种概念也没有被根除，迄今仍然维持着部分的势力，对统计界具有传统的影响。1888 年的英国协会委员会虽然为了实际目的而提出一种加权指数，说它能“得到更多的信任”，但他们仍然作出结论说：“只要有大量的商品，科学的证据仍然支持杰文斯教授所用的指数。”这一结论一直没有被经济学界明确地否定过。

但我却要不揣冒昧地认为，我在上面尽力公平而合情合理地说明的这些概念，全都从头到尾错掉了。所谓“观察误差”、“射靶心不准的子弹”等形式的物价指数概念，埃奇沃思的“一般物价客观平均变化”说等，乃是思想混乱的结果。靶心是不存在的。也没有什么运动不定然而又是独一无二的中心可以称为一般物价水准或一般物价客观平均变化，其周围分布着单种商品的运动物价水

① 有些著作家试图观察单种物价的实际分布究竟是沿着相应于算术平均数的高斯氏曲线还是沿着相应于几何平均数的曲线等等，以便解决这一问题。关于这种方法所得结果的优秀叙述，请参看奥利维尔：《论指数》第四章，并参看鲍利教授的《指数简论》（原载《经济学杂志》，1928 年，6 月号，第 217 至 220 页）。但我认为这种方法除了作反面运用以外，便是想错了。所谓反面运用就是证明，除了运用于大量情形以外，分布的形式就没有规则性。如果像这种方法的代表人物所做的那样，把它应用于少数情形，那就只能证实我们从先天知识上就有理由预计的事情。如果要证明的是分布曲线在许多不同的条件下都具有同一形态，那便是值得注意的，但就已经进行过的观察说来，并没有说明这一点。不过值得提出的是，奥利维尔先生和鲍利教授都作出结论说：关于曲线拟合问题，就已检验过的情形来说，几何曲线比算术曲线显得更为适合。

准。我们有各种不同和完全肯定的综合商品物价水准的概念，适应于以上所列目的以及许多其他的目的和探讨。除此之外就没有别的东西了。杰文斯先生是在水中捞月。

这种说法中的毛病在哪里呢？首先它假定围绕着平均值周围发生的单种物价变动，按独立观察综合理论所要求的意义说来是“随机”的。在这种理论中，一种“观察”对真实状况的偏离被认为对其他“观察”的偏离没有影响。但在物价方面，一种商品的价格变动必然会对其他商品的价格变动发生影响，[①]而这些补偿变动的大小则取决于对首先发生变动的商品所作支出的变化与受次级影响的商品方面的支出的意义相比较时大小如何。因此，根本就没有“独立”情况存在，反倒是在一系列“观察”的“误差”之间存在着某些讨论或然率的著作家所谓的“联系性”，或者像勒克西斯所说的那样，有一种“次法距分布”存在。

因此，我们在没有说明联系性的适当法则之前，就无法继续进行探讨。但要说明联系性法则就必须涉及到有关商品的相对重要性。这样就使我们回到原来一直在企图避免的问题上去了，也就是对综合商品的项目加权的问题。如果我们所谓“货币方面的影响未变”意思是指货币交易总量维持不变，那么这儿所说的指数便和上述现金交易本位这一名词下所列的指数是同一种东西。如果我们所指的是货币总贮量维持不变，那么这一指数就是现金差额

① 狄维西亚是十分明确地指出这一点的极少数著作家之一(参看他所写的《通货指数与货币理论》，原载《政治经济学评论》，1925 年号，第 88 页)，并参看奥利维尔《论指数》，第 106、107 两页。狄维西亚先生证明，不但相对物价变化的非独立性对于高斯误差律是否可以运用的问题作了最后的答复，而且所谓“货币”原因不论怎样下定义都将同样影响一切物价的说法也是一个没有理由的假定。

本位。因此，我们所追求的结果——货币“内在”价值的尺度也就不能独立存在，它不过又是一种通货指数而已。

上面所批评的观念犯了一个错误，也就是假定物价水准在某种含义下作为货币价值的尺度时是有意义的，这种货币的价值在单纯是相对物价发生变化时将维持不变。这两套因素的抽象分离在进行过程中初看起来是有些道理的，其实是一种错误的做法，因为我们所观察的物价水准本身是相对物价的一个函数；每当相对物价有变化时，而且只要相对物价有变化，其数值就可能发生变化。如果相对物价实际上发生了变化，那么物价水准在相对物价没有变化时的虚拟变化就没有意义了，因为相对价格变化本身就影响到了物价水准。

因此，我的结论是：如果说埃奇沃思的“无定指数”这类未加权或随便加权的物价指数可以在某种方式下衡量货币“本身”的价值或“货币方面的变化”对一般物价所发生的影响；或者说这种指数可以衡量“一般物价客观平均变化”（不同于“货币购买东西的能力的变化”），那么这种说法在正确的物价水准问题的讨论中便是不能存在的。我们所批评的概念除了上面所界说的某一种通货指数以外便没有其他内容了。这种通货指数正像所有其他的物价指数一样，是一种综合商品价格。

杰文斯的概念如果以真实的分析为基础的话，在思维方面说来便是可喜的，在科学方面也是极有助益的。这是许多拟数理经济概念之一，是以类比的方式从物理科学方面借过来的。五六十年前当这一概念刚被提出时，看起来似乎大有可为；但进一步考虑之后就发现必须部分或全部把它抛弃。

第七章　物价水准的分布

现行的经济理论充满着这样一个概念，即货币购买力本位（或消费本位）、批发物价本位、国际贸易本位等等在理论上虽然无疑是彼此各别的，但在实际上却大致上是同一种东西。唯有这种信念的流行才能解释一般运用索尔贝克和“经济学家”等所提出的那类指数来普遍衡量物价水准变动的习惯，同时也唯有这一点才能解释近来人们使外汇购买力平价说越出其正当应用范围（国际贸易本位）并不正确地推广到货币购买力方面来的做法。要不是人们惯于把批发物价本位当做一般购买力的圆满指标，我相信英国在1925年就不会恢复到战前平价的金本位上去。

这种看法是在许多影响的结合下盛行起来的。首先，价值“常态”说的影响就促使人们易于把实际条件说成具有“完整市场”的属性。有人说，在稳定的条件下，不同的物价水准之间的关系是确定的。如果这些关系临时受到干扰的话，就会有力量兴起、迅速地恢复原先的关系。人们认为，如果发生变化的始动力显然出于“货币一方面”（例如通货膨胀等），“商品方面”并没有发生什么新情形预计可能在任何重大的程度内影响相对的真实生产成本，那么恢复原有平衡的事就可以特别有把握地事先假定。因为在这种情形下，所有物价都会受到**相等**的影响；也就是说，价格的起始变化经过一定的时期之后会均匀地传布到所有的物价水准上去。据说货币只是一种计算筹码,对于暂时与它相关的商品相对价值不可能发生永久的影响。其实我们必须计算到有摩擦作用存在,而且传布也需要一段时间,正像所有其他经济调整过程一样。但计入这一点之后,完整市场的价格分布理论就相当接近于事实了。

这种思想方法由于上面刚讨论过的不加权指数的影响而加强了。对于这问题的精微之处认识不像埃奇沃思本人那样充分的人,如果最大的理由充其量不过是货币购买力正像其他东西一样难于看见,他们也在一般情形下把杰文斯—埃奇沃思的“一般物价客观平均变化”或“无定”本位与货币购买力混为一谈了。根据这种说法看来,任何良好的指数,不论用什么方式加权,只要包含相当大量的商品,就可以认为相当接近于无定本位;既然如此,任何这类指数看来便自然也可以认为相当接近于货币购买力。

最后,所有的本位“归根结蒂就是同一种东西”的结论也根据一个事实而得到了“归纳”的证明。那就是说:互相对立的指数(然而全部都属于批发物价类型)虽然构成成分不同,但却显示出彼此相当吻合。此外,大多数传统指数不但都属于批发物价类型,而且凑巧的是在构成状况上也全都相当接近于国际贸易本位。这就提供了另一批归纳的“证明”,导引出一个结论说:所有的指数“归根结蒂就是同一种东西”;原因是国际贸易类型的指数正像它应有的情形一样,不但是在一个国家之内趋于互相一致,而且在不同的国家之间也趋于互相一致。其实考虑到这一切指数所含商品有多少是相同的时,互相符合的程度实际上就不足注意了;除了这一点以外,我们要是作出结论说,由于批发物价本位或国际贸易本位的不同指数彼此互相符合，所以就是消费本位的良好指标，这话也显然不合逻辑。相反地，前面所提出的表（参看本书第 57 与 59 页）提供了强有力的论断证据，证明不论在长时期内还是在短时期内，批发物价本位和消费本位的动态可能相差很远。

这些观念的流行，对于短期变动的研究产生了特别不利的影响。因为这些变动的本质就是不同的物价水准不按同一方式变化，所以如果把批发物价指数当成无分轩轾地衡量这一切物价水准的尺度，就是把正好要加以观察的问题在假定中抛弃了。

任何一种物价水准的变化都会传布开来的概念当然包含着一种很重要的真理，当始初扰动是货币性质的扰动时尤其如此。在这种情况下，其他物价水准会受到来自同一方向的压力。只要有足够的时间，并假定在这一段时间中又没有非货币因素影响于相对价格，那么各种不同的物价水准最后就会稳定下来，使彼此的相对状况和原先差不多。然而我们却不能由于这些理由而说通货膨胀对相对物价的影响正像地球通过空间移动时对地球表面各种物体的相对部位所发生的影响一样。要说明货币变化对物价水准的影响，用万花筒的转动对里面色玻璃的影响作例子倒更好。因为我所批评的思想方法忽视了或低估了另外两种因素的意义，其中没有一种可以方便地包括在"经济摩擦"之中。

首先，以货币形式存在的购买力发生增减并设法在实际购买中体现自身时，如果进入或退出市场，这种增加或减少（视情形而定）并不会在不同的购买者之间均匀而成比例地分布。一般说来，它会集中在某几类特别的购买者手中。比如在战争所引起的通货膨胀下，就会集中在政府手中。在信用繁荣的情形下，就可能集中在向银行借款的人手中，诸如此类的情形，不一一列举。因此，直接的效果是发生在对于主要受影响的购买者最有利害关系的货物上。这种情形无疑会造成物价变动的分布。但购买力新分布的社会与经济后果充分发生作用以后，最终就会形成一种或多或少地和旧平衡不同的新平衡。因此，对每个人的储积影响不同的可用“筹码”的变化（实际上这类变化从来没有发生过相同的影响），对于相对物价水准可能发生相当大的持久影响。明显的事实是，有两种类型的影响可以改变相对物价：（一）生产过程或成本的技术性改变，使产品的真实成本改变；（二）消费者喜好的改变使需求的方向改变；更常见的情形是可用购买力的分布改变使需求的方向改变。由此看来，因为货币量的改变一般会牵涉到购买力分布的改变，所以相对价格不但可能受到商品方面的变化的影响，而且也会受到货币方面的变化的影响。

其次，有一件大家都熟悉然而又需要经常提醒的事是：有许多种定期的货币契约、货币关税和货币担保存在，这就构成了另一个原因，使货币体系下的相对价值（即价格）即使在相当长的时期内也不能自由变动。[①] 对于短期观察说来，这一类型中最重要的因素当然就是工资。工资在短时期内不能迅速地随着批发物价本位

---

① 在这大家都熟习的问题上，无需重复我在《货币改革论》一书中讨论“货币价值的变化对社会的影响”的第1章里已作更长讨论的内容。其中有一段话说：“作用一致，对所有交易过程发生同等影响的货币单位改变是不会发生后果的。这类变化在过去和现在都造成了极大的社会影响。因为我们都知道，当货币价值变动时，并不会对于所有的人和所有的目的都发生同样的作用。”此外，请参看拙著《论丘吉尔先生所造成的经济后果》一文。

或国际贸易本位变化，而在长期内又能具有本身的趋势；诚然，各种物价水准不能互相联系地一致变化，其实际解释绝大部分可能就存在于这一点之中。

由于上述各种原因，更妥当得多的办法是经常注意到次级物价水准，以及决定它们相对于一般购买力的动态的独立影响因素，而不要注意任何特种物价水准偏离均一动态的暂时变态，这种变态不久即将自行消失。

货币变化对各种物价水准的最后影响即使终究是均一的，这一点对于许多目的来说也仍然不及始变性那样重要。我们的确可以承认，英国和法国的相对物价水准的现有状况和没有拿破仑战争的干扰发生时的情形可能并不会相差多远。然而这可能仅仅是一个例子，说明了一个一般的命题。也就是说，即使是历史上最大的灾变，其影响到时候也会消散；或者说，这些影响至少也会成为无法辨认的小滴，消失在后继事件的大洋中。但无论如何，在某些最富实际意义的货币现象的探讨中，最为有关的是短期后果，例如一切有关信用与营业活动的探讨便是这样。在这类情形下，如果采取行动时假定所有各类物价都多少在同一方式下受“货币方面”的变化的影响，那便会正像上面所说的一样，把我们刚好要观察的现象在假定中抛到一边去了。货币变化不会以同一方式、同一程度或在同一时间中对所有的物价发生影响这一点，正是这种变化之所以重要的原因。不同物价水准的动态之间的分离正是所产生的社会扰动的试金石和尺度。

当我们所谈的不是物价水准在一个国家中的传布，而是在国际间的传布，那么假定它会迅速而不受障碍地发生作用的说法便

会遇到更多的障碍。这一题目属于国际贸易理论而不属于货币理论范围，但往下第 21 章中仍将略加论列。

第八章[①] 关于购买力比较的理论

一、购买力比较的意义

代表支出的综合商品如果对于不同的阶级、不同的情形说来，构成情况都是稳定的，同时喜好也没有发生变化，那么购买力的比较在理论上便不会引起困难。在这种情形下，要为某一特定综合商品在一系列时间或空间位域上的情形拟制一系列价格指数，所牵涉的便只是一个实际问题，也就是为各单种的商品取得一系列可靠的价格行情的问题。

然而事实上代表货币收入的实际支出的综合商品在不同的地点、时间或人群中，构成状况是不稳定的，其理由一共有三点：(一)由于支付对象所要满足的需求有变化，也就是说，支付的目的有变化；(二)由于支付对象达成其目的的效率有变化；(三)由于支出在不同对象之间的分配方式中对达成目的说来哪一种最经济的问题发生了变化。以上这些理由中，第一种可以归之为喜好的变化，第

① 本章所讨论的是具有某种技术困难的特殊问题。急于要看到货币理论本身的读者可略去不看。

二种可以归之为环境的变化，第三种可以归之为相对价格的变化。由于这些原因，真实收入的分配或习惯与教育的每一种变化，民族风俗与气候的每一种变化，以及提供销售的商品的相对价格、性质、品质等的每一种变化，都会在某种程度内影响到一般支出的性质。

当消费性质发生变化时，购买力应怎样比较的问题是一个大难题。这是清晰地研究购买力这一整个问题的一大障碍。但我认为这一讨论以往之所以一直充满着紊乱，主要是由于没有弄清楚，当我们将时间或地点不相同的社会的货币购买力作比较时，其严格意义究竟是什么，这种社会的支出性质是不相同的。

首先，我们所说的购买力不是指货币对效用量的支配力。如果有两个人都把收入用来买了面包，而且都付出了同样的价格；那么并不会仅仅因为某人比另一人更饿或更穷货币购买力对他说来就更大。同时货币购买力对于收入相等的两个人说来，并不会因为某人比另一人的享受力大而有所不同。可以增加总效用量的货币收入再分配，其本身并不会影响货币购买力。简单地说，购买力的比较指的是货币对于在某种意义下彼此“相等”的两群商品的支配力的比较，而不是指对效用量的支配力的比较。因此，问题便是要为这一目的找出一个“相等”的标准。

在这种情形下，我们的任务便不是证明什么问题，而是通过省察法说明一种严格定义，这种定义将尽可能接近一个名词在通常用法下的真实意义。经过思考之后，我认为相等的标准可以用下述方式找得（我希望读者能同意我的看法）：两群商品如果代表着感觉程度[①]和真实效用[②]所得都相等的两个人的商品所得，或者说代表着他们的货币收入所购买的东西，那么这两群商品就彼此“相等”。这种人可以称之为类似的人。因此，当我们说货币在A位域上的购买力等于它对类似的人在B位域上的购买的r倍时，意思就是指类似的人在B位域上的货币收入等于A位域上的r倍。这样说来，货币购买力的比较便等于是类似的人的货币收入量的比较。

然而还有一个严重的困难存在。也就是说，根据上述定义来讲，将两种不同位域上的货币购买力作比较时，所关涉的必须是两个真实收入相等的人，这一点对于比较的意义说来是一个根本问题。由真实收入水准不相等的个人组成的社会，除非是上述定义下的货币购买力变化对各种真实收入水准的人说来都是一致的，否则就无法根据这种方法将整个社会的情形作出比较。然而可以想象得到，这种变化对于工人阶级说来可能是2倍、对中产阶级说来可能是3倍、对非常富有的人说来可能是4倍。但在这种情形下，这种变化对整个社会说来究竟是多少呢？

我认为这问题无法作出令人满意的答复。原因是货币在穷人手中的购买力和在富人手中的购买力可以说是两种不同的量纲，其数量比较是不可能有意义的。如果要得到货币对整个社会的变动量的平均数，就必须把货币对一个阶级的购买力跟它对另一不

① 在往下的讨论中，为了避免不必要的麻烦起见，我将假定，相等的感觉程度这一条件已经满足。

② 关于货币收入、商品所得与真实收入三者之间的区别对物价指数理论的重要性，哈伯勒在《指数的意义》一书第81页上作了很好的说明。

同阶级的购买力看做相等，而这一点则除非是通过武断的假定，否则就无法做到。比方说，假定一个社会的收入在三个阶级之间作了平均分配；同时B位域上的购买力和A位域上的购买力相比较时，对低层阶级说来增加了1倍，对中层阶级增加了两倍，对上层阶级则增加了3倍。因此，如果我们假定A位域上的货币购买力对三个阶级说来是相等的，那么A位域上的平均增长便是2倍；如果假定在B位域上对三个阶级说来相等，那在B位域上的平均增长量便是$2\frac{10}{13}$倍。[①] 我们不但是没有办法把这两种结论协调起来，而且我也看不出假定货币购买力对社会上不同阶级相等的做法有什么意义。

因此，当货币购买力的变化对不同的真实收入范围说来各有不同时，我们最多也只能略去相对说来人数较少的范围不计，然后说：将货币购买力对于这些包括人口大部分的真实收入范围的变化按量值大小排列后，它对整个社会的变化便处在已出现的最大变化与最小变化之间。这就是说，在上述的数字例证中，我们的结论便只能是购买力增长在2与4之间。

这种严格数量比较的困难正像许多著名的概念中所产生的困难一样。这些概念可以同时按一种以上无法互相比较的方向发生程度变化，在这种意义下，它们是复杂或多样化的、根据真实收入不均等的人口平均算出的购买力就是这种意义下的复杂概念。当两种东西的优劣取决于若干种程度可变，但变化方向无法互相比

① 我们在第一种情形下实际上是取1、2、3的算术平均数，在第二种情形下则是取它们的谐和平均数的倒数。

较的性质的总合结果时，如果问一种东西整个看来在程度上是否优于另一种东西，就会产生同样的困难。[①]

为了简单和精确起见，在下面我们将假定所讨论的都是非复杂情况。在这类情况下，货币购买力的变化对所有有关的真实收入水准说来都相等。

二、近似法

我们已经看到，将两种位域中的货币购买力作比较的正确方法是比较两个"类似"的人在两个位域上的全部货币收入。但实际运用这一比较法时，却又有一个困难，那便是没有客观测验标准来选择"类似"的一对人作比较。因此，以往一般的办法一直不是去找出一对"类似"的人，然后比较他们的货币收入；而是找出我们认为可以代表类似的人在各个位域中的消费的两个支出表，然后把相应于两个表的两种"等值"综合商品的价格加以比较。

但不论是用直接法比较"类似"的人的货币收入，还是用间接法比较"等值"综合商品的价格，看来都无法做到完全准确。因此，我们便面临着近似法的问题。我认为一般通用的近似法，由于使用者没有十分严格地弄清楚企图加以比较的目标而受到了损害。在往下的讨论中，我打算分析一下各种不同的近似法究竟是什么？它们所假定是什么？其中不但包括我认为正确的东西，而且包括

① 这种困难和我在《论或然率》，第3章（尤其是7至16节）中所讨论的困难相同。

我认为不正确的东西。

(一) 类似的人的收入的直接比较法

这种方法已经完全被统计学家所抛弃，但实际上却正是一般常识中最常用的方法。它取决于对两个进行比较的位域上的生活状况具有一般认识的人在生活福利程度方面所作的常识性判断。假定一个苏格兰人在伦敦谋得了一个差使，或是一个英国人在澳洲、美国或德国谋得了一个差使之后，想知道自己将来的货币收入与他在本地的收入相比较时“价值”如何；也就是说，他想知道新地点的货币相对购买力如何；这时一般所采用的办法不是去查考任何官方指数，要查也得不到任何有用的答案。他会去打听一个对两地生活情况都熟悉的朋友。这位朋友就会在心里设想出两个人来，每个地方一个；在他看来，这两个人所享受的一般生活水准大致相等；他把这两个人的货币收入加以比较以后，就可以根据这种比较作出答复。这人也许会告诉他说：在纽约如果要过伦敦 7 百镑一年或爱丁堡 5 百镑一年的生活，那么一年的收入就必须有 1 200镑。这就是说，货币购买力对这一收入范围说来比例是 12∶7∶5。对于一个工人说来，比数不一定跟这一样。

同样的方法也被用来比较记忆可及的不同日期的购买力。我们常问货币现在对某一阶级的购买力和欧战前比较怎么样，并且根据我们对于相对生活福利状况的一般记忆来确定货币购买力对中产阶级或农业劳工等的比数。

如果用训练有素的人员根据明确地为了这一目的而进行的调查作出这种比较，并用物价和消费的统计资料加以核对时，那这样的比较的确是很有价值的。但在某两类情形下，单纯的记忆和一般印象纵使必然是模糊和不准确的，其所提供的答案却比指数所提供的答案好；其中一类情形是支出的性质已大大改变，另一类情形则是支出有很大一部分是非标准化的，无法用指数加以概括。

比方说，一个英国人在本国和东方的货币购买力，通过相等生活标准的费用的一般印象作比较便比任何其他方式好，因为一个人在两种情形下花钱购买的东西完全不相同。一个中等阶级的家长在欧战前与欧战后的购买力也是通过一般印象作比较更好，因为这儿所牵涉的很大一部分支出（如房租、仆役工资、教育费、旅行费等）必然不会包括在指数之内。

正是在这类情形之下，直接法所得到的结果才会和间接法大不相同，而且更接近于真实情况。从另一方面说来，当我们所研究的是性质没有十分变化的标准支出，例如工人阶级现在的支出和五年以前的比较等，间接法就可能更准确。

通过一般印象作比较时，往往充分估计到了习惯支出。这些支出不产生多大效用，但如果要避免不利的后果，本地习惯却要求支出这些费用。要肯定这样做究竟是优点还是缺点，就会引起货币购买力究竟是什么的微妙问题，我不打算在这一问题上多费笔墨。

（二）比较等值综合商品价格的间接法

这是一般常用的方法。关于确定购买力指数的问题，在一般提出的方式下，我们最多只能知道不同商品的价格和支出款项在各种商品之间的分配。至于什么样的人是“类似的”一对人，我们却很少或根本得不到一点资料来补充这一数字。

但我们一般的确知道，某部分的支出在两种位域中性质相同，满足类似的一对消费者的能力也相同。这一部分有时还是较大的一部分。让我们把综合商品中代表两个位域上的平均支出、因而是两方面共有的部分用 a 代表，并把两方面不同的部分用 b_1 和 b_2 代表。当某种商品的购买量在一个位域比另一个位域大时，两个位域共有的量当然就包括在 a 之中，唯有各位域特有的过额量才根据具体情形而包括在 b_1 和 b_2 之中。从另一方面说来，有些消费在实体上相似，但由于喜好或环境的变化使它们产生真实所得的能力不相似，这些消费不能包括在 a 之中，而必须包括在 b_1 和 b_2 之中。此外，b_1 的单位量必须使第一位域上对一单位 b_1 的支出与一单位 a 的比跟全部 b_1 与全部 a 的比相同，b_2 的情形也是一样。

此外，我们如果在可以互相替代的一对商品之间建立等值关系，有时还能比上面所说的结果稍微往前更发展一步。比方说，一磅茶如果和两磅咖啡可以互相替代地用于同一目的或接近类似的目的，其效用接近相等；那么只要价格相等，对于进行比较的两个位域上的大多数消费者说来，究竟是购买一磅茶还是两磅咖啡，几乎是没有多大关系的事；但由于第一位域上一磅茶比两磅咖啡便宜，而在第二位域上则又较贵，所以茶便进入了第一位域所专有的综合商品中，而咖啡则进入了第二位域所专有的综合商品中；在这种情形下，我们就可以不节外生枝而公平地把一磅茶看成和两磅咖啡接近相等。同样的道理，如果在不同位域上的民族食物习惯不同，以致使小麦、燕麦、黑麦或马铃薯可以互相替代，我们便也可能建立相当令人满意的等值比。在可以运用这种等值替换法①（往下将用这一名称）的范围内，我们实际上是在增加 a 的领域并减少 b_1 与 b_2 的领域；a 就是两个位域共有或可作严格比较的那一部分消费。因此，在往下的讨论中，让我们把互相替换时可以建立等值比的消费项目包括在 a 之中。

然而一般还是会剩下一些不好处理的商品包括在 b_1 和 b_2 之中，对于这些商品我们无法运用等值替代法。例如类似的人从法老的奴隶身上所取得的满足和从第五街的汽车上所得到的满足便是无法比较的；昂贵的燃料和便宜的冰对拉普兰人以及便宜的燃料与昂贵的冰对霍屯督人所产生的满足也是无法比较的。

因此，我们所得到的便是 $a+b_1$ 与 $a+b_2$，分别代表着两个位域的平均消费量。由于我们假定 a 对两位域上任何一对类似的人产生满足的能力相同，所以 a 如果代表着全部消费量，那么要比较两个位域的购买力时，便可以只比较 a 的价格。但不能通过这种方式使之彼此对等或通过其他方式作出比较的残数 b_1 与 b_2，使我们无法用这种简单方法。我们不能假定 b_1 与 b_2 等值；也就是说

① 埃奇沃思在《经济学杂志》，第 35 卷，第 380 页上有一段相当混乱的话，我认为他心中可能想到了这种方法。他说："我们的确可以提出'一船'质与量都确定的商品，其可变价格将不时构成一系列指数。但即使是起始时用这样一船商品，我们也不再是稳固地运用完全客观的量了。因为选择品类来构成这一船商品时，就必须顾及效用。但不论怎样，就这一比喻来说，当我们放洋出海时，这一船货的构成就经受了一次海上变化；这样我们就必须放弃表面上严格的价格比较法，而代之以更不确定的满足量比较法。因此，鲍利教授谈到商品量与价格发生了相当大的变化的时期时，所比较的便是在一定价格下的不同的商品组合所能提供的'满足'。"

不能假定两个位域上这种商品方面的一般消费者是相似的。我们也不知道对于类似消费者说来，第二位域上的 $a+b_2$ 要有多少单位才相当于第一位域上一定量单位的 $a+b_1$。因此，我们所面临的问题便是发现一种可以应用于这类情形的有效近似法。现在我们必须讨论这一问题。我的意见是，正确的方法有两种，而且只有两种。第一种可以较普遍地运用。第二种则提供了两个极限，当我们能假定两种位域之间除了相对价格以外没有发生其他变化时，正确的答案就会处在这两种极限之间。

1.“最高公因素法”

命 a 在第一位域上的价格为 p_1，在第二位域上的价格为 p_2。那么第一种近似法便是略去 b_1 与 b_2 不计，并将 $\frac{p_2}{p_1}$ 作为两个位域间物价水准变化的指数。这种近似法只要满足了两种条件中的一种就是正确的。大家记得，我们所假定的是消费一单位 a 所得到的满足在两个位域上对任何一对类似的人说来是接近相同的。

上述的第一个条件是每一个消费者对 a 的支出在两个位域上和 b_1 或 b_2 的支出比较起来必须数量差距很大。

第二个条件是任何消费者在第一位域上消费 a 与 b_1 所得到的真实所得的比例应当大致上等于他对两者的支出的比例。在第二位域上消费 a 与 b_2 的情形也是这样。

以上两种条件的每一种是否充足，可以证明如下。假定具有实际收入 E 的人当 a 的价格是 p_1，b 的价格是 q_1 时，在第一位域上消费了 n_1 个单位的 $a+b_1$，第二个位域上的符号与此相似。因此，第一位域上的货币购买力与第二位域上的货币购买力的比便是$\frac{n_2(p_2+q_2)}{n_1(p_1+q_1)}$. 根据这一公式可得出以下的结论：

甲、如果q_2、q_1与p_2、p_1相比时很小，那么n_1与n_2对于实际收入相等的人说来就必然接近于相等。在这种情形下，$\frac{p_2}{p_1}$对于以上的式子便是一个令人满意的近似式。这和上述的第一个条件相同。

乙、如果在第一位域上消费a与b_1所得到的真实所得对于总收入为E的人说来，其比例和这人对两者的支出相近，那么从n_1a所得到的满足便是$\frac{p_1}{p_1+q_1}E$；如果第二位域上的情形类似，那么从n_2a所得到的满足便是$\frac{p_2}{p_2+q_2}E$. 因此，如果消费每单位a所得到的满足在两位域上大致相等的话，就可以得到$\frac{p_1}{n_1(p_1+q_1)}=\frac{p_2}{n_2(p_2+q_2)}$. 因此，近似地说来$\frac{n_2(p_2+q_2)}{n_1(p_1+q_1)}=\frac{p_2}{p_1}$. 这和上述的第二个条件相同。

对于我们要进行的许多购买力的比较说来，这两个条件中总有一个很可能满足到相当近似的程度。但第二个条件有些不稳定，因为除非第一个条件满足了，否则当第二个位域由于新商品的供应提供了许多机会可以作有用的支出，而第一位域又无法得到这些商品时，第二个条件就可能垮台。因为在这种情形下，每单位b_2所提供的平均满足对每单位a所提供的平均满足的比很可能高于b_1对a的比。因此，如果要成功地比较购买力，就需要进一步提出一些假定。

在这种近似法中，我们把有关位域共有的一部分支出 a 作为比较的基础，并把其余的部分略去不计；这样做比更复杂的公式要好得多，因为我们所处理的始终是同一综合商品，因之就无需运用链法（往后讨论）。此外，这一方法也显然比实际统计学家几乎始终一体采用的方法更可取，而且也同样简单。后一种方法把 $a+b_1$ 或 $a+b_2$ 当成在全部情形中都是适合的。因为这样做的误差一般必然比始终运用 a 的误差大。情形是这样：当支出性质的改变是由于相对价格改变而产生的，并代表消费者利用较便宜的东西的动态时，这样做的效果对综合商品完全适合的位域中的购买力的估计比综合商品较不适合的位域的购买力的估算，始终是过高的。

在某些情形下，我们无法假定除开相对价格以外其他的东西都没有变。这时，这种所谓最高公因素法就可能为我们提供环境所能允许的最好结果。比方说，十年期间最好的购买力指数，便可以把逐年的一般支出的最高公因素作为折中综合商品数而取得；并且在这种指数旁列一项说明，指出每一年的全部支出中为各年所共有的部分，以便核对这种近似法的接近程度。一般的方法是始终用 $a+b$，以往没有用过的方法则是始终用 a；至少我个人看不出前一种方法比后一种方法有什么好处，相反地，我倒看出了许多坏处。

始终用 a 的方法当共有的支出减少时，作为近似法的价值一般就会降低。如果要求得更好的办法，就必须发展机会，更多地运用等值替代的办法，以便增加 a 所包括的领域的比例，而不要运用 $a+\frac{b_1+b_2}{2}$ 或任何其他中间公式。但事实上等值替代的方法在以往除开某几次对不同中心的工人阶级相对生活费用进行调查时以外，一直没有作过科学的运用。在这些调查中，有时有人企图制定一个假定的等值物系统，来处理工人习惯食物改变的问题。[①]

在某些历史研究中，纵使 a 跟 b_1 与 b_2 相比其数值已经不大时，最高公因素法可能仍然比任何其他可用的替换方法好。比方说，当我们企图将相隔很久的时期作极粗略的比较时，如果时期相隔太久，以致无法运用等值替代法，那么我们就只有采用可以取得两位域共有的比较行情的少数重要商品。如果我们要为以往三千年的金币或银币价值编制一个消费指数的话，我恐怕除了根据这一时期的小麦价格和日工工资拟定合成商品值以外，就没有更好的办法了。[②] 斗剑士和摄影机之间是无法求得等值替代比的，购买汽车和购买奴隶的所得到的便利之间也是这样。

2. 极限法

现在让我们只限于讨论这一类情形。在这类情形下，我们可

---

① 根据埃奇沃思(同前书第 213 页)的说法，德罗必希是第一个提等值替代公式的人，只是所根据的标准很不能令人满意，而且的确很荒谬(他用的是称量物品的常衡)。

② 参看马歇尔著《货币信用与商业》，第 21 页与 22 页。那上面说："主要谷物价格记录具有两重意义。因为除了我们这一时代以外，每一个时代的普通劳工的工资一般绝大部分都花在这些谷物上面。以往实际耕种的人自己保留的田间产物绝大部分也是这些谷物。此外，谷物栽培法在所有的时代中几乎也没有改变……因此，被观察的国家或地区的普通劳工工资或标准谷物价格通常就被当成了一般价值的代表。这种方法现在用于西方世界的任何国家是完全不合理的，但在亚当·斯密和李嘉图的时代却是完全合理的。解释'经典'价值理论时，必须参照这种标准。洛克在两个世纪以前写书时就写道：'任何国家一般经常食用的谷物，在任何长时期中衡量物品价值变动时都是一种最适宜的尺度。'(见《全集》第 5 卷，第 47 页)"在下面就可以看到，这种讨论货币价值的传统方法是最高公因素法的一个例子。此外还请参看亚当·斯密的《国富论》一书第 1 卷第 11 章。

以假定，进行比较的两个位域中喜好等项基本相同，而且除了相对价格以外没有任何东西改变。于是我们就可认为商品所构成的一定所得在两个位域中都会提供同样的真实所得。因此，第二位域的消费性质虽然由于相对价格改变而改变，我们也仍然可以肯定，相应的真实所得和第一位域上类似的消费分配所生产的所得相同。

这些理由使我们可以有一个办法确定出真正的比较必然不会超出的限度。情形是这样：

命代表第一位域和第二位域支出的综合商品分别为 P 和 Q。

并选定一英镑在第一位域上所能购得的 P 量作为 P 的单位，一英镑在第二位域上所能购得的 Q 量作为 Q 的单位；命 p 是一单位 P 在第二位域上的价格，$\frac{1}{q}$ 是一单位 Q 在第一位域上的价格。设具有实际收入 E 的类似的人在第一位域上购买 n_1 单位 P，在第二位域上购买 n_2 单位 Q。

由于类似的人在第一位域上的货币收入是 n_1 镑，在第二位域上的货币收入是 n_2 镑，那么比较两位域上的购买力的指数便是 $\frac{n_2}{n_1}$。我们可以证明，这一数字必然在 p 与 q 之间。

由于消费者在第一位域上可以任便购买 n_1 单位的 P 或是 n_1q 单位的 Q，而又选择了前者；同时根据假设来看，购买前者所得到的满足等于购买 n_2 单位 Q，所以 $n_2>n_1q$。同样的道理，由于他在第二位域上可以任便购买 n_2 单位的 Q（根据假设，所得满足等于 n_1 单位 P）或 $\frac{n_2}{p}$ 单位 P，而又选择了前者，因此，$n_1>\frac{n_2}{p}$；$\frac{n_2}{n_1}$ 也

就大于 q 而小于 p.

因此,如果 q 大于 1,货币价值肯定就跌落了。如果 p 小于 1,货币价值肯定就上升了。在任何一种情形下,货币价值改变的量度都在 p 与 q 之间。

上一公式虽然比前述各公式简单,证明也更有力,但这一结论大家却并非不熟悉。比方说,庇古教授在《福利经济学》第一部第六章中就曾得出过这一结论。哈伯勒在《指数的意义》第 83 至 94 页中也曾很好地讨论过这一问题。但这一说法却要假定喜好等等彼此一致,这种依存关系并没有经常被充分地强调指明[1]。此外,我们还必须注意到,在 p 小于 q 这类的情形下,这条件就证明喜好必然已经变了,相反的假定必然是不正确的,因为这样就违反了 $\frac{n_2}{n_1}$ 小于 p 而大于 q 的条件。

在某些条件下,最高公因素法和极限法是可以结合使用的。我们可能知道,人的喜好以支出衡量时在消费范围的很大一部分里面没有变;同时也知道,从这一部分中所得到的真实所得要不是在总真实所得中占相当大的一部分,便是在其中占恒定的一部分。在这种情形下,我们的近似法首先就要用最高公因素法将比较范围化为喜好可以假定为未变的一系列位域上的那一部分支出,然后再将极限法应用于这一部分范围。

① 鲍利博士在《经济学杂志》,1928 年 6 月号上所发表的《指数简论》一文,可以说是明确地介绍了这一必要条件的论文之一。

3."公式的结合"

欧文·费雪教授十分热衷于一种处理方法,[①]并称之为"公式结合法"[②],实际上是企图把极限法略微推进一步。据我看来,这种推进已经超过了正确的限度。

所用的推论性质是这样:正像前面所说的,设 P 是属于第一时间、地点或类别位域的综合商品,p 是第一位域上费钱一镑的一单位 P 处在第二位域上时的价格。设 Q 是属于第二位域的综合商品,$\frac{1}{q}$是在第二位域上费钱一镑的一单位 Q 处在第一位域上时的价格。于是,正像我们在上面所看到的一样,假定喜好等等未变,只有相对价格改变了,那么两个位域上的价格水准相比较时的真正量度就必然在 p 与 q 之间的某一个地方。费雪教授和许多其他人一样,从这一点得出一个结论说,p 和 q 必然有某种数学函数,使我们能最好地估计真正的值究竟在 p 和 q 之间的什么地方。从这些方向出发,他提出和检验了许多不同的公式,目的在于得到真正中间部位的最佳近似数。

据我看来,进行比较的价格水准之间的比例,一般说来并不是这两个式子的任何确定代数函数。我们可以拟制出 p 与 q 的各种代数函数来确定点的部位,这些函数之间并没有一便士的差别可供选择。这时我们便面临着一个或然率的问题。对于这种或然率说来,在任何特殊情形下都可能有相关的材料;但没有这种材料

① 特别参看他的《指数的编制》。

② 同上书,第 7 章。

时，这一问题根本就是不确定的。

费雪教授在那一段冗长的讨论中检验了大量公式后，得出一个结论说，$\sqrt{pq}$(用我的符号)这一公式在理论上说来是理想的。如果他的意思是说，这公式在算术性质上可能比其他公式更接近真实情形，那么，根据上述理由看来，我便认为他这一段长长的讨论没有什么实际内容。这一结论是多次测验(如果该公式对于其极限范围应当对称的测验等)后所得到的结论。但所有这些测验都是为了证明，并不是这公式本身正确，而是它所受到的反对比其他替代的先验公式少。这些测验并没有证明，任何一个公式作为可能成立的近似法说来是站得住脚的。

如果我们不把 p 与 q 之间的公式当成可能成立的近似公式，而只把它们当成简便说法中所用的一些方便的表达法，那我们就大可以考虑它们具有代数的优美性和算术的简洁性，并考虑到它们能省力，而且在不同的场合下运用任何一种特殊的简便体系时，相互之间具有内在一致性。如果 p 与 q 相差很远，那么任何一种简便法便都可能造成严重的误解；然而当 p 与 q 接近相等时，运用“p 与 q 之间”这一说法便是一种麻烦，倒不如指出一个中间数字更方便得多，而且也不会有很大的误解，纵使这一数字的选择完全是武断的也是这样。因此，只要我们理解到，$\sqrt{pq}$这类的公式不过是为“p 与 q 之间”这一句话提供了自相符合而又方便的简单表现法，那我就没有理由可以反对了。

因此，费雪教授的公式实际上往往并没有什么害处。反对这一公式的理由是它在正确说来比较关系不能存在的地方同样容易造成比较；而且不像以前的方法必然会得到的情形一样，使计算者认识到所牵涉的误差的性质和程度。费雪教授这一公式的毛病是，从表面上看来，它可以让任何两种物价水准同样方便地作数字比较，喜好究竟变没变之类的问题完全没有关系。在常识显然看出完全不可能作可理解的比较的地方，它也同样可以得出良好的结果。比如当严格地专属各位域的综合商品十分近似，以致使它们之间的任何折中数目都可能得出很过得去的近似值时，情形就是这样。

这类公式中最老的一个是许多年以前由马歇尔与埃奇沃思两人独立地提出的（参看埃奇沃思：《政治经济学论文集》第一卷第213页）。费雪教授虽然说它只是“权数的结合”而不是“公式的结合”也仍然属于这一类，并且也同样是值得反对的。这种近似法所比较的是$\frac{P+Q}{2}$的两个位域上的价格。也就是说，它假定，严格地专属两个位域的综合商品之间的第三种综合商品，近似地说来可以兼属于两个位域。用上面的符号来表示时，这就等于是把$\frac{p+1}{q+1}\times q$作为价格水准变化的尺度。①

在没有结束这一讨论之前，举个例子说明一下当喜好和环境都不固定，而且纵使$p=q$时，p和q也不能作为货币价值改变的可靠指标的情形，也许是有意义的。

假定第一位域上的主要支付对象是牛肉和威士忌（各一单

① 鲍利博士在《经济学杂志》，1928年6月号上所发表的《指数简论》一文中提出了独创性的理由，说明只要服从有关连续性以及哪些量可以视为小到无需计算的假定，这一公式就比任何其他公式都可取。

位），第二位域上则是大米和咖啡（各一单位）。再假定牛肉和咖啡在第二位域上比第一位域上便宜一半，威士忌和大米则在第一位域上比第二位域上便宜一半，那么

$$\frac{\text{第一位域上一单位牛肉和一单位威士忌的价格}}{\text{第二位域上同样消费品的价格}}$$

$$=\frac{\text{第一位域上一单位大米和一单位咖啡的价格}}{\text{第二位域上同样消费品的价格}}$$

（我们所选择的单位使支出在第一位域的牛肉和威士忌之间作平均分配，并在第二位域的大米和咖啡之间作平均分配）。第一位域上根本不消费咖啡和大米、第二位域上根本不消费牛肉和威士忌的假定，对这说法根本不是主要问题，提出来仅只是为了使说法简单而已。如果我们对第一位域上的咖啡和大米以及第二位域上的牛肉和威士忌加较小的权数的话，基本上与上述公式相同的方程式也能成立。如果我们略去极限法所要求的条件不计，或假定费雪教授的理想公式的基本概念普遍正确，那我们就可以根据以上的话作出完全严格的结论说：主要消费牛肉与威士忌的位域上的货币购买力刚好等于主要消费大米与咖啡的位域上的货币购买力。但这一结论很可能完全是错误的。比方说，假定第二位域上的大米虽然比第一位域上贵，那儿的人们仍然选取大米，而不选取牛肉，原因是气候有需要。至于第二位域上消费咖啡、不消费威士忌的原因则完全是由于前者较便宜；那么当第二位域上威士忌的价格正和第一位域上一样比咖啡便宜时，人们就会消费威士忌。这时如果我们知道两个位域上的“类似的人”的货币收入，就会发现货币购买力在第二位域上比第一位域上低得多。

4. 链法

编制一系列指数的"链法"是马歇尔首先提出的。这是根据进行比较的一系列位域中任何相连两位域的差异都很小这一假定来处理消费性质变动问题的做法。同时这方法还假定，有关的连续小误差是非积累性的，只是一般没有说明这一点而已。然后就进行一系列比较，其中第一个比较假定第一位域专有的综合商品基本上和第二位域专有的综合商品相等；第二个比较则假定第二位域专有的综合商品基本上与第三位域专有的综合商品相等。

这方法的详情是这样：

设第一位域专有的综合商品在第一和第二位域上的价格是

p_1 和 p_2

第二位域专有的综合商品在第二和第三位域上的价格是

q_2 和 q_3

第三位域专有的综合商品在第三和第四位域上的价格是

r_3 和 r_4 等等。

设n_1、n_2、n_3 是相连一系列位域上的物价水准互相比较时的指数。

于是链法便以如下的方法用 n_1 计算出 n_2 和 n_3：

$$n_2=\frac{p_2}{p_1}\times n_1$$

$$n_3=\frac{q_3}{q_2}\times n_2=\frac{q_3}{q_2}\times\frac{p_2}{p_1}\times n_1$$

$$n_4=\frac{r_4}{r_3}\times n_3=\frac{r_4}{r_3}\times\frac{q_3}{q_2}\times\frac{p_2}{p_1}\times n_1\cdots$$

因此，求得最后结果的方法便是将每一位域和两边的相邻位域作比较，然后再假定同一事物的两种互相替代的量度近似相等。换句话说：

如果n_1是严格专属于第一位域的物价水准，

n_2是严格专属于第二位域的物价水准，

n'_2是假定专属于第一位域的综合商品同时又兼属于第二位域时在第二位域上所取得的价格水准，

n'_3是假定专属于第二位域的综合商品同时又兼属于第三位域时在第三位域上所衡量的价格水准。

于是就得到

$$n'_3=\frac{q_3}{q_2}\times n_2,$$

$$n'_2=\frac{p_2}{p_1}\times n_1,$$

因此，假定$n_1=n'_2$时，就可得到

$$n'_3=\frac{q_3}{q_2}\times\frac{p_2}{p_1}\times n_1\cdots$$

让我们根据前述的说法来分析上面这方法的正确性。首先，它显然假定了喜好恒定不变等等。从另一方面说来，它不但允许有相对价格的变化，而且还允许在后一位域上引入前一位域的消费者所无法得到的新支出对象；但同时假定一个位域市场上的支出对象仍然留在市场上而没有在下一位域上退出市场。其次，它假定近似地说来$n_2=n'_2$。这一点只有在我们对两个位域的比较

应用极限法，而且根据本书第 103－104 页的符号来看发现 $p=q$（近似值）时才能成立。第三，我们假定相继的小近似法误差不是累积的，当这方法在一系列的位域上多次重复运用时，不致累积成一个大的误差。这一点是一个至关重要的假定。

如果每一对相继的位域彼此十分相似，上述假定中的第二种就可能有根据。但第三种假定就更危险了，尤其是在一般主张运用链法的那一类情形之下，也就是将时间序列作比较的情形下，危险性就更大。比方说，当我们假定为近似相等的每一种替代情形逐步略微改良时，链法就会显示出一种累积性的误差。也就是说，对于有关的目的说来，每一种新综合商品都比前一种略好一些，而又不同样可能比前一种略坏一些的时候，情形就会如此。由于这一原因，在一个时期中，当人们的习惯由于际遇不断转佳而逐步变化时，应用这种方法就会引起误解。也就是说，在这种情形下，它会低估后一种日期中的货币购买力相对于前一日期而言的状况。实际上链法是假定，当人造奶油初次出现时，好处是很小的，消费这种奶油好处几乎和被它代替的天然奶油或其他消费品相等。消费者每一次逐步改用新的、改良的或较比便宜的产品时，都是这样。

此外，关于链法还有一个严重的反对意见存在，那便是两个位域之间的比较要取决于物价与消费性质在各中间位域中所走的道路。比方说，当初物价和消费是某某情形，中间发生了一次严重的扰动（如战争），使相对价格与消费性质发生了重大改变；但经过一个时期以后，平衡又恢复了，物价和消费都刚好恢复了原状。在这种情形下，最后的货币购买力和开初时显然刚好相等。但运用链法时，却不能保证指数回到原有的位域。的确，我们还相当有把握说它不会恢复。①

最后，链法在统计上说来是繁复的，实际运用时十分不便；以致自从初次提出并受到理论家普遍赞同（我认为过当）后，若干年来一直很少被运用。

因此，我的结论便是：比方要把现在的货币购买力和五十年前的情形相比的话，最好是把性质较比稳定的那一部分支出（如50%—70%，实际比例我并无定见）的价格加以比较，并列出增减的支出项目加以补充，以便对际遇转好的程度作出一般的判断；而不要在中间这一段时期逐年运用链法，对物价水准作出比较。

因此，除了把根据一般理由认为类似的人的货币收入作直接估计的方法以外，我们所得到的唯一正确的近似法便是以等值替换法和以极限法补充的最高公因素法。

虽然有这样许多理论和实际的困难，事实上货币购买力仍然经常可以作出有用的比较。其原因是单种商品的相对和绝对价格虽然波动，但在时间和空间相去不远的社会之间，典型支出和典型喜好的一般性质以及真实所得的平均水准一般都没有迅速而巨大的变化。所以消费构成的改变和喜好与环境的变化所造成的问题便不十分突出。比方说，根据鲍利博士的意见来看，证据说明英国在1904至1927年间的习惯和喜好用工人阶级消费的一般统计数字来测验时，变化是比较小的。

① 珀森斯教授在《经济统计评论》，1928年5月号，第100—105页上曾经发表《指数结构中权数和比数关联的影响》一文，对于上述问题作了一个很有趣的分析，只是这篇文章原来的目的是研究链指数与相应定基指数发生偏离的条件。

第 三 篇

货币的基本方程式

第九章　某些定义

在我们没有提出基本方程式之前，首先必须使某些名词具有严格的用法。

一、收入、利润、储蓄和投资

（一）收入——我们准备用以下三种表达方式来指完全同一种东西：1. 社会的货币收入，2. 生产因素的报酬，3. 生产成本。至于利润一词则留着用来指本期产品的生产成本和它的实际销售收入之间的差额；因此，利润便不是上述定义下的社会收入的一部分。

更具体地说，我们包括在收入中的项目有：

1. 付与雇员的薪水与工资。其中包括对失业、部分就业或享受年金的雇员所支付的任何款项，这几种支出从长远看来，正像其他报酬生产因素的支出一样，是工业的一种负担。
2. 企业家的正常酬金。
3. 资本的利息（包括对外投资的利息）。
4. 正式垄断的利得、租金等等。

企业家本身也是生产因素之一，其正常酬金（在这一讨论中的定义见以下第（二）项）包括在收入中，因之便是 2 项下的生产成本。但上述定义下的生产因素报酬和实际销售收入之间的差额（正数或负数）所代表的企业家意外利润与损失却不包括在内。普通股票持有者的收入一般包括2、3和4等项中的要素，同时他们也是意外利润或损失的收受者。

（二）利润——因此，将销售收入减去上述1、3、4等项支出后所得到的企业家实际酬金和他们的正常酬金两项之间的差额，不论正负如何，都是利润。

因此，企业家的正常酬金量，虽然不论实际酬金超过或不足此数，都应当认为是完成企业家职能的个人的收入；但利润却不应当认为是社会报酬的一部分（正如同现存资本价值的增殖不能认为是本期收入的一部分一样），而应当认为是企业家积累财富的价值的增加（如为负数时，则是减少）。如果企业家把他的一部分利润用于本期消费，那就等于是负储蓄。从另一方面说来，如果他因为遭受意外损失而限制一般消费时，就等于是正储蓄。

但为了使这一叙述严格起见，我们必须对企业家的“正常”酬金下一个定义；这样就可以把他们的全部收入（正或负）在收入和利润（正或负）之间作出划分。至于什么是最适合和最方便的定义，有一部分要取决于手头所进行的探讨的性质。对于目前的讨论来说，我准备对企业家在任何时候的“正常”酬金，提出这样一个定义：如果他们可以按当前流行的报酬率和所有生产因素重新议价的话，那么正常酬金就是他们既没有扩大又没有缩小营业规模的动机时的那种酬金。

当企业家的实际酬金率超过（或不足）上述定义下的正常酬金率，以致出现正（或负）利润时，企业家只要行动自由没有被他们和生产因素订立的一时无法取消的协议所束缚，就会设法在现存生产成本下扩大(或缩小)其营业规模。然而当企业家订立了一种一时不能修改的契约(例如把已经在固定资本形式下取得其支配权的一部分资本用作固定投资)时，那么在某种很容易想见的情形下，他在预定期限未满前是不值得减产的，纵使利润是负数也是如此。这种预定期限的长短要取决于他所订契约的性质。因此，在利润转成负数和这一现象对产量充分发生作用的阶段之间，可能有一段时隔存在。

有人对我说，由于经济学家和商业习惯用语中对利润一词的用法很多，所以上面所说利润最好用意外利得一词代替。这样代替对某些读者的理解也许有帮助，但我个人还是宁肯用利润一词，因为整个说来它具有极为有益的丰富含义。

企业家一般都和生产因素订立长期契约(尤其是在固定资本方面)一事的确非常重要。因为这一点和另外一点结合起来就说明了为什么可能有损失存在；也就是说明了企业家为什么在赔本时仍然继续生产。所谓另外一点就是停止生产然后再重新开始的耗费，其结果往往要在一个时期中平均计算。同样的道理，某一专门的生产因素供应的增加必须要经过一段时期，而企业家也必须订立长期契约(一部受这些专门的生产因素寿命决定)才能诱使这种供应增加，这两点就说明了为什么利润可能在一个时期内存在。

(三)储蓄——我们所谓的储蓄指的是个人货币收入和他对本期消费所作的货币支出之间的总差额。

这样说来利润既不是社会收入的一部分，也就不会是社会储蓄的一部分，即使没有花在本期消费上时也是这样。不但国民总产品(或国民总收入)价值与其生产成本以货币计算时两抵相差的差额数字就是利润,而且在下面我们就可以看到,任一时期内国家财富的增殖和上述个人储蓄总额之间的差额也就是利润。

也就是说,社会财富的增量等于储蓄加利润。

(四)投资——我们往后所说的投资率是社会的资本(定义见本章下节)在一个时期内的净增量。所谓投资价值不是指总资本价值的增量,而是任何时期内的资本增量的价值。因此,我们将发现,这一定义下的本期投资的价值将等于这种定义下的利润与储蓄的总和。

二、可用产品和不可用产品

一个社会有别于其货币收入的本期产品[①]是由以下两部分货物与劳务的流量组成的:(一)以可用的直接消费形式存在的消费品与劳务的流量;(二)以不能用于消费的形式存在的资本品与借贷资本(更详明的定义见下节)的净增量(耗费除外)。前者我们将称之为"流动产品"或"可用产品",后者则称之为不可用产品,两者总加起来就称为总产品。我们可以看到,可用产品将随着不可用产品是正数还是负数而超过或不及总产品数。

流动或可用产品是由两条产品之流组成的,即(一)固定消费(或最后)资本所产生的效用的流量和(二)脱离生产过程的流动状

① 这名词的意义是报酬生产因素的全部产品。生产因素中包括资本所有者,因之产品中便包括固定消费资本的本期使用和对外投资的收入。

态消费(或最后)品的流量。[①]

不可用产品包括(一)处于生产过程中的未成品增量之流超过脱离生产过程的制成品之流(不论是流动状况还是固定状况)的部分和(二)脱离生产过程的固定资本品之流超过旧固定资本本期耗费加上借贷资本的净增量的部分。

从这里可以推论出,本期消费必然等于可用产品加上被称为"贮积"的流动消费品存量中所取出的量,或减去"贮积"中所加入的量。本期投资必然等于不可用产品加上"贮积"中所加入的量,或减去"贮积"中所取出的量。因此,消费只受可用产品量(加上贮积中所取出的任何量)支配,而不受总产品量支配。然而在生产因素的货币报酬率未变时,社会的货币收入便与总产品相联系而一致地发生变化。

三、资本的分类

任何时期所存在的真实资本或物质财富贮量都表现为下列三种形式中的某一种:

(一)使用中的商品,其全部效用或享用品质只能逐步提供。

(二)处理过程中的商品(即正在耕种或制造过程中制备、以便使用或消费的商品),运输途中的商品,商人、经纪人与零售商手中的商品,或正在等待季节轮转的商品。

---

① 为了方便起见,其中不但包括生产须费相当长的时间的商品,而且也包括生产与消费几乎可以同时进行的商品(即个人劳务)。因为这两种商品之间并不存在任何明确的分界线。

(三)贮存中的商品,这种商品现在不能产生任何效用,但可以随时运用或消费。

我们将称使用中的商品为固定资本,处理过程中的商品为营运资本[①],贮存中的资本为流动资本。

由于某些商品的生产需要一段时间,所以营运资本是有必要的。某些商品的使用或消费需要一段时间,所以固定资本是有必要的。至于流动资本,则只有在商品能“保存”时才能存在。

固定品和流动品之间,当然没有明确的分界线。我们可以将劳务、食品、衣服、船只、家具、房屋等等列成一个连续的系列,其中每一项的使用或消费期限都比前一项长。但大的区别还是十分清楚的。

任何时期所存在的商品也可以分为制成品和未成品。制成品中包括最终产品和工具品,前者供最后消费者享用,后者在商品处理过程中使用。

在未成品方面,原料究竟最好认为处于流动状态还是处于处理过程中的问题,有时有些含糊。在下卷,第 28 章中,我们将使这一定义补充完整。其大意是:有效营业所需的正常贮存商品是营运资本的一部分,因之便是处理过程中的商品;但剩余贮量,则将认为是流动商品。因此,任何时期所存在的未成品便一部分是由营运资本组成的,另一部分是由流动资本组成的。

最方便的办法是把“贮备品”一词留着用来指“最后流动品”的贮量,“贮存品”则用来指其他形式的流动资本。

① 营运资本更详细的定义将在下卷,第 28 章中提出。

因此，制成品＝最终产品加工具品＝固定资本加贮备品。未成品＝营运资本加贮存品。流动资本＝贮存品加贮备品。制成品加未成品＝固定资本加营运资本加流动资本＝总真实资本。

如果我们所考虑的是个人或某一社会的财富，而不是全世界的财富，那么除了上述定义下的真实资本的所有权以外，还必须加上在通知后或在未来一系列预定日期上得到支付的货币债权（正方），和与此相应的债务或负债（负方）。当我们所讨论的是一个封闭体系的全部情形时，这些项目可以略去不计，因为它们会互相对消。但我们所讨论的如果是作为国际体系一部分的某一个国家时，情形就不然了。这时就会以某国对他国或他国对某国的货币债权的形式存在着财富顺差或逆差。因此，我们所讨论的如果是有关的整个体系中某一部分的财富，那么不论这一部分是个人还是一个国家，都会出现第四个范畴，即货币债权的净差额，我们将称之为借贷资本。

真实资本与借贷资本的总和将被称为投资量；这种量在一个封闭体系中就是真实资本量。总真实资本和借贷资本的价值就是投资的价值。任何时期中的投资增量是构成总真实资本与借贷资本各个范畴所属项目的净增量。投资增量的价值是增加项目的价值的总和，“贮存在任何特殊情形下所减少的项目的价值当然应当减去。”①

然而此外还有一种区别，也就是资本品的生产与消费品的生

① 我认为庇古教授在《福利经济学》，第3版，第1部第4章中所处理的定义问题是不能令人满意的，这儿的说法可以将这一问题澄清。任一时期中的国民总收入价值是本期消费价值加上述定义下的投资增量价值。

产之间的区别，往下运用这一区别的时候比以上所说的区别多。我们对任何时期中资本品的生产或产量的定义是固定资本的增量加上将成为固定资本从生产过程中脱离出来的现有营运资本增量。至于任何时期的消费资本生产或产量的定义，则是可用产品的流量加上将成为可用产品出现的现有营运资本增量。最后，任何时期的投资品生产或产量等于不可用产品加上贮备品的增量。

四、对外收支差额和对外贸易差额

当我们所讨论的不是封闭体系而是国际体系时，首先就必须调整国民总产品的定义。属于外国人的本期产品（例如由于他们对参加本期产品生产的生产因素具有支配权而属于他们的产品等）我们都从国民总产品中除去了。同样的道理，本国人所具有的在外国生产的本期产品则必须加进来。此外，本国所有的商品或劳务产量和外国所有的商品或劳务产量相交换时，如果所讨论的不是价值而是真实产品，就必须在国民总产品中用这样取得的外国项目代替与之相交换的本国项目。

其次，我们准备用部分符合于以上区别“储蓄”与“投资”的方式，以定义来区别一个国家的“对外收支差额”和“对外贸易差额”。本国所有的货物与劳务产量中（不论在国内还是国外生产，黄金不在内）由外国人运用和支配的部分的价值，超过外国所有的相应产量由本国人支配和运用的部分的价值量，在收入账上造成的贸易差额，称为该国的“对外贸易差额”，这一差额当然可能是正数也可能是负数。

从另一方面说来，我们主张“对外收支差额”应当是指可能称为资本账上的交易逆差的那种项目。也就是说，它所指的是本国人对处于外国的投资的净购买使外国人得以支配的本国货币超过外国人购买我们处于本国的投资时相应付出的货币量。[①]

读者可以看出，进入国际资产负债表的还有另一个项目，即黄金的流动，我们把这一项从对外贸易差额中除去了。由于国际资产负债表必须永远平衡，这一项就必然能说明本期对外收支差额与本期对外贸易差额之间的任何差数。也就是说，前者等于后者加本期黄金输出量。[②]

因此，我们用“对外收支贷方差额”一词时，所指的是将本国货币或其债权置于外国人支配之下，以换取某种债券、产权或未来的利润的金融交易。与此相对应的情形就是“对外投资借方差额”。从另一方面说来，“对外贸易差额”则是由于某一社会在上述定义下的本期产品有一部分不在本国运用而移转到外国人手中的实物交易所造成差额。

往下所谓的“国内投资”指的是处于本国的总资本增量（黄金除外）。所谓“对外投资贷方差额”是处于外国的本国所有的资本增量（黄金同样除外）。所谓“总投资”就是国内投资、对外投资贷方差额与进口黄金的总和。由于对外贸易差额等于对外投资差额加上进口黄金量，所以便于称为“对外投资”的是对外贸易差额，而

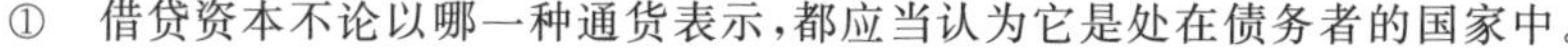

① 借贷资本不论以哪一种通货表示，都应当认为它是处在债务者的国家中。

② “认权贮存的”黄金必须认为已输出，因之便必须认为已处在外国。

不是对外投资差额。因为运用这一定义之后，总投资量就像应有的情形一样，等于国内投资加国外投资的总和。

第十章　货币价值的基本方程式

货币理论的基本问题不单是要确定一些恒等式和静态方程式来说明有关货币工具周转量和为取得货币而进行贸易的商品周转量之间的关系等等。这种理论的真正任务是从动的方面来研究这一问题，并以一种方式来分析所牵涉的各种不同的因素，以便说明决定物价水准的因果过程以及从一个平衡位域转移到另一个平衡位域的程序。

我们大家一向习用的各种形式的数量说（详情将在第14章中叙述）却不很适用于这一目的。它们不过是对于不同的货币因素所能提出的许多恒等式中的特殊例子。其中没有一种能把现代经济体系的因果过程在一个变化时期中实际发生作用的因素分析出来。

此外这些数量说还有一个缺点，即它们所能应用的本位既不是劳动支配力本位，也不是购买力本位，而是另一种多少带一些武断性的本位；也就是说，要不是现金交易本位，便是现金差额本位（都已于第六章中说明），这是一个严重的缺点，因为我们所寻求的真正结果必然是前两种本位。因为货币的劳动支配力和货币的购买力都是基本概念。在这种意义下，以其他类型的支出为基础的物价水准都不是基本概念。人类的劳作和人类的消费是使经济交往能取得任何意义的最后事项。所有其他形式的支出唯有迟早和生产者的劳作或消费者的支出发生某种关系才能具有意义。

因此，我主张抛弃从货币总量出发而不问用途的传统方法，改而从社会的报酬或货币收入流量以及其所分成的两部分出发，理由当我们往下讨论时就会清楚。这两部分中第一部分是生产消费品与投资品所得到的各部分，第二部分是对于消费品与储蓄所支出的各部分。

我们将发现，如果社会收入中的上述第一部分和第二部分的比例相同；也就是说，如果产品用生产成本来衡量时，在消费品与投资品之间的分配比例和支出在本期消费与本期储蓄之间的分配比例相同，那么消费品的物价水准就会和它们的生产成本相平衡。但如果两种情形下的分配比例不相同时，消费品的物价水准就会和它们的生产成本发生差额。

从另一方面说来，投资品的物价水准却要取决于另一套不同的条件，情形往后再讨论。

一、货币价值的基本方程式

设 E 是一个社会在单位时间内的总货币收入或报酬，I' 是生产投资品所得到的部分；因之 I' 便等于新投资的生产成本，$E-I'$ 则等于本期消费品产品的生产成本。

同时又假设 S 是上述定义下的储蓄量，所以 $E-S$ 便等于本期收入中花在消费品方面的支出。

商品量的单位应加以选择，使一单位的每种商品在基本日期上的生产成本彼此相同。设 O 是单位时间内用这些单位衡量的总商品产量，R 是流入市场并为消费者购买的流动消费品与劳务量，C 是投资的净增量；在这种意义下 $O=R+C$.

设 P 是流动消费品的物价水准，所以 $P\times R$ 便表示本期支出花在消费品方面的部分，$E\times\frac{C}{O}(=I')$ 便是新投资的生产成本。

由于社会对消费品的支出等于所得与储蓄的差额，所以：

$$P\times R=E-S=\frac{E}{O}(R+C)-S=\frac{E}{O}\times R+I'-S;$$

或 $$P=\frac{E}{O}+\frac{I'-S}{R},\cdots\cdots\cdots\cdots(\mathrm{i})$$

这是我们的第一个基本方程式。

设 W 是单位人类劳作的报酬率（所以 $\frac{1}{W}$ ＝货币的劳动支配力），W_1 是单位产品的报酬率（即效率报酬率），e 是效率系数（所以 $W=e\times W_1$）.

因此我们就可以将(i)式改写如下：

$$P=W_1+\frac{I'-S}{R}\cdots\cdots\cdots(\mathrm{ii})$$

$$=\frac{1}{e}\times W+\frac{I'-S}{R}\cdots\cdots(\mathrm{iii})$$

因此，消费品的物价水准（即货币购买力的倒数）便是由两项构成的第一项代表效率报酬水准，即生产成本；第二项随着新投资的成本超过、等于或不足本期储蓄量而为正数、零或负数。从这一点可以推论出，货币购买力的稳定性牵涉到两个条件，第一是效率报酬必须恒常，其次是新投资的成本必须等于本期储蓄量。

因此，上述第一项所决定的物价水准，由于产品在投资品和消费品之间的分配不一定等于收入在储蓄与消费支出方面的分配而不能成立。因为工人为投资而生产时所得的工资正和他们为消费而生产时所得的工资相等。但挣得工资后究竟是用于消费还是不用于消费，就要看他们自己的高兴了。同时，企业家决定这两类产品的生产比例时却完全与此无关。

读者可以看出，消费品的物价水准和投资品的物价水准完全无关。只要知道效率报酬水准以及新投资品成本（不是售价）与储蓄量之间的差额，消费品的物价水准就可以完全不涉及投资品的物价水准而明确地得出来。

正如上面所说的，后一种物价水准取决于另一套不同的条件，情形将在本章第三节中讨论。目前，如果我们可以假定新投资品的物价水准已定，就可以对全部产品的物价水准得出下列公式。

设 P' 是新投资品的物价水准，

Π 是全部产品的物价水准，

而 $I(=P'\times C)$ 则是新投资品增量的价值（与生产成本 I' 不同）。

于是就可得到

$$\Pi=\frac{P\times R+P'\times C}{O}$$

$$=\frac{(E-S)+I}{O}$$

$$=\frac{E}{O}+\frac{I-S}{O},\ \cdots\cdots\cdots\cdots\cdots\cdots\text{(iv)}$$

这就是我们的第二个基本方程式。正像前面一样，我们可以将方程式（iv）改写如下：

$$\Pi=W_1+\frac{I-S}{O}\cdots\cdots\cdots\cdots\cdots\cdots\text{(v)}$$

$$= \frac{1}{e} \times W + \frac{I - S}{O} \cdots\cdots\cdots\cdots\cdots\cdots\cdots \text{(vi)}$$

二、利润的性质

其次，设 Q_1 为生产和销售消费品时的利润量（定义同前），Q_2 是投资品的相应利润量，Q 是总利润量。

于是可得：
$$Q_1 = P \times R - \frac{E}{O} \times R$$
$$= E - S - (E - I')$$
$$= I' - S; \quad \cdots\cdots\cdots\cdots\cdots\cdots\cdots\cdots \text{(vii)}$$

因此，
$$Q_2 = I - I'$$
$$Q = Q_1 + Q_2$$
$$= I - S. \quad \cdots\cdots\cdots\cdots\cdots\cdots\cdots\cdots\cdots \text{(viii)}$$

因此，消费品的生产与销售所得的利润便等于新投资**成本**与储蓄之间的差额，当储蓄大于新投资成本时即为负数。全部产品的总利润则等于新投资的**价值**与储蓄之间的差额，当储蓄超过新投资的价值时即为负数。

根据以上各点，我们可以将方程式 ii 与 v 式改写如下：

$$P = W_1 + \frac{Q_1}{R}, \quad \cdots\cdots\cdots\cdots\cdots\cdots\cdots \text{(ix)}$$

$$\Pi = W_1 + \frac{Q}{O}. \quad \cdots\cdots\cdots\cdots\cdots\cdots\cdots \text{(x)}$$

这些方程式告诉我们，消费品的价格等于生产因素的报酬率加上单位消费品产品的利润率。整个产品的情形可相应求得。

这些结论当然很明显，可以提醒我们：上述各方程式纯粹是外表性的，只是一些恒等式，是不言而喻的表达方式，本身不能告诉我们任何情况。在这一方面，它们和所有其他的货币数量说相似，唯一的目的就是把我们的材料以一种方式加以分析和安排，使之在我们用实际世界的外来事实加以充实时，显出对追溯因果关系的过程有作用。

利润（或损失）有一个特点是要顺便提及的，因为这就是我们为什么必须把它和收入本身分开成为独立范畴的理由之一。如果企业家愿意把他们的一部分利润用于消费（当然没有什么东西可以阻拦他们这样做），其效果便是刚好按这样花费的利润量使流动消费品的销售利润增加。这一点是从我们的定义中推论出来的，因为这种支出就是储蓄的减少，因之也就是 I' 与 S 之间的差额的增加。由此看来，企业家不论把多少利润花在消费方面，属于企业家的财富增量仍然和以前一样。照这样说，利润作为企业家资本增量的来源而言，便成了寡妇的油坛子[①]，不论他们挥霍多少，坛子总不会空。但从另一方面说来，企业家遭到损失时如果企图减少正常消费支出来弥补这种损失，也就是企图通过更多的储蓄来弥补这种损失，那么这寡妇的坛子就成达奈德的水槽[②]，决不可能使水增加。因为像这样减少支出的效果就是使消费品生产者受到

① 据旧约列王纪上 17 章 12 节所载，七年大旱时，上帝命先知以利亚到撒勒法去照拂一个寡妇，使她坛子里的油经常倒不完，面经常吃不完。——译者

② 据希腊神话传说，亚拉比亚王达内乌斯与其兄弟不睦，携其 50 女逃，为其兄之 50 子追及；乃佯与媾和，以 50 女嫁之，暗命其女杀害其夫。后有一女不从命，被罚入地狱，永远将水倾入一破水槽中，始终无法使水增多。——译者

等量的损失。因此，他们作为一个阶级而言，纵使进行储蓄，财富的减少还是和从前一样大。

既然公众储蓄量加上企业家销售流动消费品的利润（或减去损失）后，永远刚好等于投资品的生产成本，那么我们难道可以说投资品的售价必然永远等于其生产成本吗？

不会，因为如果投资品以高于（或低于）其生产成本的价格出售时，生产投资品的企业家所得的利润（或损失）必然会等于投资品售价（不论高低）与其实际生产成本之间的差额[①]。因此，不论投资品的物价水准是怎样，自本期储蓄中取出来购买投资品的货币量加上本期生产的利润或减去本期生产的损失就会刚好等于它们的价值。

下面不远我们就要讨论新投资品价格究竟由什么决定的问题。现在我们的结论是：第一，利润是其余情形的结果而不是它的原因。因此，把利润加到收入中去，或者把损失从收入中减掉，就不合规则了。因为在那种情形下，只要企业家所生产的投资品产量不变，那么不论公众对本期消费的支出有多大，储蓄始终不会减少；同时，消费方面的支出的减少也同样不会使储蓄增加。

但从第二方面说来，我们将看到（以下几章主要就是讨论这一问题），利润（或损失）一旦产生之后，就成了往后所产生的现象的原因。的确，它是现存经济体系的变化的主要泉源。这就是把利润（或损失）在我们的基本方程式中分列出来有好处的基本原因。

---

①　如果生产投资品的企业家把一部分利润用于消费，这就必然意味着生产流动消费品的企业家将得到一笔额外的利润，可以用来购买投资品，所以最后的结果就等于是生产投资品的企业家用这些利润来购买投资品一样。

三、新投资品的物价水准

当一个人决定把一定比例的货币收入储蓄起来时，他便是在目前消费和财富所有权之间作出选择。当他决定选择消费时，就必须购买货物，因为货币是无法消费的。但当他决定选择储蓄时，就还要作出另一决定。因为他保有财富时可以用货币的形式(或货币的流动等值形式)加以贮存；也可以用其他的贷款或真实资本的形式加以贮存。后一种决策说成是“贮备”与“投资”之间的选择也不为失当；换句话说，这就是“银行存款”与“证券”之间的选择。[①]

两种决定之间，还有另外一个很重要的区别存在。那就是，关于贮量的决定，完全只与本期活动有关。关于新投资量的决定也是这样。但持有银行存款或持有证券的决定却不但和个人财富的本期增量有关，而且和他们的现有资本总量有关。诚然，由于本期增量在现存财富总量中不过是一个微不足道的部分，所以在这一问题中不过是一个次要的因素。

当一个人比以往更愿以储蓄存款的形式而不愿以其他形式持有财富时，这并不等于说他将不惜付出一切代价以储蓄存款的方式持有。而只是说不论由于什么原因，在其他证券的现行价格下，他

---

① 把现有的非专门名词用于严格的专门意义时，怎样才是最方便的利用法，现在还很难决定。不幸的是，我已经不得不把“贮积”与“投资”这两个名词以不同于上述意义的方式运用。因为我在 107 至 108 页上已经为“贮备品”下了一个定义，说它是最后流动品的贮量。在 106 页上则对“投资”下定义说它不是指一般公众购买证券的行为，而是指企业家增加社会资本的行为。因此，往下我将运用第二套名词。

目前总是比以前更倾向于采用储蓄存款。但他不喜欢其他证券并不是绝对的，要看他对储蓄存款与其他证券的未来报酬的预测如何而定。这一点显然受后者价格的影响，同时也受前者所提供的利率的影响。因此，其他证券的价格水准如果跌落得多时，他就会被吸引过来购买这些证券。如果银行体系的活动和公众活动的方向相反，遇到公众选取储蓄存款的方式时，就购入他们不大急于要持有的证券以证券为基础增设公众更加急于持有的储蓄存款，那么投资的价格水准就完全无需跌落。因此，储蓄存款与证券之间的相对吸引力各自发生变化时，就必须使证券跌价或增加储蓄存款的供应量，或者兼采两法来加以应付。这样说来，证券价格水准跌落时，就说明公众的“空头”状态没有充分地被银行体系所设立的储蓄存款所抵消，或者是公众的“多头”状态已经被银行体系的储蓄存款的紧缩抵消而有余。所谓“空头”是一个方便的名词，在这里是预先使用了以下几章的用法。它所指的是选取储蓄存款而不选取其他财富形式的趋势增加，运用银行借款购存证券的倾向减少。

因此，实际投资价格水准便是公众情绪和银行体系的活动联合造成的结果。这并不等于说，投资价格水准和增设的储蓄存款量之间有任何确定的数量关系。其他证券的价格由于设立一定量的储蓄存款而上涨到不设立时的水准以上的情况，取决于公众在其他证券的不同价格水准下对储蓄存款的需求曲线的变化趋向。[①]

---

① 银行体系为储蓄存款所提供的利息率，当然也会作为影响两者相对吸引力的因素而在这里面起作用。

在第 15 章中我们就会看到，还有一种情形是，公众中各派人物发展成“两种意见”，一种比以前更倾向于银行存款，另一种则更倾向于购买证券。这时，结果要取决于银行体系是否愿意作为两派之间的中间人，不根据证券的下跌设立存款，而只是根据短期流动垫支吸收存款。

如果不忘记我们现在所研究的是复平衡的情形，其中每一种要素都多少对其他要素有影响，同时如果不事先过多地讨论第 15 章的内容，我们就可以把这一问题总述如下：

全部投资的价格水准是公众持有的储蓄存款等于银行体系愿意和能够吸收的储蓄存款量[①]时的价格水准。因之，新投资的价格水准便也是这样。

从另一方面说来，正如我们在上面所见到的，消费品相对于生产成本的价格水准完全取决于以下两种决定所造成的结果：（一）公众把多大比例的收入归入储蓄的决定，和（二）企业家把多大比例的生产力用于投资品产品的决定。只是这两种决定都可能部分地受到投资品价格水准的影响，后者尤其如此。

因此就可以推论出，全部产品的价格水准和总利润量取决于以下四种因素全部的作用：（一）储蓄率，（二）新投资的成本，（三）公众的“空头”状态，（四）储蓄存款量。如果高兴的话，也可以说是决定于两种因素：（一）储蓄超过投资成本的量，（二）公众的“空头”状况未能由银行体系所创造的存款得到满足的过剩量。

---

① 还有一种复平衡情形由于对论题的本质没有影响，所以现在就略而不谈。那就是储蓄存款与活期存款互相移转的可能性所造成的情形，这问题将在下面讨论到。

因此，如果知道新投资率和生产成本之后，消费品的价格水准便完全是由公众“储蓄”的倾向决定的。如果知道银行所设立的储蓄存款量，投资品（不论新旧）的价格水准便完全是由公众“贮备”货币的倾向[①]决定的。

我希望我已经把具有财富和赚得收入的公众经常要作出的两种决定区别清楚了。但不论我们分辨得怎样清楚，这两种决定的原因与结果由于彼此互相影响，情形至为繁复还是很难分开。因为储蓄量与投资量有一部分要取决于投资品相对于其生产成本的价格水准。随之，这两种量之间的差额便也要取决于这种价格水准。同时，公众对于储蓄存款以及其他证券的态度可能部分地受消费品相对于其生产成本的价格水准的预期的影响。尤其是当公众对储蓄存款以外的其他证券的倾向有所改变而又没有被银行体系的活动所补偿时，就可能成为一个极强大的因素，影响相对于储蓄的投资率，因而便是扰动货币购买力的一个原因。

不过，这些因素虽然交互影响，过量储蓄因素和过量空头因素[②]（也许可以这样称呼）在一种意义下说来仍是独立的；也就是说，任何程度下（不论是正是负）的一种因素在适当的附带条件中仍可以和任何程度下（不论是正是负）的另一种因素同时存在。

在没有结束这一节之前，最好是把前面所说的一个结论进一步解释一下。这结论说，消费品的价格由于储蓄超过投资而跌落时，如果不伴随出现公众空头与多头的变化或储蓄存款量的变化，

① 在这里把这名词像这样用一次，指的是公众在不同的证券价格水准下，选取储蓄存款和其他证券的尺度。

② 即公众的空头未被银行体系所增设的信用所抵消的部分。

或是这两种因素有互相抵消的变化时，那么这种价格跌落本身并无需新投资品价格有任何相反的变化就能出现。由于我相信有些读者难于接受这一结论，所以就要进一步解释一下。

这一点是从一个事实中推导出来的。也就是说，根据前述假定来讲，进入市场、由本期储蓄中支款购买的投资品（不论新旧）的全部价值，永远刚好等于这种储蓄的量，和新投资品的本期产量无关。因为新投资品的价值如果少于本期储蓄量的话，企业家整个说来就会蒙受刚好等于这一差额的损失。这种损失表示从本期产品的销售中所得现金没有达到预期量，这是必须以资金补足的。预期现金收入没有得到时，必须以某种方式补足。企业家只能以减少本身的银行存款或出售本身的其他资本资产的方式予以补足。像这样被放出的银行存款和像这样出售的证券，可由本期储蓄超过新投资价值的部分吸收，而且量也刚好彼此相等。

在更普遍的情形下，当公众对于证券或储蓄存款量的看法改变时，如果企业家采取放出银行存款的方法的程度加上银行体系所提供的储蓄存款增量刚好抵消了公众将其资财运用于银行存款的欲望的增长，那么证券的价格就没有理由发生任何变化。如果前者超过后者，证券的价格就会趋于上涨；如果后者超过前者，证券的价格就会趋于跌落。

四、物价水准与货币量的关系

读者现在可以看出，货币购买力（或消费品物价水准）以及全部产品的物价水准和货币量以及流通速度的关系绝没有旧式数量公式使人认为具有的那种直接性质；这种公式，不论怎样小心防护，都会使人得出这种印象。

如果假定银行习惯与办法没有变，现金存款的需求量便主要决定于收益总额的大小；也就是说，决定于报酬率与产品量的乘积；储蓄存款的需求量便主要决定于公众的空头情绪和证券价格水准联合作用的结果。换句话说，如果货币总量已定，那么报酬率、产量和证券价格水准的组合方式中可能实现的只有使货币总需求量等于已定总量的那些方式。

诚然，这就等于说，在平衡状态下，货币量和消费品以及全部产品的物价水准之间只有一种唯一的关系，其性质是货币量增加一倍时，物价水平也会增加一倍。所谓处在平衡状态下情形是生产因素已充分利用、公众对于证券既无空头也无多头情绪，以储蓄存款形式保存的财富在总财富中所占比例既不高于也不低于“正常”状况，同时储蓄量与新投资的价值和成本都相等。

但这种简单和平易的数量关系只是上述定义下的平衡状况中的现象。如果储蓄量不等于新投资的成本，或是公众对证券的倾向转向空头或多头时（纵使有充分理由也是如此），那么货币量或其流通速度即使没有任何变化，基本的物价水准也会偏离其平衡价值。甚至当现金存款、储蓄存款、流通速度、货币交易量以及产品量都维持不变时，基本物价水准发生变化也是可以想象的。

当然，这种严格平衡的状况只是一种理论上的可能性。在现实的世界中，任何一项发生变化时，其他各项都可能伴随着发生一些变化。但即使有伴随的变化，货币量、流通速度以及产品量的变化程度，和基本物价水准的变化程度仍不会存在任何确定或可预测的比例关系。诚然，大家都知道，在信用循环变化剧烈的阶段，情形正是这样。

关于盈利与亏损对企业家所保持的营业存款量的影响当然会有各种可能的假定；对于这种存款说来，基本物价水准发生变化时，不可能没有货币因素方面的变化。上面所说的理论上的可能性唯有在企业家对营业存款保持量的决定完全只受生产成本影响时才能成立。这一理想可能性，言明只是一种极端情形，为的是强调指出我们这一说法的中心内容。

比方说，企业家在决定盈利或亏损对他们的银行存款应发生什么影响时，如果把他们的意外利润或损失完全当成正规的个人收入处理，那么由于基本方程式第二项的增大而造成的物价水准上涨所需的货币增量（或其他货币因素的等值变化）就会像第一项的增大造成的上涨所需要的增量一样多。但实际情形不大可能是这样。事实上利润的收受或支出如果使余额发生任何重大变化时，它所牵涉的余额的持有将比所得的收入与支出按同一程度增加时所牵涉的少，至少在短期内是这样。

此外，最后接受利润的人（即持有证券的个人）虽然可能不管利润并不属于真正收入存款这一事实而把他们获得的利润当成收入看待，但现在大部分的工商业却是以股份公司的方式组织的（甚至在合伙经营的时代情形大部分也可能是这样），意外利润并不像大多数收入一样按星期、按月或按季度分入个人账上，其分配时期要长得多，公司获得后和分配前的时间间隔要大得多。不但是一般至少要过半年的时间，而且大部分额外利润往往或一般都拨作公积金，或以某种方式使持有股票的个人无法获得。比如美国的情形就特别是这样。同时，利润更可能用来支付银行贷款，而不大可能以流通现金方式加以保持；而且营业存款的量，正如我们开初所假定的那样，基本上是由企业生产成本决定的。

还有另一桩事情可以顺便提及一下。在下面几章中，我们可以看到，由于基本方程式第二项所引起的物价水准变化会造成一些趋势，使第一项在往后增加。当这些趋势发展时，物价水准的相继上涨就会比完全由于第二项增大而造成的上涨需要更多的现金差额量来维持。因为基本方程式中第一项造成的物价水准变化所牵涉的货币因素变化比第二项造成的相等变化所牵涉的货币因素变化大；同时，变化一般都是由第二项开始，然后扩展到第一项；这两种情形就部分地说明了为什么某些类型的物价变化在发展时往往会自行消灭，并且会造成方向相反的反应。

在 $I = I' = S$ 的平衡情形下，我们可以用一般货币因素表示我们的结论如下：

设 M_1 是收入存款总量，V_1 是这种存款的流通速度，那就可以得出 $E = M_1V_1$；因为 V_1 根据定义说来（参看本书第 43 页），是一个社会在单位时间内的货币收入（E）与收入存款量 M_1 的比数。

当 $I = I' = S$ 时，我们因此就可以将方程式改写如下：

$$\Pi = P = \frac{M_1V_1}{O},$$

如果要把 P 和货币总量 M 联系起来，便可以按照下述方式进行：设 M_1、M_2 和 M_3 分别是收入存款、营业存款和储蓄存款的总数，M 是总存款数，则 $M = M_1 + M_2 + M_3$。因此：

$$P=\frac{V_1(M-M_2-M_3)}{O}.$$

设 w 是活期存款与全部存款的比例，V 是活期存款的平均流通速度，V_1 和 V_2 则分别是收入存款与营业存款的流通速度。所以：

$$M_1+M_2=wM,$$

$$M_1V_1+M_2V_2=w\times M\times V;$$

因此，$$M_1=M\frac{w(V_2-V)}{V_2-V_1},$$

同时，$$M_1V_1=M\frac{wV_1(V_2-V)}{V_2-V_1},$$

故得 $$P=\frac{M}{O}\times\frac{wV_1(V_2-V)}{V_2-V_1}.$$

$P\times O=M_1V_1$ 这一方程式显然和欧文、费雪教授的下一众所熟知的方程式有亲缘关系：

$$P\times T=M\times V.$$

但 O 所代表的是本期产品，而 T 则不是产品量而是交易量，M_1，V_1 代表收入存款以及其流通速度，至于 M,V 则是现金及其流通速度。[①]

① 费雪型的数量方程式将在第 14 章中作进一步讨论。

第十一章　平衡的条件

一、零利润的条件

在前一章中我们已经看到，由于利润（Q）是本期产品价值与其生产成本 E 的差额，故得：

$$Q = I - S;$$

所以企业家是获利还是亏损，就要看本期投资的货币价值大于还是小于本期储蓄而定。

因此就可推论出：利润＝产品价值－生产成本＝投资价值－储蓄；利润不但是生产成本与产品价值之间的差额数字，而且也是储蓄与净投资价值之间的差额数字（两项全都以货币计算）。

这些利润（不论正负）是由两种因素构成的，在本书 130 页上我们称之为 Q_1 和 Q_2 . Q_1（$= I' - S$）是消费品产品的利润，Q_2（$= I - I'$）是投资品产品的利润。

平衡状态要求 Q_1、Q_2 与 Q 都是零。Q_1 与 Q_2 之中只要有一项不是零，就有一类企业家会受到刺激增加产量。如果总利润 Q 不是零，企业家就会尽可能改变他们在给定报酬率下为生产因素所提供的总投入量，至于这种改变是增加还是减少，就要看这种利润是正利润还是负利润而定。于是 W_1 便在不平衡状态中，P 因之也就在不平衡状态中。这种情形当利润（不论是 Q_1 还是 Q_2）没有恢复为零时就将继续存在。

因此，货币购买力的平衡条件要求银行体系必须调节其放款率，使投资的价值等于储蓄。不然的话，企业家在正利润或负利润的影响下，就会提高或降低（视情形而定）他们为生产因素所提供的平均报酬率 W_1，而且可供他们支配的银行贷款的数量多寡也会促使他们这样做。但平衡条件也要求新投资的成本等于储蓄，否则消费品的生产者便会在盈利或损失的影响下力图改变其生产规模。

因此，在平衡状况下，本期投资的价值和成本都必须等于本期储蓄量，利润必须等于零。在这种情况下，货币购买力和全部产品的价格水准就会全都等于生产因素的货币效能报酬率（即 $P = \Pi = W_1$）。

读者可以看到，零利润的条件就意味着总利润等于零。因为整个物价水准的稳定性和某些企业家或某一类企业家的利润是正利润或负利润的情况是完全可以相容的。正如同它和个别商品的价格上涨或跌落可以相容一样。

因此，货币购买力的长期表现或平衡数便等于生产因素的货币效能报酬率。而实际购买力则根据本期投资的成本少于还是多于储蓄而在这一平衡水准上下摆动。

本书有一个主要目的是说明，我们在这儿对于物价水准变动的实际方式找到了一个线索，不论这种变动属于围绕着一个稳定的平衡水准的上下摆动，还是属于从一个平衡状态过渡到另一个平衡状态都同样有效。

在符号货币制度下，一般说来，银行体系可以通过贷款的规模和条件决定实业界的投资率。同时，社会各成员对于货币收入有多少应用于消费，多少应当用来储蓄的决策的总结果，则决定着储蓄率。因此，假定效能报酬率不自动涨落时，那么，由于银行体系让投资率超过或低于储蓄率，物价水准就会上涨或下跌。但如果企业家与生产因素之间盛行的契约是按劳动报酬率 W 订定的，而不是按效能报酬 W_1 订定的（现存的契约一般也许在两者之间），那么趋于涨落的便是 $\frac{1}{e} \times P$，这儿的 e 正和前面一样，是效能系数。

但投资与储蓄之间的这种差额便在利润率上造成了一种不平衡状态。因此，下一阶段的讨论（在第四部中提出）便将进一步说明，除非银行体系采取步骤予以遏止，这种利润的不平衡将怎样影响基本方程式的第一项，最后使货币效能报酬率（或劳作报酬率）趋于上涨或下落（视具体情形而定），一直达某一点，使银行体系可以建立一个与控制本身的标准相容的新平衡位域时为止。

二、利率或银行利率

现在就可以清楚地看出，银行利率（更严格地说是利率）的变化能够以什么方式影响货币购买力。

投资的吸引力要看企业家预计从本期投资上所能得到的预期收入相对于他为了提供生产资金而必须付给的利率多少来决定。换句话说，资本品的价值取决于使资本品的预期收入资本化时的利率。也就是说，当其他条件相等时，利率愈高（比方说），资本品的价值就会愈低。因此，如果利率上升的话，P' 就会趋于下降，这样就会使生产资本品的利润率降低，因之就会阻碍新投资。由此看来，高利率会使 P' 和 C 都减小，这两个符号一个代表资本品的价格水准，另一个代表资本品的产量。从另一方面说来，储蓄率却会受到高利率的鼓励和低利率的阻抑。因此，在其他条件相等时，利息率的增加就会使投资率相对于储蓄率而言减少（不论是用价值来衡量还是用成本来衡量都是一样）；这就是使两个基本方程式的第二项都向负的方面移动，以致使物价水准趋于跌落。

按照维克塞尔的说法，使我们第二个基本方程式的第二项成为零的利率最好是称为自然利率，实际通行的利率则称为市场利率。由此看来，自然利率便是使储蓄和投资价值刚好平衡因而使全部产品的价格水准（Π）刚好符合于生产因素货币效能报酬率的利率。从另一方面说来，市场利率每次偏离自然利率时，都会使第二基本方程式的第二项偏离零而造成物价水准的波动。

因此，我们便得到了一般数量方程式所不能提供的东西；也就是简单而直接地解释，银行利率的上升为什么会在它改变实际利率的范围内，使物价水准降低。在第 13 章和 37 章中，我们将再回过头来更完整地解释银行利率的理论。

三、膨胀与紧缩

我们已经看到，有两种主要类型的变动可以影响物价水准。这两种变动各个相应于第一基本方程式的两项，其中的第二项可以分成两部分。效能报酬率 W_1 可以有涨落。这种涨落相当于基本方程式第一项的变化，我们将称之为收入膨胀(或紧缩)。大于零或小于零的总利润 Q 可能由于储蓄与投资价值不相等而上涨或下落，我们将称之为利润膨胀(或紧缩)。

同时，由于 $Q = Q_1 + Q_2$ (这儿的 Q_1 与 Q_2 与本书第 130 页定义相同)，所以利润膨胀(或紧缩)便等于 Q_1 与 Q_2 两项之和，我们将分别称这两项为商品膨胀(或紧缩)和资本膨胀(或紧缩)。因此，根据上面提过的 Q_1 与 Q_2 的定义来说，商品膨胀便可以衡量出流动消费品相对于生产成本的价格变动；资本膨胀则可以衡量出资本品相对于生产成本的价格变动。但在往下的讨论中，我们主要是谈收入膨胀与利润膨胀，很少需要把后者分为商品膨胀与资本膨胀等两个组成部分纳入我们往下的讨论。

由此可以推论出，全部产品价格水准 Π 的变动等于收入膨胀与利润膨胀的总和。货币购买力 P 的变动则等于收入膨胀与商品膨胀的总和。我们可以看到，资本膨胀或紧缩本身并不会影响货币购买力，因为投资成本 I' 不会受到这种变化的影响；它对于货币购买力的影响的意义在于它的存在几乎迟早一定会影响到资本品的产量，因而产生商品膨胀或紧缩。

四、变化的因果方向

要紧的是读者必须认识到，我们在上面对利润所下的定义以及对产品总价值在我们所谓的收入或报酬和我们所谓的利润之间所作的划分，都不是武断的。我们所谓的利润这种实体的基本性质在于它具有零值是当前实际经济界货币购买力平衡的常规条件。由于从实际世界中引入了这一事实，才使我们所选定的特殊基本方程式具有意义，并使这些方程式得以免于单纯恒等式的性质。

在社会主义体系下，生产因素的货币效能报酬率可能由于一纸命令而突然改变。我认为在理论上说来，这种报酬率在个人主义竞争制度之下，可能由于企业家预计即将来临的货币变化的集体预见或工会的突发行动而改变。在本章往后的一节中就可以看到，物价实际上可能由于确定工资的方法或效能系数的改变使实际报酬率相对于效能而言自动发生变化而被改变。但在现存条件下，最常见和最重要的变化原因是企业家所采取的下述行动：他们由于实际得到的正利润或负利润的影响而增加或减少在现存生产因素报酬率下所提供的就业量，因之使这种报酬率上升或下降。因为利润偏离零是现代世界除俄国以外的工业国家中发生变化的主要泉源。将利润率按特定方向改变，就能促使企业家生产这种东西而不生产另一种东西。普遍改变利润率就可以促使他们改变为生产因素所提供的平均报酬。

此外，我们还有一个理由可以认为以上所说的是目前现实世界中变化的正常机制。因为当一个国家的中央通货发行当局希望改变国内的货币收入水准、从而改变货币收入所需要的流通货币量时，它并没有权力下令减少个人的货币收入，唯一有权力下命令的另一种事情就是借贷条件。因此，状况的改变正是通过借贷条件的改变发动的。这种改变影响到资本品生产的吸引力，而这样就会扰动相对于储蓄率的投资率，接着就会推翻消费品生产商的利润率，于是就会使企业家改变他们为生产因素提供的平均报酬率水准，最后就会达到改变货币收入水准的终极目的。这并不是取得这一结果的唯一可以想出的道路，但实际上却是现代世界绝大多数国家一般采用的唯一办法。

因此，一般说来，每一个走向新的平衡物价水准的变化都是利润偏离零所肇始的。上述分析的意义在于证明这种平衡条件与以下两点实质上是相同的：(一)储蓄与投资价值相等，(二)“市场”利率与“自然”利率相等。

因此，如果银行体系能将其放款量加以调节，使市场利率与自然利率相等，那么投资价值就会等于储蓄量，总利润就会等于零，全部产品的价格就会处于平衡水准；而且在货币购买力没有同时处于平衡水准之前，就将有一种动机使生产资源在消费品与生产品之间移动。因此，购买力稳定的条件是银行体系必须按照这种方式和标准采取行动。然而我们必须承认，在短期内这并不永远是实际可行的，因为自然利率在短期内有时会发生极度的变动。

五、企业家的行为

在以上所说的情形中，企业家在安排未来的营业时，似乎完全是受出售本期产品时的损益情况的影响。但由于生产需要时间(在第六篇中我们将要强调指出，所需时间在许多情形下还是很长的)，而且企业家在生产过程开始时可以预测储蓄与投资之间的关系在这个生产过程的期末对于他们产品的需求可能发生的影响，所以他们在决定生产规模以及值得为生产因素提供多少报酬时，显然是受新营业预期将会获利或损失的影响，而不是受刚完成的营业的实际盈利或损失的影响。因此，严格地说来，变化的主要泉源应当是预期利润或损失，而且银行体系也正是由于造成适当的预期才能影响物价水准。诚然，大家都知道，银行利率的变动在改变企业家行动方面之所以能见速效，有一个原因就是这些变动所产生的预期。因此，企业家有时在作为其行为根据的价格变化尚未实际产生前就开始行动了。举一个预计价格跌落的例子来说：由于降低成本或降低产量可以使单个的工业企业借以防止亏损或对待恐将发生的价格跌落，所以每一个企业都会希望用这种方式来避免损失。然而要不是全体企业家完全停止生产，那就不论他们怎样降低成本和减少生产，只要储蓄超过投资正式成为事实，企业家就不可能全体都避免损失。

此外，广泛流传的预期，虽然除开本身之外没有其他根据，但在短期内却可能自己证实自己。因为企业家活动减少时，所需的营运资本就减少，因而使投资减少；活动增加则会有相反的效果。

然而关于这类问题的正确预测仍然非常困难，所需的资料也比一般可能得到的要多得多。所以企业家一般的活动事实上主要还是根据流行的经验决定的，此外再对银行利率、信用供应和外汇状况等方面的变动可能引起的后果作出广泛的概括，予以补充。同时，根据不正确的预测所作出的行动在性质相反的实际经验下是不可能长期存在的，所以除非预测和事实符合，否则很快就会被事实所否定。

因此，当我说储蓄与投资的不平衡是变化的主要泉源时，意思不是否认企业家的活动在任何时候都是根据经验与预测的混合作用决定的。

还有一桩事情也是值得顺便一提的。当一个企业家不论由于什么原因而对前景感到灰心的时候，他就可以在下述两条道路中任择其一或兼采其二：他可以减产，也可以减少他对生产因素所提供的报酬以便降低成本。这两种道路如果被全体企业家采用的话，便没有一种能使他们全体的损失有些微的减少，只是可以间接地减少储蓄或者让（使）银行体系放松信用条件因而增加投资，但这两点都不是企业家本身所想望的。从另一方面说来，两种方法都可能由于减少投资成本而加重他们的损失。然而这两种方法实际上都会投合他们的胃口，因为任何一类企业家如果能以超过一般的程度采用其中的一种方法，他们就可以保护自己。如果要严格地讨论某一个或某一类企业家在短期内采取某一种方法的程度严格说来是由什么条件决定的，就会使我过深地陷入短期经济现象的错综复杂的理论中去。在这儿我只要把前面第 117 页上已经提出的一个说明再重复一下就够了。也就是说，在目前的分析中，关于实际或预测的盈亏必须经过多长时间才能对企业家的行为发生充分的反应，我们并无需作任何具体的假定。只要储蓄与投资之间的不平衡的一般趋势是上述意义下的趋势，而且如果原因持续存在，这趋势迟早会实现就够了。关于储蓄与投资的分离在量的方面对市场流行的物价水准所发生的影响，我们所作结论的正确性绝不会在任何方式下受到本节所述任何限制条件的影响。

六、对外平衡的条件

以上我们叙述自己的说法时，就好像是在讨论一个**封闭体系**

一样,这种体系不可能和外在世界发生买卖和借贷关系。但现代世界的典型现象是,货币体系被提出来作讨论的国家不但要和外界买卖货物,而且要和外界具有同一种货币本位,并和外界发生借贷关系。

但要把我们的说法推广到基本方程式的项目尚未作出充分阐明的国际体系上去时,并不需要增添什么。主要的结果是引入一个新增的平衡条件。

命 L 与 B 分别代表第 122 至 123 页的定义下的“对外收支差额”与“对外贸易差额”;G 代表黄金输出量;S_1 代表总储蓄量 S 与 L(L 不以输出黄金的方式弥补,我们将称之为国内储蓄量)的差额;I_1 代表总投资价值 I 和我们所谓的国内投资价值 B 之间的差额;I'_1 代表 $I_1—Q_2$(我们称之为国内投资“调整”成本)。这样就可以得到:

$$L = B + G,$$

$$S_1 = S - L + G,$$

$$I_1 = I - B,$$

因此, $$I - S = I_1 - S_1 \ ;$$

同时, $$I_1 - I'_1 = Q_2 = I - I',$$

$$I' - S = I'_1 - S_1.$$

这样我们就可以在基本方程式中用 $I_1 - S_1$ 来代替 $I - S$,用 $I_1' - S_1$ 来代替 $I' - S$.由此看来,全部产品物价水准的平衡要求国内储蓄量必须等于国内投资价值;而货币购买力的平衡则要求国内储蓄量必须等于国内投资调整成本。这种调整成本就是国内投资的实际成本减去对外贸易差额的利润,也就是减去 B 的价值超过其成本的数额。根据第 122—123 页上的定义，I 计入了黄金出进口的数额，但 I_1 则没有。也就是说，I 等于国内投资、对外投资收支差额和黄金进口的总和。

这些都是对内平衡的条件，但当我们所讨论的不再是一个封闭体系时，便也需要一种对外平衡的条件。当黄金不断地流出或流入一个国家时，这种平衡显然就不可能存在。因此，对外平衡的条件便是 $G=0$，也就是 $L=B$，因之对外投资价值（即对外贸易差额价值）便和对外投资收支差额相等。

因此，完整的平衡要求 $I_1=S_1$、$I_1=I'_1$ 和 $L=B$.

关于这种对外平衡条件的含义，我们将在下面第 21 章中讨论。但有一两个一般的结论不妨在这儿提一提。

首先，在任何给定的情形下，对外贸易差额量取决于进入国际贸易的货物与劳务在国内外的相对物价水准。从另一方面说来，对外投资差额量则取决于国内外的相对利息率（当然要根据风险的变化等加以校正，以便代表贷款的实际利益）。但这两者之间并没有直接或自发的联系。中央银行也没有任何直接的方法来改变相对物价水准，它的武器就是改变利率与一般贷款条件的权力。因此，当国外物价水准或外国借款者需求（也就是他们在给定利息率下借款的迫切程度）发生变动而又没有反映为国内的相应变动时，中央银行维持对外平衡的唯一办法就是改变国内放款条件。但如果在旧的贷款条件下 $I_1=S_1$，那么在新的条件下这两项就会不相等。所以求得对外平衡的做法的第一个效果就是造成对内的不平衡。在第 13 章中我们将说明，中央银行沿着这些方向所采取的行动最后可以产生一种新的状况，使对内和对外平衡同时恢复。但这并没有消除一个事实，即两种平衡条件起始时有不协调的倾向。

其次，对于黄金等国际通货体系说来，中央银行的基本任务就是保持对外平衡。对内平衡必须随机而定。更恰当地说，我们迟早必需迫使国内状况和国外状况形成平衡。因为法律规定，中央通货发行当局有责任使国内通货和国际贸易的本位保持平价，这种责任和对外不平衡状况长期存在是不相容的，然而关于对内平衡却没有相应的具有约束力的责任存在。当中央通货发行当局规定必须以货币本身以外的任何客观标准保持其货币的平价时，上述说法在或大或小的程度内也可以应用。

但一个国家支配国际金融局势，使对外平衡状况适应其对内平衡条件的程度；以及它不顾对外不平衡，以保持其对内平衡(听任黄金自由出进)的时间长短，在不同情形下是有很大差别的，取决于其金融力量中的许多因素。欧战前的英国和欧战后的美国都有相当大的力量影响国际形势，使之适合自己。自从1924年以来，法国和美国便是可以在一连很长时期内不顾对外平衡而维持对内平衡的例子，英国则是被迫不顾对内平衡以维持自行加上的对外平衡的例子，这种对外平衡和它的当时国内状况是不协调的。

对国内条件与对外平衡可能发生的不协调的剧烈程度取决于对外收支差额相对于总储蓄量来说是不是大，是不是能感受国内外相对利率的微小变动，对外贸易差额量是不是能感受国内外相对物价水准的微小变动等。这种不协调状况的存在时期则要取决于改变国内的货币生产成本的难易如何。如果对外投资收付差额、对外贸易差额与国内货币生产成本等全都很容易分别感受利息率、物价和就业量的微小变化的影响，那么同时维持对内与对外平衡便不成什么困难问题。我认为，十分流行的理论太轻易地假定上述易感性的条件在现代世界中实际上已经满足了。但这种假定是不稳妥的。在某些国家中(并非所有的国家)，对外投资收付差额很容易受影响，大多数国家的货币生产成本对于上涨的变动则很少显示出抵抗力。但在许多国家中，要使对外贸易差额增长以便应付国外局势的变化时，却是并不那么容易的；货币生产成本要发生降低的变动时，情形也是这样。

在欧战前的时期里，人们除了对外平衡的条件以外很少管其他的问题。但战后以来，由于有关货币管理以及稳定货币购买力的重要性的观念有了发展，所以人们就更普遍地关怀到对内平衡的保持，而没有清楚地认识到两者在多大程度内可以相容。但这一问题必须留待后面的章节里再作进一步的讨论。

七、由于报酬的“自发”变化而产生的物价水准变化

在前几节中，我们都假定，效能报酬率一般不会发生所谓“自发”的变化，而只会在企业家受到盈利或亏损的影响以致改变他所提供的报酬时才发生变化。但这并不是全部情形，现在我们必须加以补充。

如果货币报酬率一律根据产量订，形成一种计件工资，以致随着效能系数的每一种变化而自动增减，那么前面关于物价变动因果关系的论述就无需补充什么了。

从另一方面说来，如果货币报酬率一律按劳作计算，成为一种计时工资，以致不论效能系数有什么变化都维持不变，那么假定投资与储蓄平衡的话，物价水准就会随着效能的每一次变化而成反比变化。也就是说，物价水准将有一种自发的趋势与效能的变化沿相反方向发生变化，由于投资与储蓄之间的差额而产生的任何进一步的变化都是叠加在这种变化之上的变化。

实际上报酬整个说来可能是确定在劳作基准和效能基准之间。如果像前面一样，用 W 来代表劳作报酬、用 W_1 来代表效能报酬，并用 W_2 来代表实际报酬；那么如果实际报酬在劳作基准方面按比例 a 确定，在效能基准方面按比例 b 确定，就可以得到 $W_2 = (a \times e + b)W_1$，这里的 e 是效能系数。在这种情形下，P（或 II）就会由于企业家利润变化以外的其他原因而产生一种趋势与 $(a \times e + b)$ 的变化自发成反比地变化。

读者应当看到，平均报酬率方面的变化本身并没有直接造成盈利或亏损的趋势，因为当通货发行当局让变化发生而不设法遏阻时，企业家在支出方面的变化始终会由于收入方面的相应变化而得到补偿，后者是物价水准成比例的变化所造成的。但如果报酬率方面趋于发生的自发变化所需的货币供应与通货发行当局的看法不符，或与其能力的限度不符，那么通货发行当局为了弥补局势就不得不运用其影响，使投资与储蓄之间失去平衡，因而诱使企业家以一种方式改变其对生产因素所提供的报酬，以便抵消报酬率方面所发生的自发变化。

这样一来，上面所谓的效能报酬率的“自发”变化以及物价水准由于工资体系（其中包括工会的力量与活动）的性质而发生的

“自发”变化，跟下面所谓的“引发”变化，便很容易分别了。这种引发变化是通货发行当局允许或促使投资与储蓄之间发生差额，使盈利或亏损出现而引起的。如果所发生的自发变化不适于通货发行当局，它唯一的补救办法就是促成程度相等而方向相反的引发变化。

由于本书是货币论而不是工资体系论，所以往下我们更加注意的便是引发变化的周密分析而不是自发变化的周密分析。此外，与通货情况不相容的自发变化虽然亟宜认为是迫使通货发行当局不时有意地推翻投资与储蓄——的平衡的一种可能情形，但从分析方面来说，这种情形却很容易和另一种情形互相混淆。所谓另一种情形是：迫使通货发行当局推翻投资与储蓄的平衡的货币状况不是效能报酬率发生了自发性变化，而是效能报酬率的现存水准不再与货币状况相容（可能是由于国外的变化）；这种情形在具有未管理的国际通货体系的国家中是非常常见的，往下我们还要相当详细地加以讨论。同时，引发变化在短时期内很可能比自发变化更重要得多，这也是我们在往下的大部分讨论中可以只注意前者的另一理由。

最后，我们在这里不妨谈谈以上的论述对于物价稳定问题的意义。

如果我们对于报酬（或工资）体系以及通货体系都能完全加以控制，以致能凭一纸命令改变报酬率，并可以使货币供应适应于下令规定的报酬，同时还可以控制投资率，那么我们便可以在货币购买力、货币劳动支配力等等之中任便稳定一种，而不致产生社会或经济摩擦，或是引起浪费。

从另一方面说来，如果我们所能控制的是报酬体系而不是通货体系，那么我们就无力决定平衡物价水准将成为什么样子，最多只能运用自己的力量保证外界力量支配我们得出的平衡报酬率在出现时只产生最小量的摩擦与浪费。也就是说，我们最好是把报酬率固定在一个水准上，使它无需在任何程度内扰动 I 与 S 的相等关系而与通货状况相配合。

但如果我们对通货体系至少可以作部分控制，对报酬体系则不能控制（货币改革者一般所假定的情况就是这样），以致能有一些力量决定平衡物价水准与平衡报酬率将成为什么样子，但除了运用引发变化这种机制以外就没有力量造成这种平衡；那么我们选择标准时最好是考虑一下什么最适合于报酬体系的实际状况所特有的自发变化的自然趋势。

比方说，当报酬体系任其自然发展时，如果更趋近于稳定的效能报酬而不趋近于稳定的劳作报酬，那么我们也许最好是稳定货币购买力。如果事情正好相反的话，我们便最好是稳定货币的劳动支配力。如果由于工会的力量，或者仅只是由于人们倾向于通过货币看问题，并认为货币报酬的增加就是景况的改良，因而使货币报酬率趋于上升时，那么在效能上升的进步社会中最好是稳定货币购买力，在效能降低的退化社会中最好是稳定货币的劳动支配力。

无论如何，我们在决定怎样做法最好时，必须斟酌以上根据社会方便以及避免损失与浪费等观点出发所提出的考虑事项，同时要斟酌社会的公正问题。

我个人多少认为（还没有得出最后的结论），只要物价水准变化率始终保持在一个狭小的范围内，那么要紧的是求得一种可以尽量避免引发变化的必要的体系，而不是根据任何严格的原则来稳定物价水准。至少首先要做到的是这样。因为除了滥用失去一切凭依的不兑现纸币以外，所有可能想象的体系中最坏的一种就是银行方面不能纠正投资与储蓄之间开初朝一个方向、接着又朝另一个方向的周期性偏离；同时报酬的自发变化趋于上升，而货币的变化则由于黄金相对缺少而趋于下降，以致即使抛开来自投资方面并叠加在它们之上的变动以后，也必须周期地造成引发变化，其程度不但要足以抵消自发变化，而且要足以使它们逆转。然而我们今天所具有的体系却可能正好是这一种。

这种思想路线预示了许多将要出现的东西。如果读者还没有十分弄清楚的话，那么当他回头来再念的时候就很容易找出头绪来。

第十二章　再说明储蓄与投资的区别[①]

一、储蓄与投资

在前面几章中，我们一方面讨论了社会的报酬或货币收入以及将它分成两部分的情形，其中有一部分由收受者花在本期消费

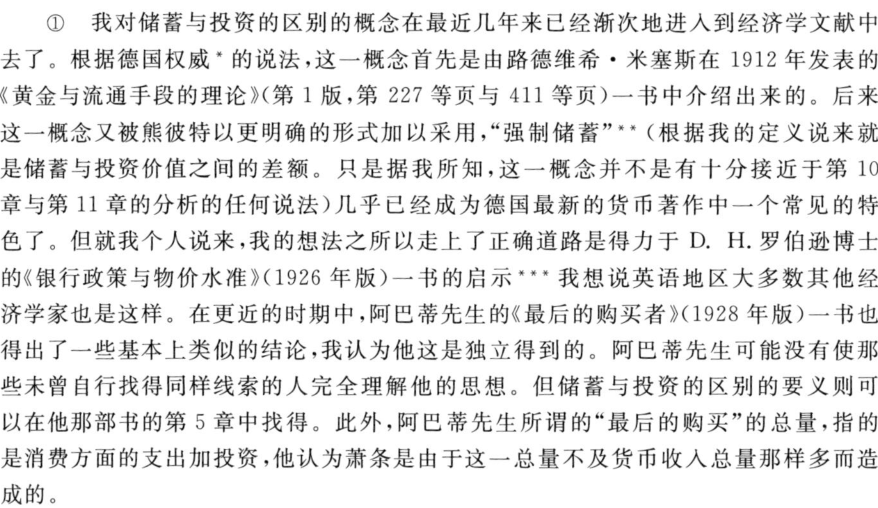

① 我对储蓄与投资的区别的概念在最近几年来已经渐次地进入到经济学文献中去了。根据德国权威*的说法，这一概念首先是由路德维希·米塞斯在 1912 年发表的《黄金与流通手段的理论》(第 1 版，第 227 等页与 411 等页)一书中介绍出来的。后来这一概念又被熊彼特以更明确的形式加以采用，“强制储蓄”**(根据我的定义说来就是储蓄与投资价值之间的差额。只是据我所知，这一概念并不是有十分接近于第 10 章与第 11 章的分析的任何说法)几乎已经成为德国最新的货币著作中一个常见的特色了。但就我个人说来，我的想法之所以走上了正确道路是得力于 D. H. 罗伯逊博士的《银行政策与物价水准》(1926 年版)一书的启示***我想说英语地区大多数其他经济学家也是这样。在更近的时期中，阿巴蒂先生的《最后的购买者》(1928 年版)一书也得出了一些基本上类似的结论，我认为他这是独立得到的。阿巴蒂先生可能没有使那些未曾自行找得同样线索的人完全理解他的思想。但储蓄与投资的区别的要义则可以在他那部书的第 5 章中找得。此外，阿巴蒂先生所谓的“最后的购买”的总量，指的是消费方面的支出加投资，他认为萧条是由于这一总量不及货币收入总量那样多而造成的。

* 参看哈恩先生在《国家科学手册》，第 4 版，第 5 卷，第 951 页上发表的“论信用”一文，以及熊彼特的《经济发展理论》(1926 年第 2 版)第 156 页。这些参考文献是由米塞斯自己在《黄金的稳定与市场的政策》(1928 年版)第 45 页上提出的。

** “Erzwungenes Sparen”或“gezwungenes Sparen”。我认为在这里最好不要用“储蓄”一字。请进一步参看下注。

*** 我不大喜欢罗伯逊先生的“自动缺乏”一词，而宁愿单纯用“缺乏”一词来代替他的“自动缺乏”，并用“储蓄”来代替他的“自发缺乏”，至于他的“引发缺乏”则没有特别的词代替。从另一观点出发，我们也许可以说“投机活动”对于企业家的关系相当于“缺乏”对于所得收受者的关系。

上，另一部分则被“储蓄”起来。从另一方面说来，我们也讨论了一个社会的实际货物与劳务的产量以及它们分成两部分的情形。其中有一部分是进入市场卖给了消费者，另一部分则用于“投资”。因此，“储蓄”便与货币单位有关，而且是个人货币收入花在本期消费上的货币支出之间的总差额。至于投资则与货物的单位有关。本章的目的就是要进一步说明两者之间的区别何在。

储蓄是各个消费者的活动，其内容是消费者不把全部本期收入用于消费的消极行为。

从另一方面说来，投资则是企业家的活动（他们的作用在于对非消费品的较量作出决定），其内容是发起或维持某种生产过程，或是保持流动资本等积极行为。它是用财富的净增量来衡量的（其形式不论是固定资本、营运资本或流动资本都一样）。有人也许认为（实际上常常如此）投资量必然等于储蓄量。但我们只要回想一下就会发现，如果把企业家的意外利润与损失不包括在收入与储蓄之中时（根据前述理由，这是必须的），实际情形就不是这样了。

目前我们先把贮积品发生变化的可能性略去不计，往后我们将看到，这种可能性和其他因素变化的可能性相比时实际上往往是很小的。这就等于是假定，可用产品是不耐久的。在这种情形下，消费量就刚好等于可用产品量。但总产品中可用量的比例明确地是根据企业家对投资量的决定而确定的。所以当投资量是正数时消费量就会少于产品量，与储蓄量完全无关。当投资是负数时，消费量便会超过产品量，也与储蓄量完全无关。总之，资本的增减，取决于投资量而不取决于储蓄量。

如果我们考虑一下个人不把货币收入花在消费方面所发生的情形时，就可以清楚地看出，储蓄的出现可以没有任何相应的投资出现。个人怎样运用剩余款项，与投资完全无关，不论是存到银行里，还是还债，抑或是购买房屋或证券，只要企业家没有随着增加投资，结果总是一样。那时，市场上便减少了一个消费品的购买者，结果使消费品价格下跌。这种价格跌落就增加了社会其余部分的货币收入的购买力，因之就使他们能增加自己的消费，其增量等于节约者放弃的量，而他们所花费的货币则和以前一样。但如果这些人这时也进而相应减少其消费方面的货币支出，因而增加其储蓄，这样的效果只会使他们实际花费的所得余额的购买力进一步增加。

这时，储蓄者个人是更富有了，增量等于他们的储蓄量。但生产消费品的人销售本期产品时的价格却比没有这些储蓄时低，财富也就照数减少了。因此，在这种情形下，储蓄不会使财富总量增加，而只会引起双重的移转。一方面是消费品从储蓄者转移到消费者整体中去，另一方面则是财富从生产者整体方面转移到储蓄者手中去，但消费总量和财富总量则保持未变。因此，用罗伯逊先生的话来说，储蓄是“无用的”。财富并没有在任何相应于储蓄增加的方式或形式下增加。储蓄的结果只是在消费者之间以及有权保有财富的人之间引起变动或转换，它被生产消费品的企业家的损失抵消了。

从另一方面说来，如果投资和储蓄同时发生，那么消费者的支出和生产者的可用产品便会在原先的价格水准上保持平衡。因为如果投资的形式是固定资本或营运资本增加而不随之增加就业人数，投资由等量的储蓄所抵消，那么生产者消费品的产量便会由于投资行为而减少，其程度和消费者因储蓄而减少他们对这类货物的支出量相等。投资的形式如果是增加营运资本并随之增加就业量与生产因素报酬量，投资量由等量的储蓄抵消，那么储蓄者所减少的消费支出便会刚好被生产因素增加报酬后等量增加的消费支出所抵消。

最后，如果投资超过储蓄，那么根据前面的说法就很容易看出，消费者的支出相对于生产者消费品的产量而言就会增加，其结果是消费品涨价。超过储蓄量的新投资之所以能出现，不是由于不花费货币收入、自愿节省消费而来的；这是由于货币收入价值减少，引起了非自愿的节省而来的(也就是罗伯逊先生所谓的“自动缺乏”)。

如果未来产品之流在某一日期成为可消费与不可消费形式的比例是由该日期上决定“储蓄”量的人决定的，那就没有问题发生了。但如果是由不同的人决定的(事实上正是这样)，那么除非可以变化贮备品数量以取得调整，否则整个社会资本品的净增量就会或多或少地和个人的现金储蓄总量发生差额；这种现金储蓄总量就是个人的现金收入不用于消费的部分。

当我们想到收入不包括利润或损失时，关于这一点就无需感到矛盾。说明储蓄与投资价值之间这种神秘差额的，正是上述的利润或损失，须加认识的关键问题也正是这一点。一个人的储蓄行为要不是使社会上其余的人增加投资，就是使他们增加消费。进行储蓄本身并不能保证资本品贮量相应地增加。

二、一个例证

要是打一个比方或举一个例子来说明，也许能使这一结论更清楚，至少也可以使它更生动。我们不妨假设有一个社会具有香蕉园，而且除了种植与采集香蕉以外什么也不做，除了香蕉以外什么也不消费。此外，我们再假定这儿的投资与储蓄是平衡的，意思是说，这社会不用于香蕉消费而用于储蓄的货币收入，和进一步发展香蕉种植园的新投资的生产成本相等。同时，香蕉的售价和包括企业家正常酬金在内的生产成本相等。最后，我们不妨再假定成熟的香蕉不能保存到一两个星期以上，这一点是很说得过去的。

后来有一个节约运动进入到这个伊甸乐园里来了，敦促公众约束欠慎重的办法，不要把所有的本期收入几乎都用来购买香蕉供日常食用。但这时新种植园的发展由于下列原因中的一种而没有相应的增进：(一)可能是企业家和储蓄者都受到审慎考虑的影响，由于恐怕将来香蕉生产过剩、价格水准跌落而没有作新发展；(二)可能有技术原因存在，使新发展不能超过一定的速度；(三)这种发展所需劳动高度专业化，不可能从一般采集香蕉的劳工中取得；(四)发展所需的初步准备和它最后需用大量支出的日期之间有一段相当大的时间间隔。那么在这种情形下，会发生什么结果呢？

送上市场的香蕉还会和以前一样，而本期收入中用于购买香蕉的钱却由于节约运动的缘故而减少了。由于香蕉不能保存，它们的价格便必然会下跌，跌落的程度会和储蓄超过投资的程度成比例。[①] 因此，公众还会和以前一样消费全部的香蕉收成，但价格水准却减少了。这是再好不过的事。或者说，表面上看来是再好也没有了。节约运动不但可以增加储蓄，而且可以减少生活费用。公众可以储蓄货币，但无需克制自己去不消费任何东西。他们消费的东西将刚好和往常一样，而节约的美德则将得到丰富的报偿。

但这还没有到最后的阶段。由于工资仍然没有变，唯有香蕉的售价降低了而生产成本却没有降低。所以企业家便会遭受反常的损失。在这种情形下，储蓄的增加绝没有使整个社会的总财富增加一点点。这仅只是使财富从企业家的口袋里转移到一般公众的口袋里。消费者的节约将直接或通过银行体系的中间作用而被用来弥补企业家的损失。这种情形继续存在就会使企业家设法解雇工人或降低工资，以便保护自己。但纵使是这样也不会使他们的景况改善，因为生产总成本减少多少公众花费金钱的能力就会随着减少多少。不论企业家将工资减少多少，或将工人解雇多少，当社会的储蓄超过新投资时，他们仍然会继续遭受损失。因此，除了下述三种情形以外，就不可能有平衡的位域出现：(一)所有的生产停止，全体人民饿死；(二)节约运动由于景况日见贫困而被取消或逐渐终止；(三)投资用某种方法加以刺激，使其成本不再落后于储蓄率。

三、关于过度储蓄的理论

有一类理论把信用循环的现象归之于所谓“过度储蓄”或“消

① 香蕉可以保存的情形将在第十九章中详细讨论。我们将发现，那种情形和上述情形的差别将不如预计的那样大。

费不足”的作用，这是经济学家所熟悉的说法。我认为，从根本上说来，这些理论和我自己的理论有一些近似之处，但并不像初看起来让人认为的那样接近。布尼亚齐安以及受他影响的欧洲著作家，英国方面的霍布森，美国方面的福斯特与卡钦斯先生等，都是这一派思想中最著名的领袖人物。如果过度储蓄与过度投资两名词的意义和我所赋予的一样，那么他们的理论实际上便不是关于这两种现象的理论。也就是说，他们和储蓄超过投资或投资超过储蓄的事无关。他们所关心的不是储蓄与投资的平衡，而是资本品的生产和这种产品的需求之间的平衡。他们认为信用循环这种现象的原因是资本品周期生产过剩，结果使这些资本品所促进的消费品产量大于公众手中所握有的购买力在现存物价水准下所能吸收的量。

这些理论和我的理论如果有任何可以调和的地方，也只是在于事物发展过程的往后阶段。因为在某些情形下，投资率落后于储蓄率的趋势将由于上述意义下的过度投资所引起的反作用而出现。但这些理论认为，现存的财富分配趋向于产生大量储蓄，大量储蓄又导致过度投资，过度投资则将导致消费品生产过多；从这一方面说来，他们的领域和我的理论领域是完全不同的。因为根据我的理论说来，麻烦的根源在于大量的储蓄不能相应导致大量的投资，而不是能相应地导致大量的投资。

当正统派经济学家满足于把整个这一非常真实的问题几乎完全撇开不谈时，霍布森先生和其他一些人却设法分析储蓄与投资对于物价水准和信用循环的影响，这是值得推许的。但我认为他们并没有能把自己的结论和货币理论或利息率所起的作用联系起来。

四、上述说法的总结

在这一阶段，我如果设法牺牲一些精确性，把以上几章的说法作出一个大致的总结，对于读者说来也许是有帮助的。

任何时期中的全部产品的物价水准都是由两种物资构成部分组成的，一部分是消费物资的物价水准，另一部分是增加资本贮备量的物资的物价水准。

在平衡状态下，这两种物价水准都是由生产的货币成本决定的，也就是由生产因素的货币效能报酬率决定的。

消费物资的物价水准实际上和生产成本是否相等，要取决于社会收入用于消费的比例是否等于社会产品采取这种消费品形式的那一部分所占的比例。换句话说，这一点要取决于收入在储蓄与消费支出之间的分配是否等于产品生产成本在增加资本的物资的成本与消费品的成本之间的分配。如果前一种比例大于后一种，那么消费品的生产者就会获利。前一种比例小于后一种时，消费品的生产者就会遭受损失。

这样说来，消费品物价水准（即货币购买力的倒数）究竟是超过还是不足其生产成本数，要取决于储蓄量究竟是不足还是超过新投资的生产成本（即加入资本贮备量的物资的成本）。当储蓄量超过投资成本时，消费品的生产者就会遭受损失。投资成本超过储蓄量时，他们就会获利。

新投资的物价水准又将怎样呢？换句话说，加入资本贮备量的物资的物价水准又将怎样呢？关于这一问题的详细答复，读者可暂时搁在一边，在后面几章中就可以看到。要紧的是必须理解，我在第十章中对这一问题所提出的叙述，不过是打算对这一问题作一下初步讨论而已。大致说来，这一点取决于这些投资在未来的某个日期所能提供的产品的预期物价水准，以及为了获得这些效用的现存资本价值而按之打折扣的利息率。因此，投资品生产者究竟是获利还是受损要取决于市场对未来价格的预期以及现行利息率究竟是对他们变得有利还是不利，而不决定于消费品生产者究竟是获利还是蒙受损失。

然而我们所说的两类物价水准的动态是互相联系而又存在差距的，而且一般说来，两者的方向也相同。因为如果投资品生产者获得利润，他们就会产生设法增加产量的趋势，也就是有增加投资的趋势。而这种趋势则又除非是储蓄刚好按同一比例增长，不然就会使消费品的价格上涨；这一关系反过来说也是正确的。从另一方面来说，如果消费品的生产者获得利润，投资品的生产者则蒙受损失，那么产品就有从后一类型改为前一类型的趋势。除非储蓄刚好按同一比例减少，否则，这种情形就会降低消费品的物价水准，并消灭这方面生产者的利润。因此，这两类物价水准虽然并非不可能沿相反的方向变化，但预计它们沿相同方向变化的看法却更加自然。

首先，我们不妨依据因果系列往前推演，然后再往后推演。为了叙述简单起见，我们限于讨论两类物价水准只朝同一方向变化的情形。

如果全体生产者都获得利润，个别生产者就会设法增加产量以便获得更多的利润。要办到这一点，他们可以按旧有报酬率或用更高的报酬增加投入的生产因素。在第六篇中我们将看到，这两种情形中任何一种都会使总投资成本增加；所以生产者想这样努力获得更多的利润时，至少在最初会加重利润与物价上升的趋势。因此，我们的结论是，一般说来，利润的存在会引起就业率与生产因素报酬率上升的趋势；这种情形反过来说也是正确的。

其次，让我们沿着因果系列往回推演。为了使生产者能够而且愿意以更高的生产成本生产，并增加他们的非消费产品，他们就必须能支配适量的货币和资本资财。为了使他们能够而且愿意支配这种资财，那么支配这种资财所需付出的利息率就不能高到让他们却步不前的程度。他们要借多少银行信贷以便支配足量的货币，就要取决于公众究竟在怎样处理他们的储蓄，也就是要取决于储蓄存款与证券的相对吸引力如何。但不论公众怎样处理法，也不论生产者在产品中增加非消费品部分的动机强弱如何，银行体系总是作为一个平衡因素而起作用的；它通过物价与信用量的控制，就必然能控制用在产品方面的总支出量。

因此，因果系列中的第一个环节就是银行体系的行动，第二个环节是投资的成本（就货币购买力而言）和投资的价值（就全部产品的物价水准而言）。第三个环节是利润或损失的出现，第四个环节则是企业家为生产因素提供的报酬率。银行体系变化银行信用的价格与数量时就可以控制投资的价值；而生产者的盈利与亏损则要取决于相对储蓄量的投资价值；为生产因素提供的报酬率则趋向于随着企业家的利润与损失而上涨或下落。社会产品的物价水准是生产因素平均效能报酬率与企业家平均利润率的总和。因此，将第一项和最后一项放在一起来看，全部产品的物价水准随着银行体系使投资价值超过或不足储蓄的量而在效能报酬率的上下摆动。货币购买力则随着银行体系使投资成本超过或不足储蓄的量而在效能报酬率的上下摆动。

这并不是说，银行体系是这一状况中的唯一因素，最后的结果要由银行体系的政策和其他各种因素联合发生的作用来决定。但由于银行体系是一个按计划行动的自由作用因素，所以便能作为一个平衡因素起作用而控制最后的结果。

如果银行体系以一种方式控制了信用条件，使储蓄等于新投资价值，那么，全部产品的平均物价水准便是稳定的，而且与生产因素的平均报酬率相符合。如果信用条件比这种平衡水准更松，那么物价就会上升，利润就会出现，财富也会由于公众收入的价值降低而比储蓄增长得更快；最后一项的差额将以资本增长量的所有权形式移转到企业家荷包中去。这时，企业家会争相求得生产因素的劳务，后者的报酬率则会增加，直到出现某种情形使实际的信用条件和它们的平衡水准更加接近为止。如果信用条件比平衡水准更紧，物价就会下跌、损失就会出现，财富增加就会慢于储蓄增加，其程度和损失的程度相等；失业接着就会出现，并且会有一种压力使人减少生产因素的报酬率；直到出现某种情形使实际的信用条件和它们的平衡水准更接近为止。

繁荣与萧条简单地说来就是信用条件在平衡位域间上下摆动的结果的表现。

我们将看到，当比较简单的封闭体系用比较复杂的国际体系代替时，其结果是：国内银行体系由于必须维持对外平衡，将被迫订立一种偏离对内平衡水准的信用条件。因此，对外平衡条件可能在一个时候和对内平衡条件不相容。为了恢复或维持完整的平衡，国内状况中的两种要素就必须能变动——不但是信用条件要能变动，而且生产因素的货币效能报酬率也要能变动。

第十三章 银行利率的“作用方式”

一、传统学说

银行利率在物价的基本方程式中没有明显地作为一个因素出现。因此,它不可能直接影响物价水准,只能间接地通过它对基本方程式中实际出现的一种或多种因素的影响来影响物价水准。因此,银行利率的增加会使物价水准跌落之类的说法,除非是同时说明了它对基本方程式中的因素发生什么中间作用,使物价水准下跌,否则我们就绝不能满足于这种说法。

我在第 11 章中已经极简短地预先提出了后面将要提出的解决办法的一般性质。银行利率主要是对基本方程式的第二项发生作用的。它是在储蓄率与投资率之间造成扰动或恢复平衡的工具。因为提高银行利率时就会刺激一项而阻抑另一项,降低时则相反。但这并不妨碍它迟早对于基本方程式第一项发生影响,或对基本方程式的其他要素发生次级的影响,尤其是银行货币量、流通速度和储蓄存款的比例等。

但在没有详细阐述这些概念以前,先把这一已被公认的说法的历史发展和现存状况作一概述也许是有用处的。但这一工作却十分困难。据我所知，在英文文献中还没有对这一问题作过系统研讨。在马歇尔、庇古、陶西格、费雪等人的著作中去寻找是没有用处的。卡塞尔教授的论述虽然比较充实，甚至也没有对其中的因果系列作任何详细的研究。[①] 霍特里所说的比较多一些，但他在这一问题上多少有些不合正统，不能引作这一早经承认的说法的代表人物。但在系统研究方面仍然有一个杰出的例子，那便是维克塞尔于 1898 年在德国发表的《利息与价格》。这部书在操英语的经济学家中所得到的声誉与注意并没有达到应有的程度。维克塞尔的理论在内容与意向上和本书的理论十分相近(比卡塞尔所持的维克塞尔说更接近得多)，虽然我认为他并没有能把他的银行利率理论和数量方程式联系起来。

现代意义下的“银行利率政策”是在 1836—1837 年的货币危机以后和 1844 年的银行法案以前的讨论中产生的。在 1837 年以前，这类概念并不存在。比方说，在李嘉图的著作中便找不出这类的东西来，这一点的解释也不难找到。因为在李嘉图一生的时间中，以及往后一直到 1837 年取消高利贷法以前，利率一直受到最高法定限额 5% 的限制。[②] 从 1746 年 5 月 1 日到 1822 年 6 月 20 日止，76 年间银行利率一直保持为 5% 没有变。从 1822 到 1839 年间，则在 4%—5% 之间作微小变动。1839 年 6 月 20 日定出了 5.5% 的利率(六个星期以后又改为 6%)，这是英格兰银行的官方

① 卡塞尔教授在欧战后的著作中间或有着一些偶然提到银行利率的例子。但我所知道的最系统的研究存在于他的《社会经济学理论》，第 11 章中。

② 我相信，在曼岛，6% 的法定最高利率至今仍然有效。

利率第一次超过5%。[①]

此后90年中发展出来的传统学说是由三股不同的思潮交织而成的，很难分析开来，不同的著作家对每一思潮的着重程度也各有不同。这三种思潮从那一场争论刚一开始时就模糊地出现了。

（一）第一种思潮把银行利率仅仅当成是一种调节银行货币量的手段。作为英格兰银行典型工具的银行利率实际方法就是以这种思潮为基础在19世纪中叶发展起来的。例如奥弗斯顿勋爵[②]（可以说是这一个时期典型的改革人物）便认为银行利率是减少要求银行贴现的正确而有效的方法，因之也就是减少流通量的正确而有效的方法。

这种概念认为，银行利率提高就会伴随出现银行货币量的减少，后者可能是因，也可能是果。至少说，在这种情形下，银行货币量会比银行利率没有提高时少。这关系反过来说也是正确的。因此所谓高额银行利率与物价跌落的关系便可以直接从一般的货币数量理论中推论出来。这种概念的确贯穿着19世纪后期有关这一问题的一切文献。这也是马歇尔在《金银委员会前的证词》中[③]很重要的一部分内容。他虽然相信，新货币主要是通过投机或投机性的投资出笼的，上述概念也仍然是他很重要的一部分内容。[④]

① 关于19世纪的银行利率的详细统计资料以及其与市场利率的关系，请参看吉布森：《银行利率——银行家手册》。

② 《关于英格兰银行各部分立的想法》(1844)参看他的《论文集》，第264页。

③ 例如在官方记录第48页上他说："我个人不把贴现率提到第一位，我自己的看法毋宁是强调市场上货币流通的实际量。"

④ 参看官方记录第52页："作为购买者进入市场的投机家手中的资本增多，就会使物价上升。"

在这之前不久(1886),罗伯特·吉芬爵士对这一问题也发表了一个几乎和马歇尔完全相同的说法。[①] 庇古教授关于银行利率的理论看来几乎完全是承袭马歇尔这一思想而来的。他认为银行利率直接对银行信用量发生作用,因之便根据数量方程对物价发生作用。[②] 霍特里先生在他的《通货与信用》一书中散存的议论,似乎也属于同一种思想路线。[③]

卡塞尔教授也用同样的方式解释,由于银行利率调节着支付手段的供应,所以物价水准便受银行利率调节。从他的《社会经济学理论》第 11 章第 57 节中,我看不出他认识到了银行利率的跌落可以发生使物价水准上升的作用;除非是说,这种现象会使人们供应《新发行的银行支付媒介》或与这种供应有关。他说:“如果银行能像这样使新银行支付媒介投入流通,如果支付媒介量的增长因此而比商品的生产和交换增长的比例大,那么一般物价水准就必然会上涨。”[④]卡塞尔教授的理论所包含的内容或含义是不是比这儿所说的多,我们往后还要回头来讨论。

银行利率的变化与银行货币供应的变化之间的关联,往往或一般说来,是这一状况中的一个因素。但这种关联却肯定并不是一无例外的。它对物价的效果也不和货币供应量的变化成比例。

---

① 见《金融问题论文集》,第 2 集第 2 篇:《黄金供应、贴现率与物价》。

② 例如《工业变动》第 241 页。至少据我理解他的思想是这样。我之所以这样说是因为他对自己的观点没有作清晰或系统的叙述。

③ 见《通货与信用》,第 2 版,第 4 章,第 132 与 133 页。

④ 参看同书(英译本)第 478 页,并参看《经济学中的基本思想》第 128 页。在这上面他说:“支付手段的供应基本上是受银行利率调节的;因此,货币单位的购买力便也基本上受银行利率调节。”

这里面还要补充上许多条件和复杂的情况；补充完整时，这理论也就的确会面目全非了。至少我们可以说，单纯根据这些方向来讨论银行利率是不完整的，并且忽视了一个基本的要素。

（二）第二种思潮是实际银行家一般讨论得最多的思潮。他们主要不是把银行利率政策当成调节物价水准的工具，而是把它当成调节对外投资差额、从而保护国家黄金准备的工具。也就是说，提高银行利率的目的是使它高于其他国际金融中心的现行利率，以便影响国际短期贷款市场，使国际债务差额有利于自己。

把银行利率用于这一目的办法是英格兰银行在 1837 年以后的 20 年中发展出来的实际办法。首先对这一办法的作用情况提出清晰叙述的是戈申在《论外汇》一书中提出的（1861 年初版）。[①]但戈申认为银行利率的变化主要是市场情况的反映，而不是决定市场情况的因素。后来白芝浩在《伦巴底街》一书第 5 章中强调地指出：英格兰银行在决定市场情况时力量达到了多大的限度（虽然“英格兰银行对这一问题还没有为所欲为的专制情形”）。这样才完成了这一说法。

显然，这也是问题的一个重要方面。但怎样和第一种思潮联系的问题却不明显。我还不知道有任何著作家试图在这方面加以综合。此外，至少是从表面上看来，两种思潮还是朝相反方向发展的。因为提高银行利率的目的是吸引黄金或避免损失黄金，所以

---

① 特别参看第 6 章：“关于所谓外汇校正数的评论。”但克拉彭教授促使我注意到图克先生在《物价史》（1838 年发行）的第 2 卷第 296 页上的一段话。其中说，“银行利率的上涨使美国银行的外国证券议价与金融措施的方便条件减少，因而使其范围减小……特别是金融市场的微度压力会……约制美国对我国贷款的放纵程度”。

它的效果是增加信用基础，使之比没有这样做的时候高。有人也许会反对说，银行利率提高只有在中央银行其他资产的减少比它黄金存量的增加多时才有可能实现，所以两抵以后的效果是减少总信用量。[①] 但值得怀疑的是这一点能在什么程度内严格地或无一例外地符合于被观察到的事实，还是个问题。

（三）第三种思潮最为接近我所认为的中心问题。它也是事先经过了许多讨论，但却很少或根本没有在清晰的方式下提出。这种思潮认为银行利率可以在某种方式下影响投资率，至少可以影响某些种类的投资率；在维克塞尔和卡塞尔的说法下，可能还是影响相对于储蓄率的投资率。

我认为，关于这一点最简单的表达法是：提高银行利率就会抑制相对于储蓄的投资，因之就会降低物价；而物价降低则会使企业家的收入降低到正常数目以下，使他们将所提供的就业机会通盘减少。而这一点迟早又会使报酬率按物价跌落的同一比例下降。到那时，就可以建立起一种新的平衡位域。据我所知，还没有一个著作家把物价的跌落和生产成本的跌落这两个阶段清楚地划分开，而是把物价起始的跌落当成了问题的最后阶段。但相对于储蓄而言，抑制投资的做法本身必然会降低物价的问题，原先的著作家究竟有多少认识就更难说了。

① 这也许是传统学说的基本假定。这说法认为，提高银行利率增加信用基础的黄金构成部分时，就会同时缩小整个的信用上层结构。参看韦瑟斯：《货币的意义》，第276与277页。但据我所记得的情形来说，还没有见到有人引证过统计数字测验这一假定的精确性。按照我的理论来讲，这一假定并非普遍正确，而是要有各种特殊条件才能实现。

马歇尔已发表的评述(主要是1887年在金银委员会和1898年在印度通货委员会的证词中提出的),并没有使我对他的论点明确地弄清楚。他肯定已经看到了增加货币供应量是通过降低银行利率来刺激投资(或投机)而对物价水准发生影响的。他的论点在以下三段中说得最清楚:

"如果增添了生金银供应量的话,银行家或其他的人便可以为实业界人物(包括证券掮客在内)提供放宽的贷款条件;因之,人们便成为货物购买者进入市场,兴办新企业、新工厂、新铁路等。"①

"贷款的供应和人们取得贷款的欲望,原先已将贴现率定为8%、6%、5%或2%这类的百分比,然后又额外流入了小量黄金,按其方式进入经营信用的人手中,使供应相对于需求而言继续增长;这时,贴现率便会跌落到平衡水准之下去,不论这水准怎样低都一样,因之便会刺激投机……这种新贴现率由于使资本流入不愿在旧率下而只愿在新率下接受资本的投机家手中,因之就会影响平衡。不论他们的投机采取什么形式,都会直接或间接地使物价水准上升,这一点几乎是屡验不爽的。这就是主要的问题。情形是这样:当黄金进入一个国家的时候,大家都知道,而且人们也预计物价会上涨。如果一个人原先怀疑是否应为投机而借款,现在当他有理由相信物价会上涨之后,便会愿意以三厘的利率去借得原先不愿用二厘半去借的款项;因此,黄金流入一个国家便会由于使人相信

① 《金银委员会官方记录》,第9677号,第49页。

物价将要上涨而增加资本的需求；据我看来，这样就会使贴现率上涨。”①

“具有这种额外的供应以后，放款人就会更加降低他们的贷款利率，直到需求能消融大部分供应为止。等到这种情形完成时，投机家手中的资本就会增多，他们进入市场购买货物，因而使物价上涨……这就是我对于贵金属的这种额外供应使物价上涨的方式所持的说法。上涨之后就会维持下去，因为营业方法仍然维持稳定，如果一个具有一千镑收入的人平均在身上带着 12 镑，当国内通货增加之后，他身上的钱就由 12 镑加到 14 镑，那么原先以 12 镑购得的东西将来就会要用 14 镑才能购得……”②

第一段引文中虽然似乎提到了投资，但这儿所强调的是“投机”，这样就产生了一种假象。整个说来，我倾向于认为，马歇尔心中最多只是想到，使物价上涨的是产生了另加的购买力。但在现代经济界中，信用系统的组织使得“投机家”是首先最可能取得新货币的人，银行利率在这一因果之链中显然起了作用。这似乎是我一向所习于看到的理论。这一理论肯定没有使我对于任何时期的报酬量、储蓄量以及消费品的数量之间的关系得到任何清楚的

① 见《金银委员会官方记录》，第 9981 号，第 130 页。在这儿似乎看出，马歇尔对新黄金究竟会使贴现率提高还是会使它降低的问题似乎有些迷惑，在“印度通货委员会”的下一段话中，他把时间顺序说得更清楚：“新通货……最初使贷款人增加贷款的意愿，并使贴现率降低；但往后它又使物价上升，因而趋于增加贴现率。”（《官方记录》第 274 页，重点是我加的）。在这儿，增加贴现率的是更高昂的物价，但在上面的引文中所说的却是预计到物价上涨，对资本产生需求，因而使贴现率增加。

② “金银委员会官方记录”，第 9686 号，第 51 页。

概念，同时也没有使我对于它们跟投资与储蓄的平衡之间的联系得到任何清楚的概念。

当我们上溯到霍特里先生在更早的时候所写的著作时，似乎就更加接近于银行利率影响投资率的概念。但他所强调的全部问题是一种特别的投资，也就是流动财货的经纪人与中间人的投资。他赋予这种投资一种对银行利率变化的敏感性，而这种敏感性事实上却肯定不存在。我们必须引一段相当长的原文才能说明他的思想路线：①

> “严格说来，利率像这样上涨，对借款者的影响究竟是什么呢？主要的借款人有两类，一类是生产者，另一类是经纪人。生产者当然会发现商品的生产成本些微上涨了……但一般说来，我们所讨论的利率变化都太小了，不足以直接影响零售价格……但经纪人本身却会受到利率的影响，他们的一种特殊功能就是将他所经纪的货物保持一个贮备量或‘处理余量’。他要毫不迟延地满足顾客的有变需求就必如此。经纪人是借钱买货并售货还钱的。因之，当他的存货多时，所欠银行家的债务也会相应地大。他认为适于保持的存货量当然会根据经验确定，但当然也可以在相当大的范围内加以变化而不至于有很大的不便。当利率上升时，他就会急于要在不引起严重不便的范围内尽量减少债务。如果他能减少存货就能减少债务，而存货却只要在销出后延迟补充就能减少。但制造商所接受的订单却来自需要补充存货的经纪人。因之，制

① 见《良好与不良的贸易》，第 61 至 63 页。

造商便马上会发现他们所接受订单的件数减少了，数额也减少了。经纪人本可以用来付予制造商购货的货币，那时却用去向银行家还账去了……也就是说，制造商会遭遇到需求疲滞的情形；为了解除因此而对产品所发生的限制，他便会尽现存生产费用所能允许的范围降低价格。价格像这样降低之后，就使经纪人能降低零售价格；这种办法一般会刺激需求。但当经纪人减少存货、生产者限制产量时，就会使生产者和经纪人对银行的债务减少；银行资产像这样减少就会随之而使他们的负债减少，也就是他们的信用货币供应量减少。这样一来，公众手中的货币余额就会趋于减少，在这基础上所建立的收入上层结构也会同时萎缩。"

我相信，这对于银行利率提高一般发生作用的方式是一种很不完全的叙述。读者应当看到，这种作用方式完全在于货币利率提高后使企业成本增加。霍特里先生承认，这种另加的成本太小了，不足以对制造商发生重大影响，但却又不加观察就假定它们对经纪商会有重大影响，他那说法所根据的不是使经纪人心中产生物价水准跌落的预期，而是把信用货币供应量减少当成了他那因果之链的最后一环。但从银行家那里取得贷款时所付的利息究竟是5%还是6%，对于经纪人的心理影响相对于他所经营的货物的现行与未来销售率，以及他对这种货物未来价格动态的预计对他所发生的影响来说，比这种利率对制造商的影响大不了多少。

但我引这一段话的目的，不是为了批评霍特里。我很怀疑，要是在今天，他是不是还会用同样的话来表达自己的意见。我之所以引用这段话，是因为它的表达方式非常清楚，以致可以把它当成关于这一问题的某种流行意见的基本要素之一来加以反对。

近一百年以前约瑟夫·休姆提出了一个十分类似于霍特里先生这一说法的论点，图克先生在评述休姆的说法时，对于霍特里先生的理论就提出了一个经典性的驳论。[1] 在1836—1837年的危机以前，图克先生所谓的“通货论”的狂热拥护者认为英格兰银行对物价水准的影响，只是通过它的通货流通量发生的。但到1837年时却提出了一种新观念，认为银行利率通过它对“投机”的影响也能具有一种独立的影响。图克并没有要否认纸币发行过多与货币不相宜地贬值之间的关系，也没有要否认利率降低刺激各种投资的关系。但休姆主要强调的是贬值的货币刺激棉花、谷物等商品的投机活动的效果。关于这一点，图克用一段话加以驳斥，很值得在这里征引出来：[2]

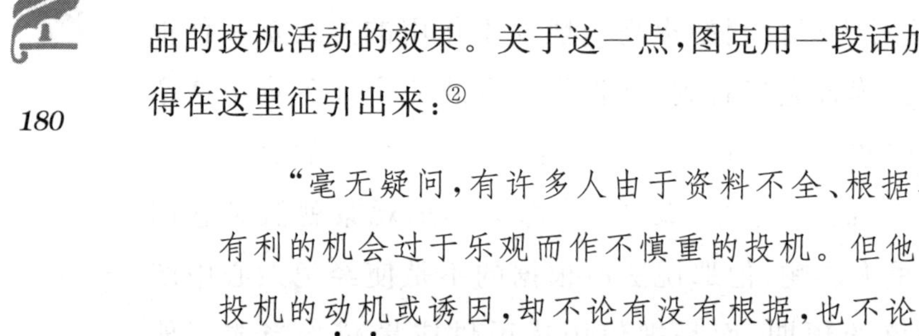

> “毫无疑问，有许多人由于资料不全、根据不充足或对于有利的机会过于乐观而作不慎重的投机。但他们像这样进行投机的动机或诱因，却不论有没有根据，也不论是根据自己的看法还是根据别人的例子得出的，总是他们对物价持有可能上涨的看法。购买以至销售的动机并不单纯是由于借款的便利条件或3%与6%的贴现率之间的差额而来的。上述的人除了十分确信预计到物价至少会上涨10%以外，很少人会进

① 见图克著：《物价史》，1838—1839年版，第120等页。休姆的意见则是1839年7月8日在众议院对英格兰银行管理问题所发表的一篇著名演说中提出的。

② 见同书第153至154页。

> 行投机……但三个月之中贴现率的最大差额不过是3%至6%之间的差额，对一夸脱小麦说来不过差四便士半。我敢说，这种差额绝不会诱使或阻挡人们进行一次投机购买。但只要有动机的力量存在以后，对于只能以信用购买或必须借钱才能购买的人说来，根据这一动机采取行动的程度无疑会受到借款便利条件大小的影响。”

此外，图克还像往后许多人一样补充说：在实际经验中，商品价格跌落往往并不和利率上涨的现象一起出现，而是和利率下落的现象一起出现。[①]

如果我没有理解错的话，马歇尔认为银行利率对投资的影响是使新增的购买力进入市场的因素，霍特里则把这种影响只限于一种投资，那便是流动物资经纪商的投资。至于维克塞尔的说法，虽然在这儿和那儿同样都有模糊之处需要加以克服，但却更加接近于银行利率影响投资与储蓄之间的关系这一基本概念。我之所以说有模糊之处需要克服，是因为我认为维克塞尔的理论在卡塞尔教授所沿袭的方式下，实际上已经变成了与上述第一种思潮相同的东西。也就是说：银行利率水准决定银行货币量，因之也就决定物价水准。但我认为维克塞尔自己的思想不止这些，只是在他的书中提得很模糊罢了。

维克塞尔认识到了一种“自然利率”的存在，他对这种利率的定义是对物价影响中性，既不会使之上升，也不会使之下降的利

① 根据我的理论说来，这一点的解释自然是银行利率的动态往往代表着人们在追随自然利率动态时所出现的迟缓和不充分的行动。

率。并且补充一句说，这种利率必然和非货币经济体系下一切都以实物借贷时流行的利率相同。[①] 从这一点就可以推论出，当实际利率低于这一利率时，物价就会有上涨的趋势；反之，如果高于这一利率时，物价就会下跌。[②] 同时，根据这一点还可以推论出，当货币利率保持在自然利率以下时，物价就会继续上涨而没有限制。[③] 这一结果（即物价累积地上涨）并无需货币利率愈来愈多地低于自然利率，只要低于而且保持低于自然利率就够了。

维克塞尔的说法就其原有状况而言是无法加以辩解的。不加发展时，看起来也必然不能令人信服，对于卡塞尔教授说来就是这样。但这些说法却可以十分紧密地根据本书的基本方程式加以解释。如果我们给维克塞尔的自然利率下一个定义，说它是储蓄与投资价值取得平衡（根据本书第 10 章的定义衡量）时的利息率；那么当货币利率保持在一个水准上，使投资价值超过储蓄时，全部产品的物价水准就会上升到生产成本之上。这样又会转过来刺激企业家争相抬高报酬率，使之超过原有水准。当货币的供应使货币利率能保持低于上述定义下的自然利率时，这种上涨的趋势就可以无限制地继续下去。一般说来，这就意味着除非银行货币量不断增加，货币利率甚至保持略低于自然利率的程度也不行。但这

---

① 见《利息与价格》，第 93 页。

② 维克塞尔也在上述意义下运用了“真实”利息一词。但上述定义下的“自然”利率却决不可以和费雪的“真实”利息混为一谈。后一种利率是参照货币价值在垫支与偿还贷款时的任何变动作出修正的货币利率。参看哈耶克：《黄金理论与市场景气理论》，第 124—125 页。

③ 只是这样会发生维克塞尔所没有说出来的情形，也就是使货币报酬率不断上涨，但却不完全足以消灭利润；这种上涨转过来又需要不断增长的货币量来予以充实。

一点并不影响维克塞尔说法在形式上的正确性。卡塞尔教授认为，维克塞尔用这种方式提出说法时，犯了一个极古怪的错误；[①]这种看法的解释是维克塞尔的表达方式很不完整，但这却可能说明维克塞尔在按着本书的路线思维，而卡塞尔则没有；虽然卡塞尔在旁的地方也曾用几乎和维克塞尔相同的词句表达自己的意见说，真实的利率是货币价值不变时的利率。[②]

不论我是否夸大了维克塞尔的思想所达到的深度，[③]他无论如何总是说明利率通过对投资率的作用影响物价水准的第一个著作家。在这儿，投资指的就是投资，而不是投机。关于这一点，维克塞尔说得很清楚。他指出：投资率可能受二毫五这样小的利率变化的影响，而我们却不能认为这会对投机者的心理发生影响；同时他又指出：投资像这样增加就会使实际营运的货物的需求增加，而不会使"投机"的货物的需求增加，唯有这种实际需求的增加才会使物价上涨。[④]

最近在德国和奥地利有一派新思潮在上述概念的影响下发展起来了，可以称为新维克塞尔派。这一派关于银行利率对储蓄与投资的平衡的关系，以及后者对信用循环的意义等方面的理论，和本书的理论相当近似。我特别要提出的是路德维希·米塞斯的

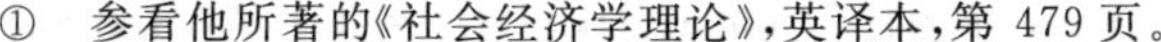

① 参看他所著的《社会经济学理论》，英译本，第 479 页。

② 例如同书第 480 页以及《经济学基本思潮》，第 129 页等。

③ 此外还有许多小的提示，不便一一征引。根据这些提示，一个著作家可以感觉得出来另一著作家在心底里所具有的基本概念究竟与自己相同还是不同。根据这一标准来测验时，我感到我所要说的和维克塞尔所要说的根源相同。

④ 见《放款的利息和商品的价格》，第 82—84 页。——原注

《黄金价值的稳定与市场景气政策》(1928 年版)、汉斯·奈塞尔:《黄金的交换价值》(1928 年版)以及哈耶克:《黄金理论与市场景气理论》(1929 年版)。[①]

(四)此外还有一个第四种因素。有些著作家(如庇古教授)引用它来支持自己关于银行利率对物价水准的影响的其他解释,这就是银行利率的心理影响。但银行利率上升引起物价跌落的预期不能独立地解释银行利率的上升为什么会使物价跌落。因为这种预期如果事实上没有根据的话,就不能作为单纯的幻觉一年年地存在下去。实业界的人物即使只是根据银行利率上升会提高生产成本这一十分说得过去的理由,他们也完全可能采取相反的预期;那就是说,银行利率上升会使物价上涨。但如果银行利率上升以后事实上并没有使物价上涨,那么这种预期就不可能持续存在。纵使这种预期能持续存在,它的实现也不可能持续存在。无论如何,我认为提出这种解释的人意思不是说银行利率上升的影响可以追溯到实业界心理错误的根源上去。他们所指的毋宁是:因为银行利率上升实际上的确会使物价趋于下跌,这事根本与任何预期无关,所以,实业界便为这一趋势"贴了现",使它在物价水准上体现时比原来快,而且程度也更极端。因此,结果得到正确的预期这一点,本身并不是结果为什么会发生的理由,而且也不能帮助我

① 这些著作家的书直到本书的这些页次正在印刷时才到我手里,如果在我思想发展的较早时期到手,而我的德文又没有这样差的话,我就会更多地提到这些著作家的研究工作。在德文里面,我所能理解清楚的只是我已经知道的,所以新概念往往由于语言方面的困难而使我看不出来。我发现奈塞尔博士对于货币问题的一般态度特别和我同气相求,我也充满着希望认为他对我的研究工作会有同样的感觉。此外还有一些其他德国的近代著作家讨论同一问题,他们的著作我只浏览了一下。

们找出这方面的理由。

我希望读者不会认为我在主要只有历史意义的事情上费了太多的时间。但人们对银行利率这一问题的真理的认识，长期以来一直是紊乱和不完全的。所以叙述一下意见的发展史作为建设性的理论的导言，对于这种理论比对发展阶段明确的理论更有价值。

二、银行利率的一般理论

在本节中，把银行利率说成是市场上通行的有效借贷利率最为方便。也就是说，这种利率不必一定是官方公布的中央银行特种三月证券的贴现率，而是市场上任何时期中有效的短期借贷利率复合体。如果官方利率的改变并不能改变市场上的有效利率，我们就称之为"无效"利率。市场上长期借贷的有效利率复合体称之为"债券利率"也是方便的。我们将把银行利率与债券利率复合体称之为"市场利率"。官方银行利率、"有效"贴现率和市场利率之间的关系将在第 37 章中讨论。我们在这儿将假定，银行利率的变动沿着同一方向影响市场利率。

银行利率的复杂情况和细节将占据往下许多章的篇幅。除此以外，其一般理论可以概述如下：

我们已经说过，市场利率的上涨（比方说），除非自然利率同时相应上涨，否则就会破坏投资价值与储蓄之间的平衡，它可以通过刺激储蓄或妨碍投资的方式发生这种作用。

在储蓄方面，利率变化的效果是直接的和原始的，无需特殊解释。只是效果量实际上往往很小，在短期内尤其如此。因此，利率上涨时，除非是储蓄率由于其他原因需要这种上涨来抵消不上涨时的下跌趋势，否则就会有一种直接的趋势，使储蓄率增加。

但它抑制投资的效果还需要稍微多解释一下。投资品和资本品是不相同的(定义请参看上面第121页)，前者较比全面。但资本品减产迟早会抑制投资。这种商品除非是价格相对于生产成本而言下跌，或现行价格下的需求减少，否则，从各个企业家的观点来看，就没有理由减产。银行利率的上升能以什么方式产生这一现象呢？

资本品的需求价格所依据的是什么呢？依据两点。第一点是以货币衡量的固定资本净预期收益(根据市场看法估定，斟酌计入他们对预测的不肯定性所作的计算)；第二点是使这种预期收益资本化时的利息率。因此，这种商品的价格便可能由于以上的任何一种原因而变动，可以由于预期收益已有变动而变动；也可以由于利率已有变动而变动。我们还可以把这分析深入一步：由于预期收益对目前的讨论来说必须以货币衡量，其变化可能是价格不变时真实收益发生变化所引起的，也可能是真实收益的预期价格(或货币价值)发生变化所引起的。

银行利率的变化并不会对固定资本的预期真实收益发生任何影响(疏远和次级量值的影响可能是例外)。可以想象得到，它将影响真实收入的预期价格；但一般说来，它所能影响的商品，只是预期收益的兑现时期较短，而银行利率的变动本身就构成一个新事实(例如为通货发行当局的政策和意向提出新解释等)的那种商品。但这种可以想象得到的效果目前将略而不论。从另一方面说来，银行利率(尤其是受银行利率影响的债券利率)和资本品价格所受的第三种影响(也就是使固定资本的未来货币收益资本化以达到现有货币价值的利率)之间的关联却是直接和明显的。诚然，除非商品的预期收益的兑现时期极短，而债券利率对银行利率的变化又很敏感，否则这种关联在数量上说来是不重要的。但实际情形正好是这样，而程度也比预计的要高得多。比方说，银行利率上涨1%，就会使债券利率从5%上涨到$5\frac{1}{8}\%$。这就意味着新的固定资本价格平均减少2.5%。当然，其中有些种类的商品跌落得比平均水平多，有些则较少，具体情形根据其有用期限与其他条件而定。这必然会妨碍这类商品的生产，一直到由此而引起的未来供应降低，使其未来收益的货币价值上涨到足以抵消利率上涨的效果为止。无论如何，银行利率上涨开始时的后果是使资本品价格的跌落，因之而使新投资品的价格水准P'跌落。此外，我们如果集中全部注意，看看这类商品的价值由于利率的变化而仅仅发生2.5%—5%这样的变化时，就会发现它对新资本品需求的抑制或吸引作用往往比预计的大。因为投资比消费更能提前或延后而不致引起严重的不便，至少在作出决定的人心中是如此。因此，如果银行利率的改变被市场认为是偏离其正常价值，而且很可能是临时性的变化时，其效果是使借钱投资的人延缓或提前实行投资计划。因此就使眼前的投资率的变动比借款人相信利率的变化已趋稳定时的变动大。市场的实际组织也具有同一方向的影响。因为发行当局一方面为了本身的利益、另一方面为了顾客的利益将降低其新钞票发行率，以“保护”其不久之前发行、而又没有被永久投资者在银行利率变动之日完全消化的钞票的价值。也就是

说，如果银行利率最近上升了的话，新借款者就特别难于以接近市场上为现时的贷款所开的价格将其货物押款；如果银行利率刚跌落的话，就特别易于办到这一点。所以市场的行情对于新借款投资的人获得款项的难易说来，并不永远是同样好的指标。因此，银行利率的变化在当前资本市场的实际情况中的作用，对于资本品生产者为其产品以满意的价格找到销路的比率说来是具有决定性影响的，即使银行利率的变化被认为是短期变动也是这样。这种作用在变动预计将长期存在时，便会由于其他更明显的理由而更具有决定意义。

除了固定资本的预期收益估值由于其他理由同时上涨，因而抵消了市场利率（即银行利率与债券利率）的上涨以外，上述情形至少是会出现的。唯有利率的上涨刚好只抵消了市场上对新固定资本的预期收益的乐观估计时，其变化才不会对资本品的产量发生直接影响。

因此，一般说来（即除了银行利率的变化刚好被其他同时发生的变化抵消以外），我们可以预计银行利率上涨的直接和基本效果是使固定资本的价格下跌，因之也就使投资品的价格水准 P' 下跌，并使储蓄增加。在这两种效果中，前者在数量上可能比后者更重要。

它的次级效果是什么呢？固定资本在现存价格下的吸引力降低后，就使资本品的生产者无法以原先那种相对于生产成本而言令人满意的条件出售其产品，因之随着就会使这种商品的产量降低。同时，储蓄的任何增加，就必然意味着收入中用于购买流动消费品的部分减少，因之也就会随之使 P 降低。

只有当利率的上升与其他原因所引起的储蓄率降低相吻合，情形才可能不是这样；也就是说，如果市场利率的变化和自然利率的变化同时发生，情形才不会是这样。因为自然利率是使资本品预期收益的变化和储蓄率变化综合起来之后造成的效果被抵消后的利率。其方式使投资品预期收益的变化和利率的变化结合造成的投资品价格水准变化与储蓄量变化所造成的流动消费品价格水准变化相等，但方向相反；以上每一种物价水准都按各该商品产量比例加权。所以全部产量的物价水准整个说来便保持不变。

因此，自然利率的变化将伴随出现 P 与 P' 暂时平衡被打破的现象，并且方向相反。但利润整个说来将保持为零，一类生产者所获得的增益被另一类生产者所受的损失抵消了。因此就会产生一种直接的和双重的刺激，使产品的性质从一个门类转移到另一个门类。当这一效果实现之后，P 和 P' 就会回到原先的平衡位域上去，而没有扰动平均报酬率的任何原因出现（只是转移过程可能需要暂时破坏两个生产门类的相对报酬）。的确，这一过程基本上类似于需求与供应的相对状况要求生产性质发生某种转移时每天必然发生的情形。其中不会出现任何东西预计将扰动全部的收入或利润。

但如果市场利率的变化不刚好符合于自然利率的变化，那么我们所讨论的银行利率的提高所产生的第三级效果又是什么呢？投资率的降低会使 P 在储蓄增加所引起的任何下跌之外再加上一种下跌。因为投资品生产者可用来购买流动消费品的收入将减少，这是基本方程式的必然结论。

这样一来，P 和 P' 在这一阶段便都会下跌，因之而使所有各类的企业家都受损失，其结果是使他们在现存报酬率下为生产因素提供的就业量减少。这样就预计会发生失业状况。而且在银行利率的上涨被逆转过来，或是碰巧有某种东西改变自然利率、使之重新等于新市场利率以前，失业状况必将继续存在下去。

此外，这种情况继续得愈长时，失业量也就可能愈大。因为起初时企业家会继续根据旧条件提供就业机会，纵使要受损失也会这样做；这在一方面是因为他们和生产因素有长期契约的束缚，不易很快地摆脱；另一方面也因为当他们希望而且相信受损失的时期相当短时，就值得避免关了厂然后又重开的开支。但当时间延长以后，这种动机的作用就会逐渐消失，并停止发生作用。

此外还有一种加重的作用存在：只要有蒙受损失的前景存在时，自然利率就会低于一般水准，因之而增加自然利率与市场利率之间的距离，后者需要降低的程度就可能超过实际所能达到的程度。

最后，在失业日益增加的压力下，报酬率将下降，这一点也许要到最后才会发生。如果我们可以假定（一般是可以这样假定的）银行利率的变动首先是由于本地或国际的货币原因造成的，那么报酬率下降便是整个压力过程发展到最高时的结果。因为这时就会发生两种现象来补救货币状况，因而使银行利率政策最后可以回转过来，其中一种出现较快，但它是临时性的，另一种出现较晚，却较为长久。此外，还有第三种因素也可能有关。

首先，由于失业而发生的产量降低，将减少工业流通的需求。同时，价格的跌落也会使一个国家的对外贸易差额转佳，因之而使它能保持或增加黄金。这些现象发生时很快，对于纯粹的货币状况说来，这种现象一旦发生，就可以真正起到缓和作用，因而，只要这种现象一发生，人们就往往会心满意足地予以欢迎，就好像这是问题的最后解决办法一样。然而如果认为这种现象不止是转变中的一个阶段，那么它的利益显然就会成为画饼。因为作为补救办法而言，它们是靠不住的。如果物价的跌落是由于企业家忍受损失而不是由于生产成本降低，那么继续保持下去就只会使失业递增地扩大。同时，货币供应的压力如果只是由于产量和就业量下降的方便而减轻时，那么货币的平衡就会继续要求周期性的失业无限延长。

因此，只有当我所谓的过程最高阶段达到后，也就是在效能报酬率降低后，真正的平衡才能恢复。

上述的第三个因素，也可以在眼前起缓和作用，当利率的增加是相对于国外利率的增加时，它就发生作用。因为在这种情形下，对外投资支付率就会减少，因之而加强我们的黄金储备地位。但这种现象除非最后随之发生报酬率的变化，否则也不可能恢复真实的平衡。这一点在本章的下节中就可以看到，更详细的情形则请参看第 21 章。

在金融工作的领域中，最害事的混淆概念是人们相信：银行利率不论是使货物亏本出售还是使生产成本降低，只要是使物价水准降低就完成了自己的工作；也就是说，不论它所产生的紧缩是利润紧缩还是收入紧缩都一样。[①]

① 关于这一混乱的典型例证，请参看《通货与英格兰银行钞票发行委员会报告》(1925 年，英王致议会文件第 2393 号)，根据这一报告，英国在那一年致力于恢复金本位的战前平价。

这一讨论也许不必要地过于详细而拘于细节，总起来说，情形是这样：

（一）使市场利率脱离自然利率的银行利率变化，对资本品生产者的利润和他们的生产率将发生直接影响。这种影响很可能是重要的，其方式一部分是改变这种商品的需求价格，另一部分则是影响有意于购买这种商品的人推迟或提前进行购买。此外还会在储蓄率受影响的范围内对流动消费品的物价水准直接发生影响，但这种影响不像上一种那样可能具有重要意义。

（二）像这样使 P' 发生的变化会推翻投资与储蓄之间的平衡。这种情形作为一种次级效果而言，会使 P 和 P' 沿同一方向变动（不论是否已经由于储蓄率的变化而产生这种情形都一样），其结果是生产消费品的企业家的利润将和生产资本品的企业家的利润沿同一方向变动。

（三）平均利润率的变化，不论是由于 P' 还是 P 产生的，都会改变企业家在现存报酬率下准备提供的就业量。

（四）这样就会产生一种趋势，使流行的报酬率沿着与 P 以及 P' 相同，但与银行利率相反的方向变化。

三、银行利率的某些特殊方面

以上所说的情况中，还有几点特殊现象发生，在没有往下讨论之前，必须提出来：

（一）上述情况中其他因素所发生的变化，除非是银行利率事先有变化，否则有时就不可避免地要牵涉一些不稳定性。因为投资的增加采取固定资本产量增加的形式时，那么刺激投资以平衡储蓄增长所需的银行利率跌落就必须在储蓄增加之前发生，其时隔取决于生产过程的长短。此外，银行利率的先发变化也必须由实业界正确地理解，否则就会刺激资本品的生产者而不能使消费品的生产者在任何程度内相应地准备好缩减进货，原因是后者没有预见到预计要产生的储蓄率增加适当成熟时，他们货物的需求量会降低。因此，从实际上讲来，发生一些波动是不可避免的。

（二）如果发生了某些变化影响到价格标准，因而需要变化报酬率时，那么现成的办法就只有有意地计划一种银行利率的变化，来刺激储蓄与投资（暂时）失去平衡，以便在这种方式下使企业家受到反常利润的引诱而提高生产因素的货币报酬率；如果要求的是物价水准下降的话，则用反常的损失来减少后者的货币报酬率。也就是说，当我们要造成一种货币购买力的半永久变化时（等于改变生产因素的货币效能报酬率），那么在现存经济体系中就只能分配给企业家一种反常的利润，刺激他们争购生产因素的劳务，因而提高货币效能报酬率；或是使企业家蒙受反常的损失，因而迫使他们撤消就业机会的供应，以便在失业的压力下最后降低货币效能报酬率。我们产生这种暂时的刺激或抑制的办法，是订立那么一种银行利率，有意使市场利率和自然利率脱离，破坏投资与储蓄之间的平衡。

（三）关于较松的信用条件影响各种企业家的方式，往往有一些混乱概念存在。由于借贷利率降低，会使各种企业家的生产成本降低，所以人们往往认为它会同样刺激所有的企业家增加产量。但在正确预见下，情形就不会是这样。因为在其他条件相等时，生产成本全都降低并不会刺激任何人增加产量。因为消费者的总收入只是生产总成本的另一名称而已，这种收入可以用来购买产品的量，在这种情形下也会刚好按同一程度减少。这时利率也就是一种生产因素的货币报酬率。因此，降低利率绝不会使全体企业家在赢利的情形下销售比以前更多一点的货物。由于企业家并不经常认识到这种推理，所以信用条件较松就的确可能引起错误的预测。但除此以外，较松的信用条件对生产成本的影响并不是刺激所有的生产，而是使之从某种形式的生产变为另一种形式的生产。也就是说，从利率在成本中占较不重要地位的生产转向占较重要地位的生产。这种移转一部分取决于生产过程的长短，甚至跟消费品与资本品的分别并不完全相等。换句话说，在一个封闭体系中，较松的信用对生产成本的影响并没有打算对各种生产率的总体发生刺激作用。利率降低之所以能刺激资本品的生产，不是因为它能降低这种商品的生产成本，而是因为能增加这种商品的需求价格。

（四）新投资所受到的刺激往往是由下跌的银行利率首先影响于不同工业的财务状况，因而使现存投资的价格水准上涨（包括营运资本的价格水准在内，也就是包括批发物价本位在内）。由于这些投资可以再生产，所以新资本品的价格便尤其会发生感应上涨。这一点往下我们还要谈到。

（五）正如我们在上面所提示的，银行利率的变化本身，由于改变了物价的预期行市，因而使自然利率与之作相反变化。比方说，银行利率的下跌如果使人们预期物价有上升的趋势，因而使货币投资的吸引力增加时，就会趋向于使自然利率上升。在开初时，这就是预计银行利率的降低会使投资相对于储蓄而言受到刺激的另外一条理由。这一理由可能要到价格上涨以后稍微过一些时候才发生反应，但货币预期以外的其他原因所引起的自然利率上升却不会这样。

（六）如果我们假定，放款是按照完整的市场原则进行的，那么，明显的事实是，只要借款者的需求表已定，银行利率和债券利率就必然会以一种独一无二的方式决定资本品的生产；因之，一般说来也就能决定投资量。但就银行放款而言，至少英国的放款就不是根据完整的市场原则进行的。往往有一些没有得到满足的边际借款者存在，其人数可以有伸缩，所以银行可以通过缩减或扩大其贷款量来影响投资量，而无需在银行利率水准、借款者需求表或非银行放款量等方面有任何变化。这种现象当其存在时，可能发生极其巨大的实际意义。关于可能导致这种现象的实际条件、它的限度和可能发生的用处，都将在下卷第 37 章中讨论。目前我们假定银行体系完全是通过修改它的放款条件来发生作用的，而不是通过改变它对个别借款者的态度或任何限额贷款的形式来发生作用的。这种假定只是为了叙述简单才这样做。因为一般说法很容易适应于投资率部分由银行体系限额政策以及其放款条件决定的情形。一般说来这种决定的作用是极其次要的。

四、银行利率对于对外平衡的作用

银行利率还有一种作用是保持对外平衡，这种作用甚至是在打破对内平衡的代价下完成的。

在第 11 章第 5 节中我们已经看到，对于一个坚持国际金本位（或货币本身的购买力以外的任何客观本位）的中央银行说来，通货管理的问题便不是使 $I = S$ 的问题，而是使 $B = L$ 的问题。这儿的 B 是对外贸易差额的价值，L 则是对外投资收付差额的价值，定义有如第 9 章第 4 节所述。这种中央银行认为，根据其增减黄金储备或使之维持不变的愿望，采取步骤使 B 超过 L、L 超过 B 或使之彼此相等，便是它的业务。但这问题在它看来虽然是使 $B = L$，但其国民经济体系如果不同时使 $I = S$，事实上就不可能维持其平衡。因此，国际体系中的平衡条件是必须同时使

$$I = S \quad 和 \quad B = L.$$

但事实上银行认定在 B 与 L 之间取得所需关系的工具是银行利率，正像 $I = S$ 是它的唯一目标时的情形一样。因为人们从经验中发现，银行利率这一工具可以影响黄金流出或流入国家准备的动态；当它上涨时，就会加大 $B - L$ 的得数，反之就会减小这一得数。用来维持 B 与 L 平衡的银行利率变化，最初时预计可以对 I 与 S 之间的平衡发生干扰作用。但我们在下面就可以看到，除了转变的困难以外，始终会有一个银行利率水准在长期中跟 B 与 L 的平衡以及 I 与 S 的平衡都能配合。这一现象的完整理论解释是什么呢？当我们理解这一点时，关于银行利率在国际金本位的现代世界中作为控制工具的作用方式也就可以掌握其中心内容了。

我们将看到，银行利率实现上述作用之所以特别有效，是因为它能产生两种反应，一种是对 B 的反应，另一种是对 L 的反应，两者的方向都是正确的。其中一种发生作用很快，但不持久；另一种

作用较慢，但预计可以逐渐地建立一种新的长期平衡。因此，银行利率便既是一种权宜办法，也是一种根本办法。它一方面可以起临时的兴奋作用，也可以起永久的治疗作用，只要把临时兴奋和永久治疗之间那一段不舒服的时期撇开，情形就是这样。

这一问题的详细理论将放到第21章中去谈，但其主要内容可以简述如下：提高银行利率显然就会减少 L，即减少对外投资贷放净额。但对于 B 的增加方面却没有直接的作用。从另一方面说来，正如同贷款利息提高会使外国借款者却步一样，借款进行国内投资的人也会因此而却步。其结果是银行利率提高就会使国内投资量 I_1 减少。如果事先存在平衡状况的话，这样的结果就会使总投资量跌落到本期储蓄以下去，因之物价和利润便会跌落，最后报酬也会跌落；其作用是使 B 增加，因为这样可以使生产的货币成本相对于相应的国外成本而言降低。因此，从两方面说来，B 和 L 都会更加接近，直到彼此在新的平衡位域中重新相等时为止。

因此，需要治理的毛病如果是 L 超过 B 因而使黄金外流的话，银行利率的提高当 B 和 L 不断接近并终于恢复相等时就完成了它的作用。更恰当地说，实际上高额银行利率将很快地使 L 降低，甚至降到低于 B 的程度。然而让它在没有充分时间使 B 增加以前就回落是不妥当的。B 上涨后，才可以不用这样高的银行利率而使 B 和 L 大致相等。如果原来使 B 与 L 之间不平衡的理由是物价水准的变化而不是国外利率的变化，那么银行利率纵使不比原来的高（不比叙述开始时的高），实质上也已经是被提高了。

在新的平衡水准上，我们又会得到 $P=\frac{M_1V_1}{O}$ 和 $I=S$ 的关系。但我们也会得到 $B = L$ 的关系。因为 B 沿着和 P 相反的方向变动，P 的方向则和 $L - B$ 相反，而 L 的变动方向则和银行利率的变化方向相反；因此，银行利率的每一个值都有一个 P 值使 $B = L$。同时，由于 S 和银行利率沿同一方向变化，I 则沿相反方向变化，所以就永远会有一个银行利率值使 $I = S$。这样说来，银行利率和 P 就永远有一对值使 $I = S, B = L$。

比方说，我们不妨设想有一个自变的国际金本位体系，这个体系中的货币量只由中央银行的黄金量决定，银行利率则在借款者为了取得中央银行黄金量所能提供的可用银行货币而发生的自由竞争来确定利率水平，假定没有经济摩擦和时滞，同时货币报酬率也可以自由地相应于企业家取得生产因素的劳务的竞争而变动（后一点特别重要），那么，根据以上的叙述来看，在这种情形下就会有黄金流入，其量刚好足以在国内确立一种物价水准和银行利率，以致相对于国外物价水准和银行利率来说，能同时保持 $S = I$ 和 $L = B$。

五、银行利率和货币量的关系

在一个没有贷款配给制的自由贷款市场中，一定的银行利率水准和所有其他相关因素结合起来，如果发生作用的话，就一定会和给定量的银行货币具有单一相关联系。也就是说，银行利率每一次的具体变动，除非是被其他因素同时发生的变动所抵消，就必然会和银行货币量的某种变化相关联。

但银行利率的变化对于流动消费品或全部产品的物价水准以

及银行货币量的有关变化的影响却没有单纯或始终不变的关系存在。银行货币量和产品量、报酬率、利润率、各种存款的流通速度以及金融流通的要求等都必须保持适当的关系。银行利率的变化在起始或往后的时期中，都必然会对这一切发生影响，并通过它们对物价水准发生影响。但它既不会在某一个时候以相同的比例对前述的所有因素都发生影响，也不会在不同的变化阶段以相同的比例对其中任一因素发生影响。因此，如果说银行利率的变化由于和银行货币量的变化相关联，所以就能改变物价，那是不正确的。如果这种说法还暗示着物价水准将多少和银行货币量的变化取同一比例变化，情形就尤其是这样。

我们特别要指出的是以下各点：(一)我们已经看到，由于报酬率增长而引起的物价上涨比利润上升所引起的相等上涨需要更大量的银行货币来维持。这样说来，利润的上升既然会逐步地转变为报酬的上升(情形将在第四篇中详加讨论)，所以需要的货币量就会愈来愈大。这就可以部分地解释某些类型的货币量变动的周期性；因为足以支持基本方程式第二项所造成的物价上涨的货币量，并不足以支持第一项所造成的等量上涨。其结果是：当第一项加大时，由于没有充分的货币来“提供价款”，所以就不可避免地要对物价发生反应。

(二)如果自然利率有变化，那么和原来相同的银行利率要能有效的话，就必须配合货币量的变化。因此，严格地说来，需要配合货币量变化的并不是银行利率变化本身，而是市场利率相对于自然利率的变化。

(三)如果市场利率相对于自然利率的变化是由于储蓄量的变

化所引起的，那就不一定会伴随着发生产品量或产品性质的任何变化，而只会随之使产品的现存性质一直继续到它不适于已改变的储蓄量时为止。在这种情形下，所需的货币量变化便可能很小。但如果像更常见的情形一样，市场利率脱离自然利率的变化和产品量与就业量的变化相关联，那么所需的货币量变化就要大得多。大致说来，货币量的变化必须和总生产成本的变化成比例。

（四）银行利率的变化本身由于改变了保持余额所需付出的代价，所以就能改变流通速度。代价改变达到多大程度，银行利率的降低就使流通速度减少到多大程度。从另一方面说来，我们在下卷第 26 章将看到，营业兴旺程度增加也可能使流通速度增加。因此，银行利率降低和营业呆滞相继出现时，就会减慢流通速度，但利率降低是与营业兴旺相继出现时，则会在两抵后使流通速度加快。

（五）银行利率的变化对金融状况的反应将影响金融流通量，其方向可以和它对工业流通量的影响相同，也可以相反。[①]

银行利率将以两种方式影响金融流通。第一种方式是：当储蓄存款的利率像英国的情形一样大部分被银行利率控制时（在许多情形下都是规定得和银行利率具有一定关系），前者的量有时就趋向于随着后者的水准而涨落。但更重要的是银行利率对第十五章中所谓的“空头”状况的影响。在那儿我们将看到，投资繁荣的早期往往和金融流通的货币需求量降低相继出现，但晚期却又与需求量增长相继出现。

① 关于金融流通与工业流通的区别，请参看本书第 15 章。

（六）如果国内投资繁荣与自然利率急剧上升相继出现时，市场利率将落后于自然利率，但却同时都有绝对增长。这种市场利率的绝对增长如果相对于国外市场利率而言是一种上涨时，它起初对于对外投资支付差额量 L 的影响将比投资繁荣对于对外贸易差额量 B 的影响更为显著。其结果是黄金将流入该国，因而就使国内物价由于市场利率赶不上自然利率而发生的上涨获得了滋养。

因此，看来第一种情况对货币的需求开初是小的，第一和第三种情况所需求的货币总量有时可以由第四种情况的真实流通速度的变化、第五种情况的金融流通需求量减少或第六种情况的黄金进口而部分或全部得到满足，起初时尤其如此。

这样说来，货币流通的总需求量跟物价水准的关系绝不是稳定不变的，跟银行利率水准以及其对投资率的影响的关系也不是稳定不变的。所以我们试图追溯因果关系或转变阶段时，如果十分强调货币总量的变化，便会受到贻误。

我们强调，银行利率的变化所影响的是相对于自然利率的市场利率水准，而不是货币量的变化，基本理由是这样：如果货币总量和银行利率的有效水准的关联变化已定，那么从动的方面来看问题，货币购买力的最后改变便是通过后者发生的。事情的顺序不是因为必须改变货币量才能使新银行利率有效，所以银行利率的变化就影响了物价水准。事实上顺序正好倒过来了，货币量的变化首先影响了物价水准；因为在其他条件相等时，这就意味着有一种银行利率可以使市场利率相对于自然利率发生变化。唯有通过像这样建立的复杂运动，最后才能达到物价水准符合于新货币量的新的平衡位域。

如果我们从平衡位域出发,那么只要效能报酬稳定,物价水准继续稳定的条件便是货币总量的变化方式必须使银行按照市场利率借出的相应贷款量发生一种效果,以便让新投资的价值和本期储蓄保持相等。

第十四章　基本方程式的其他形式

第10章中的基本方程式本身只是一些恒等式。因之，在本质上并不比以往提出的其他有关货币因素的恒等式好。的确，这些恒等式有一个缺点是其中的要素在我们的现有知识状况下，并不是最容易作统计测定的要素。不过，它们却有两个主要的优点：

第一个优点已经强调过了。也就是说，它们能导引出我们一般所要求的真正答案——货币购买力和全部产品的物价水准。但其他方程式所导引出的却是各种组合的物价水准，本身并没有多大意义，这一点往下就可以看到。如果企图从这些物价水准出发推论货币购买力的话，那么我们所遇到的统计困难便至少和我们自己的方程式一样大。因此，当我们从数量方面来研究货币问题时，在第十章的方程式中显现出来的统计困难，实际上在一切可能采用的方程式中都是潜存着的。其他方法在统计方面的优点实际上只有当我们满足于并非自己所需要的物价水准时才存在。

但新的基本方程式的主要优点是质的观察方面的优点。当我们所考虑的是什么样的货币与企业活动会产生什么样的后果时，我认为这种方程式作为分析工具而言比以前的方程式都更有效。正像我们在讨论银行利率的作用方式时所见到的一样，读者将发现，当我们进入讨论的较后阶段，试图分析信用循环等当代的实际货币问题时，就不得不在一切情形下都放弃其他方法。因为我们发现它们在处理至关重要的要素时，是完全无能为力的。因之，当读者在本书的各章中习惯了新工具的用法后，我就必须让大家自行判断，新工具是不是比老工具更锋利。目前，将旧方法和新方法的关系概述一下是有用处的。

一、“真实余额”数量方程式

这类方程式中最初的一个是我在《货币改革论》中所用的一个，后来形式发展得更为精确了。它的出发点是这样一个概念，即货币持有者所需要的是一定量的真实余额，这余额和用它来进行的真实交易量具有一个适当的关系。因此，如果这一适当的关系保持不变，他所需要的现金余额量将等于上述“适当关系”所决定的真实余额量乘以一种物价水准；这种物价水准就是储备这种现金余额来进行的各种真实交易过程所能适用的物价水准。

我在《货币改革论》第 3 章第 1 节中，曾用我所谓的“消费单位”来衡量真实余额。这种单位是“由公众标准消费品或其他支付对象的特定量结合构成的”。我分别用 K 和 K' 来代表公众所要求的现金消费单位和银行存款消费单位。我在那儿指出：“K 和 K' 的量一部分决定于社会的财富，一部分决定于社会的习惯”，并指出：“社会的习惯决定于它对于手头具有更多现金时所得到的额外便利以及花费现金或将现金用来投资时所得到的便利的相对优劣怎样估价。”最后，我提出了基本方程式

$$n = p(K + rK'),$$

这儿的 n 是现金总量，r 是银行现金准备和存款的比例，p 是一个消费单位的价格。

这种研究法有一个大缺点是它提示，与它的各论点有关的单位严格说来是消费单位，p 既然是消费单位的价格，所以就代表着我们所要求得的结果——货币购买力。这隐示着现金存款除了用于本期消费的支出以外，就没有其他用途。但事实上正如我们在上面所看到的一样，储存这种存款是为了企业和私人的千万种用途。因此，我们的真实余额单位必须符合于现金余额用途的多样性，p 所衡量的物价水准必须符合于这种目的的复杂性。总之，p 所衡量的不是货币的购买力，而是上面第六章中所界说的现金差额本位。

它的第二个缺点在于提示，K' 发生变化的可能原因只限于正式的公众习惯变化。从形式看来，这种说法并非不正确，但当它企图包括（比方说）银行利率或整个企业状况的变化在储蓄存款、营业存款和收入存款等三项所代表的全部存款中所造成的比例变化时，就会让人发生误解。总之，我原先是把只适用于收入存款的概念应用在全部现金存款上了。

但这一说法可以用另一种形式叙述，以便在形式方面不遭到这些反对。我们可以说明，它所导引出的物价水准（P_1）为各种不同支付对象加权时，所根据的不是它们对于消费者的相对重要性，而是根据它们所需要预存的真实余额的比例。用最简单的方式来说，我们的基本方程式便可以表述如下：

命 M ＝现金余额的总量，

C ＝相应的真实余额量，

那么 $P_1 = \frac{M}{C}$.

这一方程式对于量方面的目的说来，显然很少用处。但从质方面说来，却鲜明地说明了一个重要问题，也就是银行家和存款者的决定对物价的确定分别起的作用。这一点可以包含在下述命题之中：

现金余额量取决于银行家所作的决定，而且是由他们“造成”的。真实余额量取决于存款者的决定，而且是由他们“造成”的。物价水准（P_1）是两套决定合成的结果，并且等于所造成的现金余额量与真实余额量之比。没有人能直接“决定”物价水准将成为什么样子，一切有关决定都是对于现金余额量和真实余额量的决定。每当个人决定在现存物价水准下是否要购买、销售或不作任何购销时，实际上就是决定他是不是要增加、减少或维持其真实余额不变。

因此，这种研究法便使我们得到了一个线索，说明物价形成过程的因果关系以什么方式和人们的决定相关联。这一系列想法还值得稍微进一步地加以研究。因为它说明了全体存款者一方和全体银行家一方所作的两套分立的决定以什么方式取得协调。

正常的状况是购买力与货物的互相交换之流持续存在。这种交换之流暂时使某些方面的现金余额与真实余额全都增加，并使另一些方面余额的减少，而总余额则接近不变。在所需真实余额量跟未清付现金余额量以及物价水准保持平衡时，正常的购买与销售之流便不会改变现金余额与真实余额的相对总量，也不会改变物价水准。但个人希望减少其真实余额（也就是在现存物价水准下减少其现金余额）的压力在任何时候如果超过希望增加真实余额（在现存物价水准下增加其现金余额）的压力，那么购买者在现存物价水准下超过销售者的急切心情就会产生一种趋势，使物价水准上涨。这种上涨一直要继续到双方的急切心情重新获得平衡时才会停止。物价变化的因果过程所采取的形式是现存物价水准下的需求增长，而新增的购买压力所对向的商品则价格上升。

但这仅只是现金余额跟真实余额以及物价水准最终恢复平衡的过程中的第一步。首先受到影响的商品的价格上升，本身由于使全部物价水准上升，就将在一定程度内使得与给定现金余额量相等的真实余额量减少。因此，刚刚售出货物的人所持有的现金余额增量虽然会等于购买者的现金余额减量，但这时全部存款者所持有的真实余额仍然会比以前减少。然而首先受影响的商品的价格增值，除了刚刚出清余额以交换货物的存款者以外，不可能足够抵消其余存款者（包括刚刚出售货物造成余额的人）的真实余额的任何增长。因为决定减少真实余额的存款者用来购买某种商品的现金量与全部现金量的比例如果等于 r，该商品的权数按现金余额本位计算是 q，因之而使其价格按 p 的比例上涨，那么 pq 便不大可能有 r 那么大。

这样说来，除开出现了什么情形使最近售销商品的人对于所需的真实余额量的现金有了改变，否则他们便会发现不仅是自己的现金余额增加了，而且真实余额也增加了，因之自己也就成了新增的购买者。这样就会在高于以往的物价水准之上对一般商品出现一系列无穷尽的新增的购买力，使商品一种接着一种地受到影响，直到以一种方式建立的更高的新物价水准造成平衡时为止；在

这种物价水准下，真实余额的总量所减少的数量会刚好等于原来的存款者变成购买者以后决定减少的真实余额量。这种情形在适当的时候必然会出现。除非是有一个在过程中获得新增加的购买力的人决定趁此机会增加其适于储存在银行里的购买力，在这种情形下，循环就破坏了，同时也就没有一种趋势使物价水准维持比以前高任何一点的数字，物价上涨的波动也就不过是一时存在而已。

因此，我们便得到了以下的命题：

当一个人作出一个决定其内容意味着他的真实余额贮量减少时，就会引起物价上涨；除非是在现存物价水准下有其他人作出相反意义的决定，或银行家决定相应减少现金贮量，使之被抵消。但如果这一个人的决定并不影响到其他个人或银行家的决定，那么物价水准最后上涨的比例就会刚好等于他的真实余额贮量减少部分对其余真实余额贮量的比例。[①]

应当顺便提出的是，当某些个人采取步骤减少其真实余额时，这一行为必然会损害其他真实余额的所有者；后者发现，除非现金量同时减少，否则他们的现金余额就会因前者出清余额的行为而贬值。同样的道理，如果真实余额增加时，除非现金量同时增加，否则原有的存款者的财富就会增加到余额增量那样多。因此，真

① 这一命题的第二部分是这样：命 r 为真实余额贮量，m 是现金余额贮量（假定是恒常的），p 是物价水准，dp 是存款者减少其真实余额贮量 dr 时物价水准上涨的量，那么 $rp = m = (r - dr)(p + dp)$

所以
$$\frac{dp}{p} = \frac{dr}{r - dr}$$

让我再一次指出，这一方程式中的物价水准是现金差额本位。

实余额量的任何变化，如果没有被现金量相应变化所抵消时，就会牵涉到带武断性的财富再分配。与全部存款者的增益或损失相应的损失或增益，当然不会累积到采取步骤增加或减少其真实余额、因而造成扰动的存款者项下去，而会累积到完全另一部分人项下去，也就是累积到从银行或其他方面借得货币的人项下去。

当全体存款者都采取步骤减少其真实余额量时，他们的行为就只能采取在现存物价水准下增加其需求的形式，这样就必然会产生一种物价水准上涨的趋势。因此，物价水准（即现金差额本位）便是一种平衡因素，使存款者综合决定所造成的现金余额量和银行家综合决定所造成的货币余额量取得适当关系。货币数量说往往偏于从一方面出发，以致使人认为物价水准完全只决定于银行家所造成的货币余额量。然而物价水准也可以受存款者变化他们所保持的真实余额量的决定的影响，其影响程度正和它受银行家变化他们所造成的货币余额量的决定的影响一样。

只要我们记得，这些命题所说明的物价水准和货币购买力不是同一种东西，关于产量等方面所发生的情形的说法是根据许多假定提出的，同时，有关的真实数额又是许多用途不同的余额的总合体，那么上面的分析就可能有助于我们对货币体系的理解。因为它说明了物价形成过程的主要方面，这是银行家供应的现金量向一方面发生作用、公众所愿保持的真实余额量向另一方面发生作用的一种跷板式过程。

原先我也受到这种研究法的吸引。但现在我认为把可能发生的收入、企业和金融等各种不同的交往过程混在一起，只能引起混乱。同时，如果不把利率加进来，并把收入与利润、储蓄与投资分别开来，那么我们对于物价形成过程便也不可能得到任何真正的领悟。

二、“剑桥”数量方程式

以上所讨论的“真实余额”方程式是从一种研究法中变出来的，在剑桥听过马歇尔与庇古教授讲课的人早就熟悉这种方法了。由于这种方法近来在其他的地方不常运用，所以我就称之为“剑桥”数量方程式。但这方法的渊源却远不止于此（参看第 211 页注），最初是从配第、洛克、康替龙和亚当·斯密等人那里传来的。马歇尔博士有一段话把它的中心内容作了最好的总结：

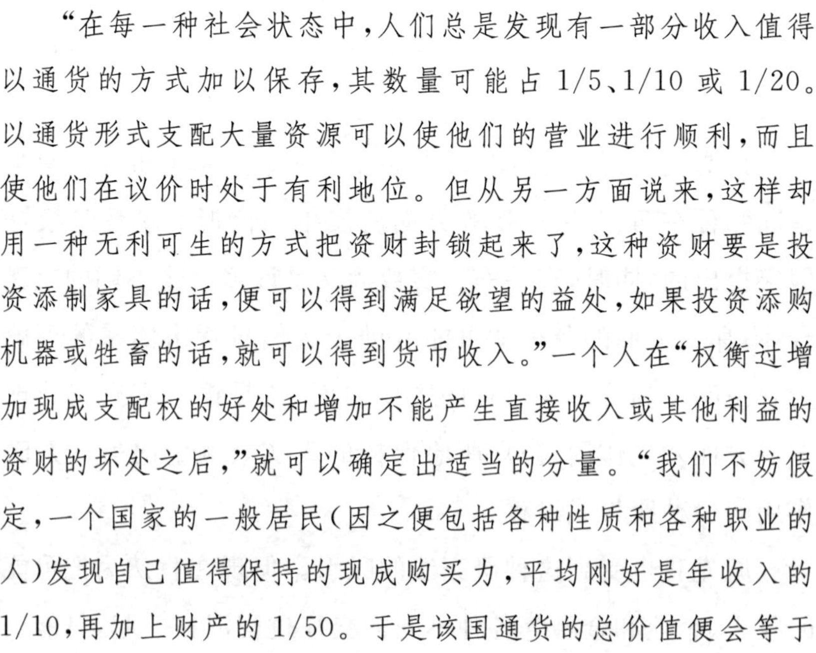

“在每一种社会状态中，人们总是发现有一部分收入值得以通货的方式加以保存，其数量可能占 1/5、1/10 或 1/20。以通货形式支配大量资源可以使他们的营业进行顺利，而且使他们在议价时处于有利地位。但从另一方面说来，这样却用一种无利可生的方式把资财封锁起来了，这种资财要是投资添制家具的话，便可以得到满足欲望的益处，如果投资添购机器或牲畜的话，就可以得到货币收入。”一个人在“权衡过增加现成支配权的好处和增加不能产生直接收入或其他利益的资财的坏处之后，”就可以确定出适当的分量。“我们不妨假定，一个国家的一般居民（因之便包括各种性质和各种职业的人）发现自己值得保持的现成购买力，平均刚好是年收入的 1/10，再加上财产的 1/50。于是该国通货的总价值便会等于这两个量的和。”[①]

庇古教授用数量方程的方式把这一理论表达出来了：[②]

“在日常生活中，人们偿还按法偿条件议订的债务时，不断需要作出支付。大多数人也有一系列同样到期的债权可以索取。但任何时候到期的债务与债权很少正好彼此抵消，其差额必须移转法偿支配权予以偿付。因此，每个人都急于要以法偿支配权的形式保持足够的资财，以便能毫无困难地进行生活中的一般交往过程，同时也可以应付不时之需。为了这两个目的，人们一般都愿意以法偿支配权的形式保持一定量小麦的总价值。[③] 这样就在任何时候都构成一个法偿支配权的确定需求表。命 R 为一个社会所享受并以小麦表示的全部资财，[④]k 是这些资财以法偿支配权形式保持的比例，M

① 见《货币、信用与商业》，第 1 卷，第 4 章，第 3 节。马歇尔博士在一个注解中以下列的话说明上面的叙述实际上是传统研究法的发展。他说：“配第认为‘对于我国说来，货币量要能支付英格兰全部土地半年的地租、一个季度的房租、全体人民一个星期的开支以及全部出口商品价值的 1/4 左右才算够。’据洛克估计：‘工资的 1/50、地主阶级收入的 1/4 和经纪人每年报酬的 1/20 用现成的货币量支付时，就足以推动任何国家的商业’。康替龙(公元 1755 年)经过一段长期和细致的研究后作出结论说：所需的价值是一国全部产品的 1/9，他认为这就等于土地地租的 1/3。亚当·斯密具有更多的现代怀疑主义精神，他说：‘许多著作家虽然计算出应为年产量总值的 1/5、1/10、1/20 或 1/30，但这比例是无法确定的，’”在现代条件下，收入存款和国民收入的正常比例似乎是在 1/10 到 1/15 之间，全部存款的比例则在一半左右。

② 见《经济学季刊》，1917 年 11 月，第 32 卷。下面的引文已加删节，但删节处未予标明。

③ 庇古教授解释说，在这一问题上选择小麦而不选择其他商品并没有什么特殊意义。

④ 上下文隐示“资财”所指的是一个时期中的收入。

是法偿的单位数，P 是单位支配权以小麦表示时的价值或价格，那么刚才所说的需求表便可以用 $P = kR/M$ 这一方程式来表示。”

接着庇古教授又把这一方程式加以扩大，把一部分用法偿支配权形式、一部分用银行存款的形式保持现金的情形也包括在内：

$$P = \frac{kR}{M}\{c + h(1 - c)\}$$

这儿的 c 是公众以法偿形式保存的现金比例，h 是法偿和银行家所保持的存款的比例。

显然，这一方程式在形式上是正确的。问题是它有没有清楚地将重要的变数说明出来。在我看来，这一方程式将受到以下几点批评，其中有几点也可以应用到我在《货币改革论》中所提出的数量方程式上去：

（一）引入社会本期收入 R 这一因素之后，就是在提示，这方面的变化是直接影响现金资财需求量的两三个重要因素之一。对于收入存款说来，我认为这是正确的。但如果我们所研究的不仅仅是收入存款而是全部存款，R 的意义就大大地缩小了。的确，剑桥数量方程式的主要不利之处在于它把主要只和收入存款有关的条件应用到全部存款上去。在研究问题的时候就好像某些能支配收入存款的条件也能支配全部存款那样。我在第十章末提出的公式，目的是要把收入存款分离出来，把“剑桥”法单单用在这上面，以便保持其主要优点。

（二）银行存款对社会收入的比例 k 所获得的突出地位推广到

收入存款以外去时是让人发生误解的。这一方法所强调的是被持有的真实余额量取决于以现金方式持有资财和以其他方式持有资财的相对优劣如何，因此 k 的变化便可以归之于这种相对优劣的变化；这种说法是有用的和富于启发性的。但这儿的“资财”却不应像庇古教授那样，解释成与本期的收入相同。

（三）庇古教授以小麦衡量真实余额，是回避了我们的基本方程式所要引导出的那一种物价水准的问题，而没有加以解决。任何数量方程式的目标都不是求得小麦的价格，而是求得某种意义下的货币购买力。但他的方程式要不是没有在这方面作出贡献，便是作出贡献时隐含着一点，即相对价格是不可变的，各种价格都是用小麦确定的，因之所有的价格水准也便都是由小麦确定的。但这一点却远非事实。

（四）上面区别为储蓄存款、营业存款和收入存款等目的不同的存款，其比例变化所引起的扰动完全被这一方程式弄得糊涂了，其实这是最重要的波动之一。此外，分析储蓄率与投资率的差额所引起的物价水准扰动时，这一方程式也不好用。

三、“费雪”数量方程式

自从欧文·费雪教授在 1911 年发表了《货币购买力》一书之后，其中所包含的著名方程式 $PT = MV$ 便在全世界范围内排斥了其他种类的公式。这一公式在促进货币理论的发展方面起了很大的作用。如果我们发现自己的分析所要求的情形已经渐次超过了这一公式，也绝不能认为我们这些自来就运用这一公式的人对费雪教授的天才不表示感激[①]。

这一公式的出发点不是收入相对于消费品的流动，也不是真实差额或以现金方式保持的资财的比例，而是现金交易总量，用费雪教授的话来说便是“支出”。如果 B 是某一时期中的现金交易总量，M 是外存的现金量，V 是该时期内一单位现金在交易过程中被运用的次数（即流通速度），那么根据定义说来，$B = M \times V$.

但我们可以用一种不同的方式来分析 B 。每一个交易过程都是由一定量进行交易的货物、劳务和证券乘以交易项目的价格构成的。也就是说，$B = \Sigma pr \times qr$，这儿的 q 是进行交易的任何东西的量，p 则是进行交易的价格。让我把基准年中具有一单位价值的量作为我们的单位，于是就可以得到：

$$B = \Sigma prqr = P_2 \times T$$

这儿的 $P_2 = \Sigma(Pr \times \frac{prqr}{\Sigma prqr})$ 和 $T = \Sigma(qr \times \frac{pr}{P_2})$. 用另一种方式

① 费雪教授的《货币购买力》一书是献给西蒙·纽科姆的。$PT = MV$ 这一公式就是通过凯默勒教授最后从纽科姆那里得来的。纽科姆不是一个职业的经济学家，而是一个数学家（美国海军大学和约翰斯·霍普金斯大学的数学教授）。他的《政治经济学原理》一书于 1886 年发表。这书是那些没有由于读正统东西太多而囿于成见的新进科学头脑在经济学这类不完整的学科中不时地写出的独创性著作之一。直到今天，这部书还值得仔细念念。他的基本方程式是 $V \times R = K \times P$，他称之为“社会流通方程式”（见该书第 328 页）。这儿的 V 是流通量，R 是流通速度（通货总量的流通速度，包括现金与银行货币在内；他认为这两者有不同的速度 R' 和 R''，相当于费雪的 V 和 V'），P 是物价水准，K 是“我们用来作为单位的价格尺度所衡量出的工业流通。”纽科姆所谓的“工业流通”指的是转手交换货币的商品量与劳务量。他把“放款货币或银行存款等移转”都没有计入“工业流通”，可能也没有计入“流通速度”，“因为这些都没有相反的财富或劳务移转来平衡”。整个这一套说法推论得非常细致，可能比费雪教授所说明的更细致。

来解释，P_2 便是进行贸易的项目的价格水准，各种交易项目的价格按其货币交易量的比例加权。这就是说，P_2 等于第六章中所界说的现金交易本位。T 是进行交易的单位总量（所谓单位则是基准年中值一单位货币的任何东西的量）按其相对价格的比例加权的结果，也就是按它和该年以 P_2 表示的价格的比例加权的结果。这样说来，T 便等于费雪教授所谓的交易量。因此，这一方程式的标准形式便是：

$$P_2 \times T = M \times V. ^{①}$$

这一公式的一大优点是其中的一边，也就是 $M \times V$ 这一边，比大多数公式都更与实际可用的银行统计资料相符合。因此，对于数量研究说来，用这一公式便比其他公式能得到更多的进展。$M \times V$ 或多或少地相当于银行票据交换量[②]，M 则相当于存款量；这两者的数字都可以取得，所以 V 的值便可以推论出来。

但从另一方面说来，它的弱点却在另外一边，也就是 $P_2 \times T$ 这一边。因为 P_2 或 T 所代表的量本身都不大可能使我们发生兴趣。P_2 不是货币购买力，T 也不是产品量。费雪教授的确并没有忘记这些缺点，但我认为他也没有作出应有的估计。他估定这两

① 如果我们愿意将流通中的现金量 M 和银行存款量 M' 区分开来，并以 V 和 V' 分别说明其流通速度，那就可以得到下一公式：

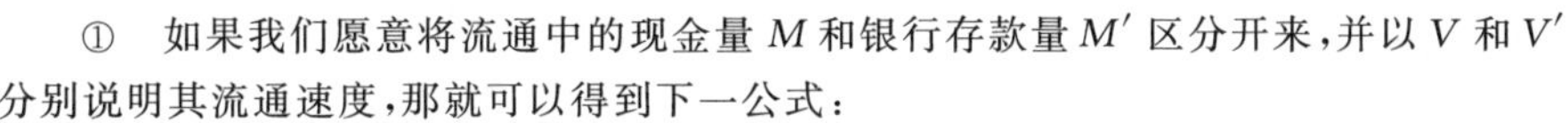

$$P_2 \times T = M \times V + M' \times V'.$$

② 银行票据交换一词要看它究竟是包括银行内部的交换，抑或只包括不同银行通过票据交换所的交换才能决定，意义略有含糊之处。对这一说法来讲，银行票据交换必须取广义解释。虽然现在英国清算银行同意从 1930 年 1 月起发表其总债务量与清算量，但英国的统计资料以往一直只是关于狭义解释的资料。在美国，近年来关于两种意义下的清算量都有统计资料可得，所以就采用了分立的名词。**银行清算**一词只用于狭义，银行债务则用于广义。

个值的近似法也不能令人信服。比方说，他企图把批发物价本位、工资本位和四十种存货的指数结合起来求得 P_2，对第一项的加权是 30，第二项是 1，第三项是 3。这当然代表着一种先驱者的工作。现在我们已经可以计算出更精确的 P_2 来，斯奈德先生已经努力这样做了。但当 P_2 计算得愈精确时，我们就愈清楚地看出现金交易本位是怎样一种混杂的本位，作为货币购买力的指标是多么不可靠。

费雪方程式还有一个遭到反对的地方是没有明确地计入现金存款和储蓄存款的区别，也没有计入透支周转账款的运用，应用在英国银行统计方面时尤其如此。它似乎隐含着这些因素的变动可以根据流通速度的变化斟酌计算。但从质的分析的观点看来，它却没有让我们走上正确的道路，发现那一类的条件将使流通速度改变。不过必须补充指出的是，这一反对意见对美国银行统计较不适用。因为美国统计资料对于定期存款和活期存款作了区别（费雪教授的 M 中只包括了活期存款），大致上相当于储蓄存款与活期存款的区别，而透支账款在美国用作节省现金存量的办法时所起作用较小。

无论如何这一缺点是不难补救的，而且也值得以下述方式加以补救：

（1）命 w ＝活期存款对全部存款的比例。

所以 Mw ＝活期存款量。

同时 $M(1-w)$ ＝储蓄存款量。

（2）命 w' ＝未用透支周转账款对现金存款的比例。

所以 Mww' ＝未用透支周转账款，

同时 $Mw(1+w')$ = 现金账款的总量。

(3) 命 V = 现金存款的流通速度，即货币支付总量对现金存款总量的比例，并命 V' = 现金账款的流通速度。

所以 $B=MVw=MV'w(1+w')$，这儿的 B 是现金交易的总周转量。

于是可得：

$$P_2T=B=MVw=MV'w(1+w')$$

或

$$P_2=\frac{MV}{T}w=\frac{MV'}{T}w(1+w').$$

这一方程式正像费雪的方程式那样，不过是"全部现金款项乘以流通速度等于银行交换量"这一叙述的扩充而已。

没有透支周转账款和储蓄存款的地方，也就是 $w=1$ 和 $w'=0$ 的地方，方程式(ii)就变成了 $P_2=\frac{MV}{T}$ 这种形式，这和费雪方程式是相同的。

在没有存款而只有透支的地方，也就是 $M=0$ 的地方，上述方程式就变成了 $P_2=\frac{M'V'}{T}$ 的形式，这儿的 M' 是未用透支款项。

四、"剑桥"方程式与"费雪"方程式之间的关系

在第 6 章中我们已经看到，不同的交易项目在所造成的支票交易量和所需保持的余额量方面，相对重要性并不必然是相同的。也就是说，我们名之为 P_1 的现金差额物价水准和我们名之为 P_2

的现金交易物价水准不相同。当我们想起下一情形时，这一点便是很清楚的了，即：某些类型的支票交易的量和日期可以比其他种类作更精确的预测或准备，因此，这两类的支票交易数量虽相等，其中一种所造成的现金差额预存量（以时间乘数量而得）却比另一种大。此外，相应于前一种指数的物价行情和后一种不同，因为一般说来，对于随时清付的支票的票面价值发生影响的物价行情，其相关日期比对于所需储存的现金差额量发生影响的物价行情早。这一点在物价发生变化时特别重要。因此，当物价下跌时，P_1 对 P_2 的比例就会降低。但在稳定的情形下，这一比例却多少是一个稳定的数目。

我们已经看到，“剑桥”型的数量方程式引导出现金差额物价水准，而“费雪”型的数量方程式则引导出现金交易物价水准。因此，两类方程式之间的关系便和两种物价水准之间的关系相同。

我们不妨将这关系写成 $P_1 = P_2 \times f$，故得

$$P_1 = \frac{M}{C} = P_2 \times f = \frac{MV}{T} \times w \times f.$$

这样说来，如果我们对物价水准下定义时比照所需货币量而不像费雪教授那样比照货币周转量或现金交易量，那就必须把代表 P_1 与 P_2 的比例的 f 这一因素加入到“费雪”方程式的最后结果中去。这一因素切不可忽视，否则我们就不会计算到这样一个事实，即 P_2 与当时流行的一套物价无关，而只与现在完成的交易当交易开始时的一套物价有关。由于原先所保持的现金差额量预计的时间比现在的支票交易更远，所以当物价上涨的时候（也就是当 f 大于其正常值的时候），流通速度就会小于其正常值。

然而 P_1 本身(即决定现金差额需求量的物价水准)所关涉的日期一般说来也早于现在的日期,因为当时和不久之后的现金交易量对它的影响大;而时间过得更久之后,当新交易所根据的现行物价行情以现金支付时,其现金交易量对它的影响较小。由于这一原因,在物价迅速上涨时期,一定量的货币所能维持的物价水准便比 P_1 和 P_2 完全克服时滞(P_2 的时滞比 P_1 大)并恢复其与现行物价的正常关系后所能维持的物价水准高。

五、“费雪”方程式与第十章的基本方程式之间的关系

根据第十章的符号说来,由于

$$P = \frac{M}{O} \times \frac{wV_1(V_2 - V)}{V_2 - V_1} + \frac{I' - S}{R},$$

同时由于

$$P_2 T = MVw,$$

故得

$$P = P_2 \times \frac{T}{O} \times \frac{V_1(V_2 - V)}{V(V_2 - V_1)} + \frac{I' - S}{R}.$$

我不知道这一方程式是否有很大的价值。但它说明了要加入什么样的变数才能使 P 和 P_2 取得固定的关系,所以是很有意义的。

第 四 篇

物价水准的动力学

第十五章 工业流通与金融流通

一、工业与金融的区别与定义

现在我们必须专心致志地来分析使货币价值及其作用方式发生变化的因素。

为了这一目的，我们必须进一步对货币现象作出分类，在某种程度内对第3章所作的将货币总量分为收入存款、营业存款和储蓄存款的分法再划分一下。也就是说，必须将用于工业的存款和用于金融的存款划分开来。将前者称之为工业流通，将后者称之为金融流通。

所谓工业就是维持本期生产、分配和交换的正常过程，并在生产过程开始至消费者最后获得满足的过程中为生产因素所完成的各种工作支付其所得的企业。从另一方面说来，所谓金融则是持有并交换财富现存所有权（不同于工业专业化所引起的交换）的企业，其中包括证券交易所和金融市场的交易、投机活动以及将本期储蓄与利润送交企业家的过程等。

这两部门企业各自运用了货币总贮量中的某一部分。大致说来，工业需要运用收入存款和一部分营业存款，后一部分我们将称

之为营业存款 A；至于金融则需要运用储蓄存款和营业存款的其余部分，后一部分我们将称之为营业存款 B。因此，前二者的和就构成了工业循环，后二者的和就构成了金融循环。我们将说明，营业存款 B 的绝对能变性一般说来只是货币总量中的一小部分，原因是这种存款的流通速度极高；因此，活期存款（即收入存款加营业存款）的变化一般便是工业流通的变化的一个良好指标。同样的道理，储蓄存款的变化也是金融流通的变化的一个良好指标。这样一来，就使我们正好回转到对于量值来说实际上具有相当良好的统计指标的两种存款上面来了。

二、决定工业流通量的因素

由于 $M_1V_1=E$，因此收入存款所需要的货币量 M_1 便一部分取决于收入量 E，一部分取决于收入存款流通速度 V_1。同时又由于 $E=W_1O$，所以 E 便取决于货币效能报酬率 W_1 和产品量 O。决定 V_1 能变性的原因将在下卷，第二十四章中详细讨论。

关于营业存款 A，我们首先可以看清楚的是，其中一部分的量将大致和收入存款按同一方式变化。因为收入存款不断通过购买货物而流入营业存款，并通过支付工资而从营业存款中流出来；所以代表向消费者销售货物所得的收入和代表生产因素的报酬的那一部分营业存款与收入存款所形成的比例就必然等于后者的速度（V_1）对前者的速度（V_2）之比；由此看来，当两者的速度之比不变时，就会相互一致地变化。

其次，未成品（即营运资本）的价格在平衡状态时，将反映制成品的价格。此外,固定资本品的生产成本在平衡状态时,其价格也将和其他商品的价格一样,随着货币效能报酬率的变化而发生同样的变化。同时,这种交易量和产品量之间的关系将和收入存款的情形大致一样。因此,在这种情况下,企业家之间交换未成品和新近制成的固定资本品所需的那一部分营业存款也将趋向于和收入存款按同一比例发生变化。

但营业存款 A 的量还由于以下各种原因而和收入存款采取不同方式的变化:

(一)不同的交易项目对于收入存款和营业存款的相对重要性有相当大的变化;也就是说,它们所占的比重不同。因此,相对价格的变化便可能推翻两类存款之间的比例。同样的道理,这一比数也可能由于生产性质的变化而被推翻。

(二)如果假定收入存款和营业存款 A 的流通速度的比数是稳定的,那只是一种不准确的假定。后者不像前者那样,由于支付日期的规律性而受一定程度稳定性的束缚,这种规律性正是工资与薪水支付的普遍特性。

我们在第二十四章中将要讨论的证据说明,全部营业存款的流通速度 V_2 的可变性是很大的。这种可变性往往大部分不是由于营业存款 A 和营业存款 B 的流通速度变化所引起的,而是由于全部营业存款在 A 与 B 之间的分配比例的变化所引起的。虽然如此,营业存款的流通速度仍然有相当大的短期变动无疑是由于保持余额的代价的变化和其他原因所引起的。因为当营业活跃、借款利率高时,厂商就会节省其所保持的营业存款 A。此外,当就业量降低因而造成真实收入量下降时,公众在一个时期内就会设法减少收入存款来维持生活标准，因之便会在 V_2 可能减少时使 V_1 增加；然而除了由于对通货失去信心所引起的变化以外，我还是认为 V_1 的短期变动是无足轻重的[①]；我们都知道，对通货失去信心可能引起很大的灾变。无论如何，由于营业习惯或生产性质愈来愈大的变化，V_1 和 V_2 在长期内将显示出不同的趋势。

（三）营业存款 A 和相应于这种存款的物价水准可能由于利润或损失的出现而受到影响。在某些情形下，利润或损失的出现对物价水准和货币流通量的要求所发生的影响可能和收入存款量的变化（如果有的话）不成比例。

但这种方式下所发生的给定物价变化对货币流通的要求的影响比效能报酬率的上升所引起的等量变化的影响要小得多。消费品制造过程的营运资本价格上涨使利润出现时情形尤其是这样。最方便的办法是把这种情况称之为商品投机，意思是指还没有在货币购买力中反映出来的未成品的价格动态。因为营运资本的价格变动（原料批发价格指数是相当典型的例子）可能得到该商品在往后的时间以更完整或原有状态重新出售时的预期价格的支持。因此，在一个时期中，批发物价本位上升便可能无需消费本位相应上升而维持下来；时期的长短，视生产过程的长度和保持存货的成本的大小而定。

由这一点可以推论出，批发物价本位的投机性上涨没有伴随发生消费本位的上涨时，特别容易由于货币量缺少而压回。此外，价格上涨和货币需求之间还有一段时间间隔存在，因为现行物价

① 流通速度的可变性，将在第 24 章中再回头来详加讨论。

行情反映着现在订约、将来制成的商品的价格，所以一直要到商品完成的日期，上涨的价格才会需要更多的营业存款。诚然，如果投机活动不在适当的时候得到消费本位上涨的支持，就不可能存在得很长。因为在这种情形之下，它所根据的预期将成为泡影。但这种反应可能要经过一段很长的时期才会发生。在这一段时期中，批发物价本位以及与营运资本交易有关的营业存款的动态将在或大或小的程度内不但和收入存款的动态脱离，而且也会和消费本位的动态脱离。

由于以上种种的原因，整个工业流通量的变化便不会和收入存款量的变化严格符合。不过工业流通量在某种程度内虽然也受到生产的性质、公众与企业界的习惯以及用货币形式保存资财所牵涉的代价等因素的影响，但主要却是随着总货币收入量 E 而发生变化，也就是随着本期产品的生产成本量的变化而变化。

三、决定金融流通量的因素

金融方面的用途所需要的货币量，也就是我们所谓的**金融流通**，却是由一套完全不同的条件决定的。在这种情形下，应付金融营业所需的营业存款 B 的量，除了这类存款的流通速度可能发生的变化以外，也要取决于交易量乘交易项目的平均价值的得数。但金融项目交易量（即金融业务的**活动**）不但可变性很大，而且和产品量也没有紧密的关系，不论是资本品产量还是消费品产量都一样。原因是固定资本的本期产量和现有财富存量比起来是很少的（在这儿，我们将称现有财富存量为**证券**，其中不包括现金流动债权)，同时这些证券转手的活动并不取决于其增加率。因此，在具有证券交易机构的现代社会中，本期生产的固定资本的周转量在全部证券周转量中只占很小一部分。

现存证券的价格在短期内也完全不会严格地取决于生产成本或新固定资本的价格。因为现存证券大部分是无法迅速再生产的财产、根本无法再生产的自然资源、预期具有半垄断或某种特殊便利而产生的未来收入的资本化价值等。美国 1929 年的投资繁荣就是一个很好的例子，那时全部证券价格巨大上涨而本期生产的新固定资本的价格却没有伴随出现任何上涨。此外，借贷资本(即债券)和真实资本(即股份)等两类进行贸易的财富的价值往往会沿相反方向变动，因而使价格部分地互相抵消。

但金融周转独立于工业周转之外变化这一事实的实际意义却没有想象的那样大。因为节省现金用量的证券交易所清算法等大大发展，使得营业存款 B 的周转速度非常高，所以用于这方面的货币量的绝对变化量一般是不会很大的。

因此，用于金融方面的货币总需求量的主要变化是以一种完全不同的方式产生的，也就是以储蓄存款量的方式产生的。

储蓄存款的存在这一事实就说明有人宁愿用经过短期通知即可兑现的货币流动债权的形式保存他们的资财。从另一方面说来，还有一类人则从银行借款，以便取得资金，使证券的持有量大于本身资财所能担负的量。

这些储蓄存款分为两大类。一般说来，其中包括很大一部分稳定的储蓄存款，保持的原因不是由于持有者对证券未来货币价值看跌，而是由于第 3 章中所举出的某种个人方面的理由。也就是说，有一种财富所有者始终宁愿持有储蓄存款而不愿持有证券。但由于这类储蓄存款的量变化可能很慢，总储蓄存款量的任何迅速变化就往往说明第二类中发生了变化。

让我们把这两类储蓄存款分别称之为 A 和 B。

用证券交易所的术语来说，第二类储蓄存款包括我们所谓的“空头”状况。不过空头中非但包括卖空的人（也就是出售自己所不具有的证券的人），而且也包括在一般的时候具有证券，但当时愿以储蓄存款的方式持有现金流动债权的人。换句话说，“空头”就是在当时愿意抛出证券并贷出现金的人；相应地说来，“多头”则是愿意持有证券并借入现金的人。前者对证券的现金价值看跌，而后者则看涨。

当多头情绪增长时，储蓄存款就有降低的趋势。这种降低的量，取决于证券价格相对于短期利率的上涨抵消多头情绪的整个程度如何而定。有一种证券价格水准就平均意义说来刚好抵消了多头情绪，使得储蓄存款量不发生变化。如果证券价格上涨得比这还高，那么储蓄存款量实际上就会增加。但除了工业流通的需求发生了补偿变化以外，储蓄存款量在多头情绪增长时只有在下述两种情形下才能保持或增加：（一）银行体系本身购买证券，直接使证券价格上升；银行体系利用公众的不同部分中存在着分歧意见这一情形，如果有一部分人受到宽松信用的引诱而借钱投机，购买证券时，就可以使证券价格上升到一个水准，使另一部分公众选取储蓄存款。这样说来，证券价格的实际水准便像我们在第 10 章中所见到的，是多头看法的程度和银行体系的行为相结合形成的结果。

从这一点可以推论出，储蓄存款发生任何畸形下降，而又伴随出现证券价格的上涨时，就可能说明多头情绪未被证券价格的上涨充分抵消，因而使看法一致偏向证券而抛却现金。然而同一条件下的畸形上升却可能说明对于证券的前途发生了分歧的看法，“多头”方面的人实际上是在购买证券，并通过银行体系向“空头”方面的人借钱。举个例子来说，1928 和 1929 年间，这种情形看来就曾在美国大规模地出现。因此，在 1929 年的华尔街大繁荣中，人们正确地注意了“经纪人贷款”量的增减。因为这种贷款增加就意味着，证券价格的上涨已经超过了刚够抵消一般情绪中的多头状况的限度；也就是说，它造成了“空头”状况的增加。

在现代条件下，不论是英国还是美国，总的“空头”状况当然都可能大大超过储蓄存款 B 的量。因为职业的投资者都有其他方式根据现金流动债权贷出“空头”资金，而不通过银行体系，如购买库券、直接向金融市场和证券交易所贷款等都是。一般说来，这些方式也更加有利。除此之外，还有许多空头交易出售了自己所不具有的证券，可以直接抵消多头“远期收进”他们所购买的证券的交易。然而储蓄存款 B 的数量变动还是可能变得很重要。这儿所说的变动包括工厂对前景无信心或有信心，因而使所持有的营运资本少于或多于一般量时的存款变化；同时也包括某些机构由于认为最好利用“多头”活动，出售新旧证券，在实际需要出现之前筹集资金的存款变化。因此，储蓄存款 B 的变化，可能是金融界所造成的货币需求能变性中最重要的因素。

这样说来，金融流通的总量便有一部分要取决于交易活动，但主要还是取决于“空头”状况的大小。这两种情形都可能是物价变化迅速时所产生的现象，而不是绝对高或绝对低的物价水准所产生的现象。

储蓄存款 M_3 增加或减少的趋势虽是“空头”状况增加或减少的指标，但投机市场却一共有四种可能的形式：

（一）看法一致的“多头”市场：在这种情形下，证券价格上升，但不充分，以致使 M_3 下降，“空头”状况在上涨的市场上结束。

（二）看法分歧的“多头”市场：在这种情形下，证券上涨过多，M_3 上升，“空头”状况在下跌的市场上增加。

（三）看法分歧的“空头”市场：在这种情形下，证券价格下跌过多，以致使 M_3 下降，空头状况在下跌的市场上结束。

（四）看法一致的“空头”市场：在这种情形下，证券价格下跌不足，M_3 上升，“空头”状况在上涨的市场上增加。

当储蓄存款增长，而银行总资产量又没有等量的增加使之被抵消时，就将减少工业循环的可用货币量；所以，银行体系如果没有采取补偿活动，第一与第三种投机活动对工业的影响就会和货币供应量增加的效果一样。第二与第四两种投机活动的影响则会和货币供应量减少的效果一样。

从另一方面说来，当证券价格上涨时，就可能刺激新投资价格水准 P' 上涨，跌落时则相反；但这只是一般说来会是这样，却并不一定都是这样。因此，第一种投机从两方面说来都会使货币购买力降低；因为增加工业流通的货币供应量以后，这种投机就使投资可以增加；而提高 P' 之后，它们又增加了投资的吸引力。同样的道理，第四种投机从两方面说来都会使货币购买力趋于上升。但第二和第三种投机则过程本身都会发生自相矛盾的作用，比方说，第二类投机可以增加新投资的吸引力，但其他条件相等时，却会减少工业流通的货币供应量。

因此，我们可以作出结论说：金融状况的变化可能在两种方式下引起货币价值的变化。一是改变工业流通的可用货币量，二是改变投资的吸引力。因此，除了前一种效果被货币总量的变化所抵消，后一种效果又被借款条件的变化所抵消的情形以外，便会造成本期产品价格水准的不稳定。

麻烦的是金融状况中某一变化的两种可能效果并不一定朝同一个方向发生作用。因此，在这儿我们也许可以预述一下应该写在第二卷中更恰当的论题，先来随便谈一谈力图管理货币状况，以便稳定本期产品物价水准的中央银行所负的义务。

就拿第二种投机来说，中央银行所遇到的两难情形是这样：如果它增加银行货币量，以便避免金融流通从工业流通中取走资金的任何危险，那么它就会鼓励“多头”市场继续存在下去；这样就十分可能提高 P' 的值，因而造成往后的过分投资。然而如果它拒绝增加银行货币量，就会使工业界的可用货币量减少，或是提高货币的利息率，以致立即发生通货紧缩的效果。

就购买力稳定问题说来，解决的办法在于使金融和工业界都获得它们所需要的货币，但其利息率对新投资率（相对于储蓄而言的利率）的影响要刚刚能抵消多头情绪的影响。可是，要在每一个阶段都严格地判断情况并严格地达成这种平衡，有时却非人类智力所能及。此外，实际上当利率高到可以防止将来的过分投资时，却又会使目前的产量降低到最适量以下去，虽然我认为这种情形只有在判断不正确或从一种产品变为另一种产品有困难时才会存在。在这种情形下，稳定性受到一些干扰是不可避免的。因为这时除了英国和美国有时试用的办法以外就没有其他的出路了，只是这样做是否能成功也还在未定之天。办法的内容是对金融界借款者和工业界借款者订出差别贷款条件；或是采取不同利率，或是配给贷款量。如果对两类借款者的贷款条件必须接近相同，而某些证券购买者又作了不正确的预测，那么当利润高到足以避免未来的过分投资时，就准会在目前引起失业。

因此，我们便得出一个大致的结论说：购买力和产量的稳定要求必须让总存款量和储蓄存款量的任何变化一同涨落。但贷款条件必须在实际可行的范围内予以调整，以便抵消金融市场的空头与多头情绪对新投资率的影响。

从长远看来，证券的价值完全是从消费品的价值上得来的。它取决于对证券直接或间接产生的流动消费品的价值的预期，并参照这一预期的风险和不肯定性加以修正，然后乘以历年收益数，这一数目相应于有关使用期的资本的本期利息率。当证券所代表的商品可以进行再生产时，资本品所生产的消费品预期价值将受到有关资本品的生产成本的影响，因为这种成本将影响到这种商品的未来供应。

但在很短的时期内，上述预期价值却取决于大部分不受任何现存货币因素控制的看法。证券价格的上涨不会像本期消费品价格的类似上涨那样，会由于没有充分的收入来进行购买而受到约制，证券价格的上涨不会在这类方式下直接受到货币因素的约制。因为我们已经看到，金融业交易所需的营业存款 B 的量取决于市场活动的程度，至少和它取决于交易工具平均价值的程度一样大。

同时由于这种存款量的流通速度极大，所以它们的量有任何必要增长时，都极容易供应而不会对其他用途的货币供应发生很大的影响。其结果是我们不能依靠这一点作为约制。

因此，人们的*看法*对金融状况便具有一种支配性的影响，其程度不适用于支付给定工资总额所需的货币量。如果人人都同意证券的价值应当更大，如果每一个人都成了“多头”，也就是在价格上涨时宁愿购买证券而不愿增加储蓄存款，那么证券价格的上涨便是没有限度的，而且货币缺少也不可能产生有效的约制。

然而当证券价格相对于短期利率说来上涨得够高，以致使人们对前景的看法发生分歧时，社会出现一种“空头”状况，有些人就会开始增加储蓄存款；资金可能是来自其本期节约的余额，也可能是来自其本期利润，还有一种可能是抛售原先所持有的证券。因此，随着较为谨慎的人认为流行的看法不合理，“另一种”看法就会发展起来，其结果是增加“空头”状况（这种状况就的确会产生一种货币因素，虽然在多头市场中只是一种*校正*的因素），情形和上面所说的一样。

最后，如果可以进行再生产的现存证券的价值和本期生产成本发生了差额，就将通过对新投资的刺激或妨碍使某些其他货币因素发生作用，其方式将在往下各章中详加讨论。

因此，我的说法是，通货发行当局和一般看法所决定的现行证券价值水准并没有*直接*关系；但现存证券的价值水准如果预计将刺激新投资，使之超过储蓄或作相反的变化的话，它就和这种价值水准具有很重要的间接关系。比方说，地产交易的繁荣以及垄断组织的财产的重新估价等与新投资的过度刺激完全无关，通货发行当局不应因此而不把放款条件和货币供应总量维持在一个水准上，以便在满足金融流通的需求之后还能使工业流通得到最适量的货币；只要这样做的时候在非封闭体系下和维持对外平衡的要求相符合就行。也就是说，干涉或不干涉“多头”或“空头”金融市场的问题，主要应以这种金融情况对储蓄与新投资之间的未来平衡可能发生什么样的影响为标准来决定。

第十六章　货币购买力不平衡原因的分类

假定在一种平衡状态下，物价水准和生产成本相符合，利润是零，投资的成本等于储蓄；此外，所讨论的如果是国际体系中的一员时，其对外投资差额率也和对外贸易差额率相等。如果这社会是一个进步的社会的话，让我们再假定其中货币供应量的增加等于一般产量的稳定增加率（如每年 3%）。那么这种平衡状况通过什么方式会被打破呢？

根据第十章的基本方程式

$$\Pi=\frac{E}{O}+\frac{I-S}{O},$$

可以说，产品的物价水准完全受三种因素的支配，即：一、生产因素的货币报酬量 E；二、当前产品量 O；三、储蓄量与投资价值的关系 $I-S$。因此改变就只能通过这三种基本因素中的一种或多种所引起。

记住这一点之后，我们最好是将可能发生的扰动始因分为三类。这三类我们将分别称之为一、货币因素引起的变化，影响的是用于收入的有效货币供应；二、投资因素引起的变化；三、工业因素引起的变化，影响的是产量和收入的货币需求。

一、货币因素所引起的变化

有下列各种情形存在时，不平衡状况就可以说是由货币因素引起的：

（一）与一般经济活动常年趋势不相适应的货币总量变化；

（二）由于金融界的情绪或活动，或是相对于产品价值的货币信用量发生变化，致使满足金融界要求所需的货币总量（即金融流通）的比例发生变化；

（三）由于公众与企业界的习惯与方法发生变化，或是产品的性质（不同于产量）发生变化，因而使收入存款或营业存款 A 的流通速度发生变化，或是使工业流通的周转相应于一定的报酬量而言发生变化，最后使工业流通的需求发生变化。

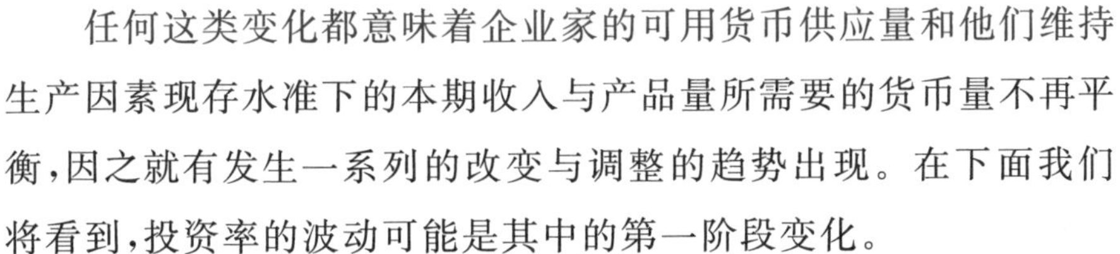

任何这类变化都意味着企业家的可用货币供应量和他们维持生产因素现存水准下的本期收入与产品量所需要的货币量不再平衡，因之就有发生一系列的改变与调整的趋势出现。在下面我们将看到，投资率的波动可能是其中的第一阶段变化。

二、投资因素所引起的变化

市场利率可能由于下列原因和自然利率分离：

（一）货币因素发生变化而未被自然利率的变化所抵消，使贷款市场的条件发生变化，因而使市场利率发生变化。

（二）投资或储蓄的吸引力发生变化，未被市场利率的变化所抵消，因而使自然利率发生变化。

（三）由于维持对外投资差额率和对外贸易差额率平衡的需要未被自然利率的变化所抵消，因而使市场利率发生变化。

三、工业因素所引起的变化

企业家为工业流通而需用的货币量可能发生变化。其原因有一、本期产量脱离我们所假定的平衡条件中已经计入的常年趋势的变化；二、“引发”或“自发”的报酬率变化（参看本书第 153 页）所引起的生产成本变化。

这些不同类型的扰动可以同时存在，而且又可以互为因果。它们的效果可以互相叠加，又可以彼此助长或互相抵消；在这种意义下说来，它们又是互相独立的。

本书的论点是，第一类（货币因素）变化对原有平衡位域所产生的扰动一般是通过第二类变化发生作用的；第二类（投资因素）变化所产生的扰动，不论是属于（一）、（二）或（三）中的哪一种，都趋向于通过第三类变化而实现出来。只是第二类第二种的变化也会产生第一类变化。第三类（工业因素）的变化进一步对一系列第二类变化发生反应并与之交相反应后，就会发生一系列摆动，最终造成一个新的平衡位域。

这些不同类型的扰动，将在往下各章中详加讨论。我认为第二类第二种变化相当于一般在信用循环这一题目下所讨论的现象；第二类第三种变化如果对外不平衡状况是由于国内或国外的第二类第二种变化所引起的而不是由于第二类第一种变化所引起的，情形便也是这样。我们可以看到，这一叙述是相当恰当的。因为在这种情形下所发生的是一个未经变化的平衡位域上下的摆动，而不是从一个平衡位域移转到另一个平衡位域。从另一方面说来，这种摆动并不一定是严格周期性的摆动，其性质渐次变得近似于伴随任一种货币变化出现的摆动，其中包括从一种平衡位域过渡到另一种平衡位域的变化。

第三类的自发变化无需另作讨论，因为当它们发生以后，其历程将和原先发生的一种或另一种变化所引起的类似变化的历程相同。

金融因素引起的变化也无需另立一类，因为我们在前一章中已经看到，这种变化要不是通过第一类变化改变工业流通的可用货币供应量而发生作用，便是通过第二类变化改变新投资或储蓄的吸引力而发生作用。

第十七章 货币因素所引起的变化

工业流通的货币供需平衡不论是由于货币供应总量有变化、金融流通的需要有变化、工业流通相对于产品价值的需要有变化还是收入量有变化而发生了变化，对于下列讨论说来并没有多大区别。比方说，如果工业流通的需要相对于产品价值说来下跌，这就意味着企业家从本期销售中所得到的货币比他们在现存成本总额下维持产量所需的货币要多，所以银行体系发现自己在旧的平衡下放款力量有剩余，正像货币供应量加大了一样。因此，我们只要讨论一下货币供应总量改变的情形就够了。

一、货币供应改变在工业方面所产生的后果

货币体系中注入新增的货币量或抽出货币后，究竟是通过什么道路在已改变的价格水准下达成新的平衡的呢？

由于货币体系中注入新增的现金量（其中包括中央银行的准备）将增加会员银行的准备金，根据以上所解释的理由说来，就将使会员银行更愿意以较松的条件放款；也就是说，新货币将刺激银行将资金交予准备好运用资金的借款者支配，只要以令人满意的条件提供款项就可以办到这一点。相反地，从货币体系中抽出现金，就会减少会员银行的准备金，因而使后者从借款者手中收回资金。

新贷款中所得的款项可能有一部分将间接流入储蓄存款或营业存款 B，因而扩大金融流通。但其余部分必然会直接或最后流入企业家手中。情形既然如此，一般说来放松贷款不论还有什么其他效果，都会以下述三种方式中的某一种方式影响企业家：

（一）利率降低将提高资本品的价格，刺激这种商品的生产。在金融流通得到更多和更便宜的货币后，如果同时使证券价格提高的话，那么上一趋势就会进一步受到鼓励。

（二）由于原先在边际上有一群没有得到满足而可能成为借款者的企业家（往下我们将看到，有时情形是这样），只要有可能，甚至在旧条件之下，他们也随时准备借款。从另一方面说来，在边际上有一群未受雇的生产因素，这时某些企业家便可以在现存的报酬率下为更多的生产因素提供就业机会。[①]

（三）新货币流入后，最后使某些企业家预见到可能获利，所以他们这时就愿意增加产量，纵使这意味着对生产因素提供更高的报酬也行。

因此，在这三种情形之下，投资的内容不论是以固定资本形式出现还是以营运资本形式出现，新投资价值的增加那是迟早总会

① 资本因素的报酬率由于利率降低而比以往低了，上述说法因之便可以和赋予其他生产因素的报酬增加这一事实（但也许只是小量增加）相容。

发生的。此外，产量也可能增加。然而我们却没有理由假定，货币量改变对储蓄率所发生的效果将抵消投资率的变动。的确，一般都认为，对储蓄率如果有任何影响的话，其方向也会和对投资的影响的方向相反。对借款者条件放宽就意味着对贷款者的条件较比不能让他们满意。所以刺激一方的条件就会阻抑另一方。因此，报酬率如果有任何上升，因而使物价发生任何上升的话，投资相对于储蓄的增长就必然会使物价在这种上升之后进一步上涨。换句话说，不论 O 的总量是否增加了，用于收入的产品所组成的那一部分 O，增长量不会像 M_1V_1 中用来购买用于收入的那一部分的增长那样大。所以，正如我们在上面已经看到的一样，P 的上升超过 $\frac{M_1V_1}{O}$ 的量将等于 $\frac{I'-S}{O}$，而 Π 的上升量则会等于 $\frac{I-S}{O}$.[①]

在最简单的情形下，最初效能报酬率没有变化，也就是企业家不提高对生产因素的报酬；这时物价的全部开始增值都是由于第二项发生的，也就是由宽松的贷款条件刺激投资而产生的。甚至还有一种情形是最初效能报酬率和就业量都没有变化，M_1V_1 因之也没有改变，新货币对物价的起始效应完全是通过对投资的刺激而发生作用的。在这种情形下，使工业流通量扩大所需的新货币量可能较小，超过这一量的任何剩余量都必然会暂时被流通速度的减少或金融流通的增加所吸收。

但我们在第十一章中已经看到，I 与 S 不相等所引起的物价

① 在本章和以下几章中，我有时会把货币购买力和全部产品的物价水准之间的区别略去不计，并将 I 与 I' 不一定相等所增添的复杂情形略去不计。但当论点的本质受到影响时，我当然也会促使大家注意这方面的问题。

变化的后果是使企业家得到意外的利润。在这种利润的刺激下，就会引起转移的次级阶段。因为利润的刺激会促使企业家更急切地竞相取得生产因素的劳务，因之而使效能报酬率$\frac{M_1V_1}{O}$增长，不论这种增长在原始阶段中是否已经发展到一定限度都一样。

以上我们都假定货币供应量已增加，借贷条件较为宽松的情况。但关于货币供应量减少和借贷条件较紧的情形，同样的说法作必要改变后也可以应用。

二、存款总量的变化在不同种类的存款之间的分布

现在我们将费一些篇幅来作一点复述，以便更详细地讨论一下总存款的增加将沿着什么道路在储蓄存款、收入存款和营业存款之间具体分布。

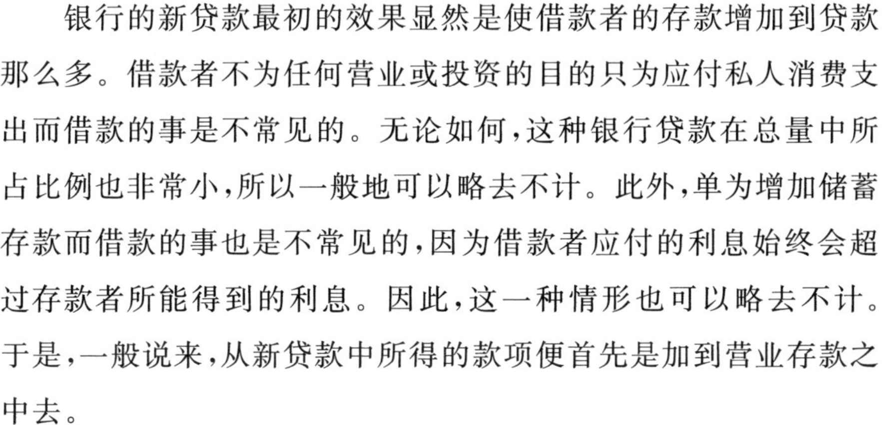

银行的新贷款最初的效果显然是使借款者的存款增加到贷款那么多。借款者不为任何营业或投资的目的只为应付私人消费支出而借款的事是不常见的。无论如何，这种银行贷款在总量中所占比例也非常小，所以一般地可以略去不计。此外，单为增加储蓄存款而借款的事也是不常见的，因为借款者应付的利息始终会超过存款者所能得到的利息。因此，这一种情形也可以略去不计。于是，一般说来，从新贷款中所得的款项便首先是加到营业存款之中去。

像这样增加的营业存款有一部分可能会在或多或少的程度内

直接地进入受到放宽贷款条件鼓励的企业家手中，由他们用来支付已经增长的报酬总额 M_1V_1。我们在上面已经看到，这种已增长的报酬总额可能和效能报酬率 $\frac{M_1V_1}{O}$ 的增长相关联，也可能不关联。因此，新货币有一部分将迅速地从 M_2 移转到所得存款 M_1 中来，还有相应的一部分则将留在营业存款 A 中来应付企业家相应于报酬总额增长而增长的周转量。由于有利润出现，营业存款 A 中也必然有小量增长。

其余的营业存款增量（起初时可以想见等于全部增加的货币）将流入投机家和金融家手中，也就是愿意借钱购买商品或证券的人。这样就会提高证券价格，由此产生的证券繁荣则可能会增加证券交易周转量。因此，有一部分新货币就必须保留在营业存款 B 中来应付证券货币周转量的增长，但在一般情形下这只占很小的一部分。不过每一个证券（或商品）的买主都必须有一个卖主。卖主可能利用出售的收入来购买其他证券，在这种情形下，证券价格的增长将从一类分布到另一类。但由于证券价格继续上涨，下述两种情形中迟早有一种会发生。一种可能是，这种价格上涨使新投资的生产者获得意外利润，其结果是通过新的市场或其他道路使新增的资金进入企业家手中，用以增加或设法增加投资的产量。往下的发展过程就会和上面一样了。

另一种可能情形是，证券价格上涨使金融界的两部分人发生分歧意见。其中一部分人（多头）相信上涨会继续下去，因而愿意用借款购买证券；另一部分人（空头）则怀疑上涨能否继续，因而愿意出售证券以取得现金、票据或其他流动资产。在银行本身购买证券的情形下，只要“空头”状况发展就够了。而在空头的资金不通过银行体系借与多头时，证券交易的繁荣便不但可以借助于新货币，而且可以借助于空头出售证券的收入来继续维持下去。但在空头将出售证券的收入(或不以本期储蓄购买证券的收入)增加到储蓄存款中去时，就会用去一部分新货币适当地增加 M_3。

因此，一切的新货币最后都会进入 M_1、M_2 或 M_3。(一)进入 M_1 的是相应于已增长的报酬总额 M_1V_1；(二)进入 M_2 的则是相应于已增长的企业家的周转量。或(三)已增长的证券交易周转量；(四)进入 M_3 的是相应于“空头”状况的扩大的量。

由于新货币被第(三)和第(四)项吸收后不会刺激新投资的产量，所以对货币购买力就不会有影响。原因是新投资产品的价值 I 将增加而这种产品的生产成本 I' 则不会增加。但由于报酬总额 M_1V_1 增加了，同时投资品价格上涨又使其生产有利可图，因而使企业家从消费品的生产转向投资品的生产；于是增长的便不止是 P(也就是货币购买力降低)，$I'-S$ 也会增长，其结果是 P 的增值(暂时地)会比 $\frac{M_1V_1}{O}$ 的增值大。

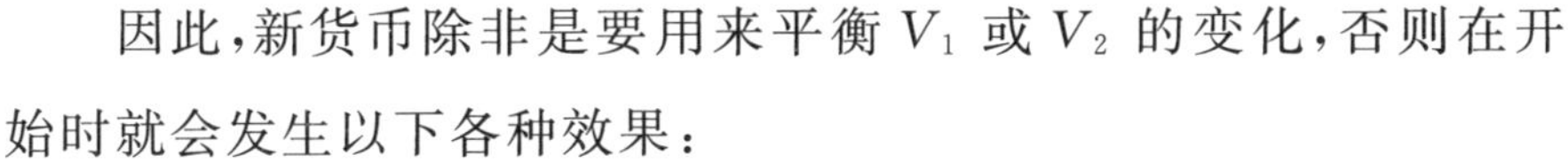

因此，新货币除非是要用来平衡 V_1 或 V_2 的变化，否则在开始时就会发生以下各种效果：

(一)增加 M_3、M_2 和 P'(新投资品的价格水准)，而让 $I'-S$、M_1V_1 和 P 都保持不变；或

(二)增加 $I'-S$ 和 P，而让 M_1V_1 保持不变；

(三)增加 $I'-S$、M_1V_1 和 P，而让 $\frac{M_1V_1}{O}$ 保持不变。或

（四）增加 $I'-S$、M_1V_1、$\frac{M_1V_1}{O}$ 和 P.

在（二）（三）和（四）等情形下，M_3、M_2 和 P' 当然也可能发生变化。

在最后三种情形下，P 都增长，在第一种情形下，其增长量大于 $\frac{M_1V_1}{O}$ 的任何增长所能说明的程度。然而当 $P'>P$ 或 $P>\frac{M_1V_1}{O}$ 时，就不可能有平衡的位域存在。因为 P' 相对于 P 而言的增长和 P 本身的增长，如果是由于 $I'-S$ 的增长所引起的，就会造成利润，因之也就会刺激企业家提高取得生产因素的劳务时所出的报酬。这种情形当 $\frac{M_1V_1}{O}$ 没有在较高的数字上稳定下来时，必然会继续存在下去。这种较高的数字和新的货币总量平衡，同时也与 P 和 P' 的值平衡，P 和 P' 相对于其旧值而言，增长程度相当于 $\frac{M_1V_1}{O}$ 的增长量。

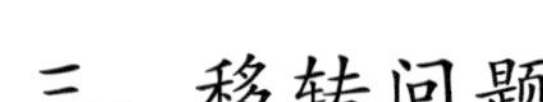

三、移转问题

我们已经看到，每当基本方程式第二项受到影响时，物价水准就将对于已增长（或减少）的货币量发生反应。因此，新货币量对于物价的影响将是迅速的。但我们也已经看到，我们不能因此就假定，新平衡在这个阶段已经建立了。当企业家还在得到意外利润（或损失）时，情况就是不稳定的。如果他们所得到的是意外利润，就会竞相取得生产因素的劳务，直到后者的价格水准上涨到使生产成本和销售收入重新相等为止。如果他们所得到的是意外损失，就会将生产因素解雇，直到后者同意接受的报酬率使生产成本不再超过销售收入为止。唯有投资的刺激（或阻抑）在 M_1V_1 的增长（或减少）中发挥尽了力量，银行的放款能力才会恢复到和储蓄平衡（由于过多的贷款将被每一个生产期末所累积的利润所平衡，因而在直接或间接的方式下可以再用于下一个生产周期），并恢复到适于为已增加（或减少）的报酬总额提供一个相称的工业循环为止。但最后第二项 $\frac{I'-S}{O}$ 将必须重新跌落为零。银行已经不能再支配剩余的贷款力量来刺激投资超过储蓄（或使之发生相反的变化）。这时将出现一个新的平衡，其中 P 和 $\frac{M_1V_1}{O}$ 都将处在相应于货币量的增减而出现的较高或较低的水准上。

但我们不可认为，基本方程式第二项的增加所引起的物价上涨改变为第一项的增加所引起的物价上涨这一过程必然会顺利地产生。如果情形是报酬率降低，生产因素就会抗拒这种降低，其结果是他们的失业时期将延长。此外，投资在 M_1V_1 已经发生充分变化之后，将继续超过或不及储蓄量。其结果是推动物价高于或低于可以巩固维持的数值。所以在达到最后位域之前，就将发生一系列忽上忽下的小摆动。

此外，如果我们所讨论的不是一个封闭体系，那么，货币供应相对于旧平衡中的需求而言的始增量（或减量）有一部分可能被黄金的输出或输入所抵消。就拿供应增加的情形来说吧，较松的贷款条件将增加对外投资贷付差额，而对外贸易差额却绝不会增加以抵消这种差额，反而会在国内物价上涨的影响下趋于减少。

由于黄金的流动将在国外产生与国内相同的情况（只是规模大概会较小），所以上述的效果便是把货币供应改变的影响分布到更广的区域中去，因而会减弱其程度。

但货币供应的增加如果事实上是由于原先对外贸易差额超过对外投资贷付差额造成黄金进口所引起的，那么这种黄金进口在国内造成的一系列变化便全都会趋于恢复而不会扰乱对外平衡。

要指出的是，甚至在平均效能报酬率降低到一个水准，与已减少的货币量平衡后，有一种不平衡的因素仍将继续存在。如果不同的生产因素的货币报酬率能够同时以相等的比例减少，那么在这一点达到之后就没有一个人会受到损失。但一般说来，这种情形是无法得到的。紧缩的效果不是使各方面全都等量减少，而是使减少的量集中在谈判地位最弱或规定货币报酬率的契约最短的特殊生产因素身上。也许要经过一段很长的时间才能使相对效能报酬率恢复原有的比例。这并不是通货紧缩所特有的流弊，通货膨胀也同样特别具有一种类似的报酬分配失调现象。

麻烦的地方主要是银行货币总量的变化从代数性质上讲来，在一个时期内可以和一套以上的后果相容。货币量的改变将使投资率改变，投资率的改变则将引起盈利或亏损，利润或损失的刺激如果发展得够远、继续得够长，迟早就会改变平均报酬率。最后，个别报酬率的变化又会和平均报酬率的变化适当地配合起来，而不会像起初以至若干年的时期中一样，在平均水准上作不均匀的分布。但这种过程却并不是必然会立即发生的。

由于经济学家和银行家都没有完全弄清楚货币量减少最后在较低的货币报酬率与物价水准上取得新平衡的因果过程，所以他们对于通货紧缩看得太乐观了。银行家由于相当容易地就使物价下降，受到了过分的鼓舞，并且在仅仅是最容易的第一步完成以后就认为事情已经妥了。接着在单位产品的货币报酬率没有和新的平衡相适应以前出现长期拖延的失业和营业损失时，他们又会大吃一惊。经济学家则往往忽视了物价和效能报酬在短期内发生分离趋势的可能性以及长期内两者发生离势的不可能性。所以我们往往就听说(例如)银行利率的上升，就会使物价下跌，这样就会使一个国家“好买货而不好卖货”等等。但我们却没有听说银行利率的上升会使工资跌落的话。如果工资不跌落的话，企业家和就业问题又会发生什么情形呢？如果会跌落的话，从高银行利率到低物价、从低物价到低工资的转变过程的性质又是怎样的呢？

在大多数现代经济体系中，中央银行当局都没有办法直接对基本方程式的第一项发生作用；也就是说，没有办法直接影响效能报酬水准，这可以说是一个缺点。在布尔什维克的俄国和法西斯的意大利，都可以在一夜之间通过法令改变货币效能报酬率。但世界的其余部分大多数地方所盛行的资本主义个人主义体系中，却没法运用这种方法。英国恢复金本位时，价值本位由财政部一道命令提高了 10%，但该部却无法同时下令使全部效能报酬都降低 10%。相反地，方程式的第一项只能通过间接的方式加以影响。也就是说，要提高时只能以大量的信用和反常的利润来刺激企业家；要降低时，则只能限制信用并造成反常的损失来阻抑企业家。如果提高银行利率不是为了使第二项不增加以便维持平衡，而是为了使第一项下降，那么这就意味着提高银行利率的**目的**是要使企业家蒙受损失，并使生产因素失业，因为只有这样才能使货币效能报酬率降低。这样说来，当这些结果发生时，发出抱怨就是没有理由的了。

因此，目的在于防止利润膨胀（或紧缩）的银行利率变化和目的在于引起收入紧缩（或膨胀）的银行利率变化是根本不同的。因为前者是使市场利率和自然利率相适应，因而发生作用，保持平衡；后者则是强使市场利率脱离自然利率，因而通过不平衡状况发生作用。

由于这些理由，我们的现存货币机构虽然可以有效地用来避免或减轻信用波动（情形在下面就将看到），但完全不适于造成收入紧缩。因此，我就怀疑，某些人相信通货紧缩的时期比通货膨胀时期所造成的危害一般地较小的看法是否正确。当然，继续就业的人的实际工资在通货紧缩时期往往比通货膨胀时间高。因为在前一时期中，企业家付与生产因素的报酬超过了后者的产品等值量，而在后一时期中则不足这一等值量。从分配的公平来看，最好是损企业家以利消费者，而不要损消费者以利企业家。但有一个不可忽视的事实是，前一种情形与就业不足以及储蓄浪费等现象是相连的，后者则意味着充分就业以至过分就业，并使资本品有大量增长。最热衷于鼓吹闲暇的价值的人也不会宁愿要严重失业所造成的闲暇而不愿要繁荣中过度刺激的活动；同时，人们如果认识到高额实际工资是由整个社会牺牲财富累积来支付的，那么对于高实际工资水准的热情就会冷淡下来。

我有时听说，社会真实财富在萧条时期比在繁荣时期增加得快;并说表面看来情形虽然相反,实际事实却是这样。这种说法无论如何肯定是错误的。因为高投资率根据定义说来必然和高累积率相关联。所以我个人趋向于同意 D. H. 罗伯逊先生的看法,而不同意金融界的清教徒的看法。前者认为如果没有相继各繁荣时期对财富累积造成的人为刺激,19 世纪的物质文明进步很多都不可能出现。后一种人对于投机和营业的损失,物价低、真实工资高而又伴随出现失业等现象(典型萧条的特性现象)感到一种阴郁的满足。[①] 这种人有时是极端的个人主义者,通过这种方式也许能慰藉自己对资本主义的不愉快情景在心中压抑住的一股反感。如果说需要是发明之母,如果说企业界的某些经济制度和技术方面的改良只有在萧条的刺激下才能产生,这也不是为萧条状况辩护的充分理由,因为还有一些其他的改良则只有在乐观和财富丰盈的气氛下才能成熟。

最后,当中央银行是国际货币体系中的一员时,有时必须执行的银行政策既不是为了防止信用波动,也不是建立新的平衡物价水准,而是为了故意造成利润膨胀或紧缩,以便配合外界所产生的类似扰动。

① 但请参看往下第 19 章第 1 节。

第十八章　投资因素所引起的变化

本章所讨论的不平衡的原因和前一章所讨论的不平衡的原因并不能永远明确地划分开来。开始的时期一过之后，两者就渐次地变得混淆起来了[①]。因为起始时货币因素所引起的扰动很快就会在投资方面造成一些波动；同时我们也将看到，投资因素所引起的扰动同样可能使货币因素发生改变。但两者之间仍然存在着一种大的区别，即前者是由供应方面的变动造成的，而后者则一般是由需求方面的变动所造成的。

此外还有一种很重要的特性使货币扰动(即每当货币变化属于半永久性质时所形成的扰动)和投资扰动有所区别。也就是说，前者代表着从某一平衡物价水准到另一平衡物价水准的变化，而后者则即使当投资变化具有半永久性质时，也是围绕着接近不变的物价水准上下的摆动。因此，前者最终会成立一种新的物价结构，后者则在往后的时期中一定会产生一种相等而又相反的反应。正是由于有这种特性，所以投资的扰动才最好是称为信用循环。

① 当工业循环的货币供应量变化是由金融流通需求的变化所引起的时，情形就尤其是这样，后一种变化也许应当归之为投资因素所引起的一种变化。

一、信用循环的定义

我们的基本方程式证明，如果生产成本保持不变的话，货币购买力就会随着储蓄量超过投资价值或投资价值超过储蓄量而发生跷板式的上下运动。从另一方面说来，如果储蓄量等于投资价值，那么货币购买力便会和生产成本成反比例变化。此外，生产成本的变化和储蓄量与投资价值的不平衡对货币购买力的影响是加成的和可叠加的影响。

我们已经将生产成本的增减分别称为收入膨胀与收入紧缩。投资价值超过与不及储蓄量的情形则分别称为商品膨胀和商品紧缩。现在我们要对信用循环提出一个定义。这名词指的是投资价值超过或不足储蓄量的交替变化，随之使货币购买力发生跷板式运动的情形。但在任何给定的情形下，生产成本都不大可能在信用循环的过程中维持不变。的确，正像我们在下面将要看到的，商品膨胀与紧缩本身就可能产生影响，造成收入膨胀与紧缩。此外，我们在上面已经看到，当变化的起始刺激来自货币变化时，它们本身转过来就必然会造成信用不平衡。因此，任何时期所能观察到的实际事物过程都是生产成本的变化和信用循环本身各阶段联合造成的复杂现象。在一般用语中，信用循环一词已被用来说明这种复杂现象，遵循这种较松的用语往往是方便的，只要原始推动力来自投资的不平衡，生产成本的变化是对于这些不平衡状况的反应而不是对于某一独立或持久性的货币状况的改变的反应就行。

我们将看到，在这方面用循环一词是恰当的，因为朝某一方向

的过分运动不但会产生本身的补偿，而且会造成朝着另一方向发生过分运动的刺激。所以，除非是出现了什么东西发生了阻挡作用，否则就可以肯定地预计这种摆动定会发生。此外，从平衡位域的一边开始发生向上的摆幅起到反应开始发生时止，这一段时隔有时要取决于有关生产过程平均长度的实际状况；然而从平衡位域另一边开始发生向下的摆幅时起到反应开始发生时止，这一段时隔则可能与重要的资本品的寿命有关，更常见的是和企业家与生产因素的现存契约有效期有关。因此，所谓循环的时间阶段的平均规律性的某些度量，和我们根据先验理由所预计的情形并不是不相符合的。

然而我们却不可把这种现象的真实周期性说得过火。信用循环可能具有许多不同的类型，而且也可能产生许多扰动来妨碍它们的过程。最重要的是，银行体系的行为经常能插进来减轻或加重其严重程度。

二、信用循环的创生与生命史

储蓄和投资往往不能采取一致步调是不足为奇的。首先，正像我们已经提出的一样，投资与储蓄的决定是由两种不同的人们受着不同动机的影响作出的，彼此很少理会对方。在短期内情形尤其是这样。在第二卷中我们将看到，有许多理由说明投资量为什么会发生相当大的变动。投资繁荣的发展肯定并不意味着发动这种繁荣的资本家已经经过考虑确定公众从收入中提出来储存的款项规模将比以往大。投资萧条的原因也不是企业家事前确定公众的储蓄将减少。实际上，运用明智的预见来使储蓄和投资平衡是不可能的，除非是银行体系来运用这种预见。因为银行体系所提供的款项正是一种边际因素，严格地决定着企业家能够把他的企业进行到什么程度，然而银行体系以往主要是从事于另一种不同的目的。

上述的决定不但是由不同的人作出的，而且决定的时间在许多情形下也必然不相同。当投资的增加代表着营运资本的增加时，就的确立即需要储蓄行动。但如果是生产性质有改变，往后将使固定资本的产量增加时，那就只有到生产过程完成时才需要增加储蓄。这是由于生产过程（不论是资本品还是消费品的生产过程）的长度所造成的结果。建筑一所房屋所需要时间也许并不比从耕麦田起到吃面包止所需的时间长。也就是说，两种生产过程运用了等量的营运资本，只有当它们都以完成的形式从生产过程中脱离出来时，前者才会增加净投资量，并需要一种储蓄行动来加以平衡。因此，企业家的总合决定的性质如果是在往后的某一日期使投资超过储蓄，那么在这往后的日期没有实际达到之前，这种结果就不会明显地表现出来。在这种情形下，许多其他的反应就会有时间发生，而且无法立即逆转。

储蓄的业务主要是一种稳定的过程。如经济界中发生了扰动，这些扰动由于影响繁荣，就会对储蓄率发生反应。但扰动很少或根本不可能由于本期收入用于储蓄的比例突然发生变化而肇始。从另一方面说来，固定资本的投资却一向是不规则地进行，一阵阵地发作的。我们将在第六篇中讨论投资变动的性质与限度。对于目前的讨论说来，只要引证常识和经验来证明这样一个结论就够了，即：在现存经济体系下，储蓄率与投资率之间的不平衡的发展是不足为奇的事。

许多讨论信用循环的著作家都强调固定资本投资率的不规律性是发生扰动的主要原因[①]。如果我们所想到的是始因，那么这种说法就可能是正确的。但信用循环最典型的次级阶段却是由于营运资本投资的增长而产生的。此外，当我们必须研究总就业量的繁荣与萧条以及本期产品时，问题便在于营运资本投资率的变化，而不在于固定资本投资率的变化。因此，每一次从原先的萧条恢复过来时，具有特性的现象总是营运资本的投资增加。

信用循环可以分析成三种类型，然而，实际情形在类型方面一般是复杂的，兼有着三者的性质。让我们举投资相对于储蓄而言增长的情形来看：

(1)投资的增加可能是在总产量没有任何变化，而只是在用资本品的生产来代替消费品的生产时发生的。在这种情形下，投资的增加在生产时期没有过去之前不会实现。

(2)投资增加的形式可以是现存产量之上增加的资本品生产使总产量增加后相应出现的营运资本的增长。在这种情形下，投资的增加从最初起就会开始，最初是采取营运资本增加的形式，经过一段生产时期后，就会采取固定资本增加的形式。

(3)投资增加的形式也可以是现存产量之上增加的消费品生产使总产量增加后，相应出现营运资本的增长。在这种情形下，投资的增加只能持续到生产时期那样长。

---

① 参看下卷，第 27 章。

在不同程度内兼具(1)(2)(3)等项的性质的现象,可能由于一定程度的收入膨胀和资本膨胀存在而变得复杂。所谓收入膨胀就是生产成本上涨,而资本膨胀则是新投资品的价格水准相对于其生产成本的上涨。

商品膨胀和资本膨胀出现时,都会趋向于造成利润膨胀,利润膨胀则将由于企业家急于求得生产因素的劳务而造成收入膨胀。但我们却有可能将构成信用循环的商品膨胀这一因素从这种错综复杂的现象中分离出来,至少在理论上说来是可以办到的。此外,上述第三种类型的商品膨胀可以认为是信用循环中最典型的现象,因为我们在下面就将看到,所有的信用循环不论开始时的情形怎样,最后都会形成这种混合现象。

信用循环可能采取的道路千差万别,它可能发生的复化情况也十分多,所以要对全部情形加以概述是不切实际的。我们可以描述象棋的规则和这种游戏的性质,并且可以通过少数典型的残局来说明主要的开棋和着子的方法,但如果要列出所有可能的棋局却是无法办到的。信用循环的情形也是这样。因此,我们将首先分析三种起始时的情形,接着再分析其典型的次级阶段。

(一) 原始阶段

1. 我们不妨假定发生了一种情形使企业家相信某些新投资可能获利。例如(1)出现了蒸汽、电力、内燃机等新技术,(2)人口增长或是国内原先正常发展所受危险太大而现在又复归平静,因而造成房荒,(3)心理因素造成资本膨胀,(4)原先投资不足时期(即原先的萧条）的贬值货币造成的反应等，都属于这类情形。[①] 如果企业家要实现自己的计划，就必须将生产因素从其他行业中吸引过来，或是雇用原先失业的生产因素。

让我从上述第(1)类型开始，其中原先生产消费品的生产因素，现在改而生产资本品。在这种情形下，对于价格的影响只有经过一段时期后才会发生，时间长度等于现在已停止制造的消费品的生产过程。因为在这一段时期中间，报酬与原先相等，消费商品的产量也和原先一样。但在相应的中间时期过去后，报酬虽未变，可用品产量却会减少，减量等于现已停产的消费品产量。其结果是除非报酬的用于储蓄部分相应地增加，否则消费品物价水准就会上涨。于是就会出现信用循环中的价格上涨阶段。

应当看到的是：物价的上涨必然不止是和生产成本的上涨（如果有的话）成比例。我们不可假定，从一种生产转另一种生产时，生产成本（即报酬）不会增加；也就是说，不会造成任何收入膨胀。实际上，在现代世界上，这种转变往往甚至经常是由于新企业家竞相抬高报酬率，将生产因素吸引到自己这方面来而出现的。在这种情形下，报酬一开初就会增加得和产量不成比例，消费品物价水准将和收入膨胀量成比例地上涨。但不论收入膨胀量怎样大或怎样小，商品膨胀的效果都会叠加在这种膨胀之上，而且主要是使物价相对于成本和报酬而言上涨。在必要的中间时期过去以后，进入市场的可消费产品就会减少，真实报酬必然会下降；也就是说，消费品物价

① 不由税收支付的战争支出在本讨论中最好是看成投资的突然增加，请参看下卷，第30章。

水准必然会比报酬上涨得更多。收入膨胀不论怎样大，都会使报酬、成本和物价的平衡刚好维持原状。只有商品膨胀才能扰动这种平衡。第(1)类型中最常见的形式实际上是新生产者的坚持所造成的收入膨胀，其程度可能很轻；接着，经过一段适当的中间时期以后，就会发生商品膨胀。在任何情形下，信用循环原始阶段的典型结束情况是消费物价水准与成本不成比例地上涨。

2. 但更常见的是第(2)类型，其中投资的增加伴随出现总产量的增加。在这种情形下，一开始就存在着没有被新增的储蓄所抵消的营运资本的增长。因为资本品生产的增长附加在原先的消费品生产上的可能性大，而代替原先的消费品生产的可能性小；其原因即令仅只是从事消费品生产的生产因素不容易一经通知就转向资本品的生产，情形也是这样。这一点当然要假定生产因素在循环开始其上升的阶段时并未充分利用。但那时生产因素一般都没有充分利用，不论是由于随着原先的循环而出现的萧条所造成的还是其他原因造成的都一样。在这种情形下，生产因素的报酬从一开始就会增加，而可消费产品则没有任何增加。于是，物价的上涨便既是相对于报酬的上涨，也是相对于成本的上涨。这一类和第(1)类情形之间的区别是信用循环中物价上涨的阶段将立即开始。

3. 现在让我们讨论往下第(3)种类型。在这种情形下，原先失业的生产因素不像第(2)类型中一样被雇来生产固定资本品，而是生产某些特殊类型的消费品。在与生产过程的长度相等的一段时期内，事物的过程正像第(2)类型的情形一样。接着，进入市场的可消费产品的增长量，就会和早期总报酬量的增长一样多(假定效能报酬率未变)，所以物价又会降回原先的水准。

应当指出的是，第(2)类型和第(3)类型的发展要是没有货币状况的重大变化就不可能出现，因为它们牵涉到总报酬量和利润量的增加。因此，这种情形就要有银行当局的默许。如果银行已经惯于只集中注意总存款量而不注意其他因素，货币量的调适也会在不引起它们注意的情形下发生。因为在繁荣的最早阶段特别容易一致产生“多头”情绪，使“空头”状况减少；所以就会由于金融流通(即储蓄存款)的减少，使工业流通所得到的货币量增加。没有这种情况的话，银行利率的些微上升(程度不足以抵消商品膨胀的趋势)就可以增加足够的货币款项来应付已增长的报酬，其作用方式要不是使维持余额的费用上涨因而增加流通速度(一般只要流通速度稍有变化就够了)，便是吸引外国黄金流入(如果所谈的是国际体系中的一国)。[①] 然而在第(1)类型下由于生产力更多地集中在资本品的生产方面而使进入市场的流动商品减少，其发展只要货币因素有些微的变动就能出现。因此，如果要避免的话，银行体系就必须采取更多的积极行动。

应当顺便指出的是，当消费品物价的上涨不是由于供应减少造成的，而是由于就业量的增加没有(直接)被消费品供应的增加所补偿而造成的，那么就业量一般说来就会慢慢增加；参加增产计划的企业家就会倾向于事先订购他们需用的某一部分半成品。因此，营运资本的价格(即批发物价本位)就会比消费本位涨得更早、更快。然而这种预发的价格运动仍然属于原始阶段。

① 在某些国家中(欧洲大陆的大多数国家都是这样)，货币量部分地取决于可用来在中央银行贴现的适当票据量。于是，产量的增加就会产生一种直接的趋势，使流通货币量有一些相应的增加。

我们已经把投资的增长未由储蓄的增长补偿的情形当做标准情形。但同样的说法作出必要的修改以后，也可以应用于储蓄减少未被投资减少的抵消而引起的信用循环。实际上这种情形不可能大规模发生，因为决定储蓄量的影响因素不大可能像决定投资量的影响因素一样突然变化。不过如果储蓄由于任何原因而减少时，就意味着对于和原先同样多的可用消费品作出了比原先大的支出；所以正像其他情形一样，物价会上涨。同时从理论上讲来，信用循环并没有理由不以投资减少、储蓄上升所造成的向下阶段开始。这种情形可能是由于某些类型的企业中的企业家信心受到打击而造成的。也可能是由于资本紧缩而公众进行储蓄的意愿却未因此受影响的情形所造成的。但最常见的也许是向上的阶段由原先向下阶段的反作用造成，向下的阶段则由原先向上阶段的反作用造成；也就是说，繁荣继萧条而生、萧条继繁荣而出。只是反作用开始的准确日期一般要由非货币因素所造成的独立的环境变化来决定。

（二）次级阶段

以上所讨论的价格运动都属于信用循环的原始阶段。它们之所以发生，不是由于人们企图利用利润的出现，而是因为企业家看到了有利机会可以在某些特别方面增加活动。然而次级阶段性质就不同了。我们已经强调指出，商品膨胀的本质就是物价的上涨和生产成本的上涨（如果有的话）不成比例。因此，拥有脱离生产过程的流动消费品的企业家的销售价格就可以高于以往或现在的生产成本，因之而获得一笔意外利润。高昂的价格也会诱使零售商和批发商将它们的存货减少到正常水准以下去，这时他们可以在非常满意的价格下出售他们的存货。在这种现象发生的范围内，其作用方式的确是减少某一特殊种类的营运资本的投资，以便部分地抵消其他方面的过分投资。但本期产品获得利润，存货又眼见着减少以后，几乎不可避免的结果是鼓励消费品的制造商尽力增加产量。这样说来，在信用循环原始阶段的物价上升所造成的意外利润的影响下，就出现了一种使产量增加的次级刺激。这一回的刺激是全面性的，作为一般消费对象的各种类型的商品都将受到影响。

这种次级阶段甚至比原始阶段更容易牵涉某种程度的收入膨胀和商品膨胀。因为进一步增加就业量的企图可能会使生产因素的态度强硬起来，使它们所获得的单位产品报酬率更高。此外，在某些情形下，专门化生产因素将已充分就业。结果在利润出现后，就会使企业家互相争夺这种生产因素的可用供应量，使这些特殊情形下的报酬率提高。随着收入膨胀的发展，刺激企业家扩展活动的剩余银行资财就将由于工业流通的需要增加而渐次消减。但只要有任何成分的商品膨胀仍然存在时，刺激就会继续存在。此外，当人们预计物价将进一步上涨时，就会产生一种贮积流动商品的趋势。这样就会加大投资超过储蓄的数额，因而正好引起了我们所讨论的物价上涨。

（三）衰退

不论原始阶段是否包含着反作用的种子，次级阶段总是必然包含着的。原始阶段如果是由资本品的生产增加所引起的，上涨的物价水准在这种资本品产量继续增加时就将继续维持下去。在适当的条件下，这种时期将是很长的；纵使在消费品生产的刺激刚一增长时、增加资本品生产的刺激就减少，情形也是这样。但如果是由于消费品生产的增长所引起的，那么经过一段时隔以后（长度受生产过程长度的制约），这种货物进入市场的供应量就将增加到和报酬完全成比例的程度。这样上涨的物价水准就不会再有任何需要，价格也就会回跌到原来的数字上去。唯有在收入膨胀已发生后，上涨的水准才能维持。由于次级阶段必然会刺激消费品的生产，所以原始阶段纵使是由于资本品的生产增加所引起的，次级阶段也会带来反作用的种子，一旦消费品供应的增长可以应市时，就会发芽滋长。这样一来，迟早会出现一个时候使消费品进入市场后不能再以原先的流行价格出售，这时循环中的价格下降阶段就开始了。

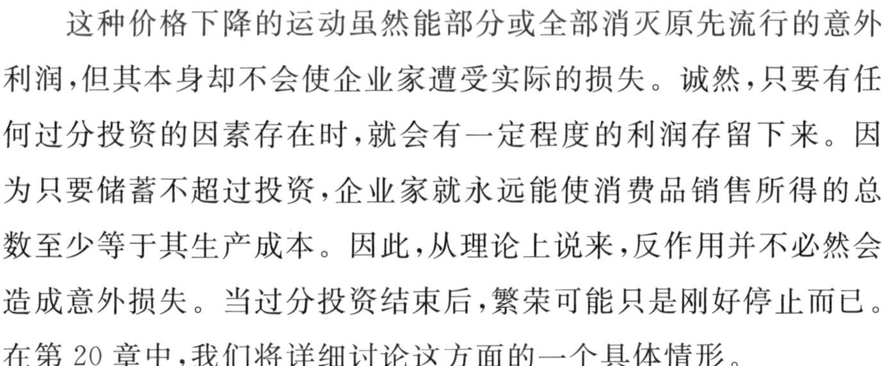

这种价格下降的运动虽然能部分或全部消灭原先流行的意外利润，但其本身却不会使企业家遭受实际的损失。诚然，只要有任何过分投资的因素存在时，就会有一定程度的利润存留下来。因为只要储蓄不超过投资，企业家就永远能使消费品销售所得的总数至少等于其生产成本。因此，从理论上说来，反作用并不必然会造成意外损失。当过分投资结束后，繁荣可能只是刚好停止而已。在第 20 章中，我们将详细讨论这方面的一个具体情形。

然而有许多理由却说明，实际上价格下跌的阶段很可能不但引入意外利润的终结，而且引入意外损失的开始。

首先，在投资方面，新影响因素将发生作用，某些企业家将由于预计不正确而已经在正常效率的状况下进行生产。这时，除非物价能使全体企业家获得意外利润，否则他们就不能抵消其生产成本。因此，价格跌落就会使这些企业家停止这种生产；由于像这样减少了营运资本的投资，所以就会减少总投资率。人们见到价格跌落，同时也许又见到了产量降低，于是就会在下述两种方式下改变金融界的情绪：(1)“空头”的看法发展，结果使金融流通的货币需求量扩大，因而使工业流通的货币供应量减少，于是就使银行强迫投资减少；(2)资本膨胀可能消失（我们已经看到，这种膨胀受**看法**的影响多，受货币量的影响少），也许还会让位于资本紧缩（即P'下跌）因之而消除了过分投资的一种刺激。

这时，货币方面的情况也在变化。原先存在的一致多头情绪临时牺牲金融流通，使工业流通扩大，到这时就会停止发生作用；除此之外，允许报酬总额作一定扩充的其他短期因素也将走到极限的尽头。它们的趋势实际上也许会逆转过来。比方说，流通速度就可能恢复正常状态。此外，现存的银行利率，将由于商品膨胀扩展到其他国家等类的原因，而不能吸引黄金流入，甚至还不能维持现有的存量。但更加可能的情形是扩展因素的潜能耗尽，至少是在开初的时候不能逆转。因为当信用循环发展时，企业家的意外利润就会不断刺激他们互相争夺生产因素的劳务，所以利润膨胀就将渐次地转为收入膨胀。随着这种变化的发展，维持工业循环所需的货币就将愈来愈多。

因此就会出现一个阶段，那时发展或维持工业流通量的努力将驱使银行实际利率达到一种水准，以致在所有的情况下都将使新投资相对于储蓄而言受到抑阻，这时萧条就开始了。从繁荣中发生的反作用就将不仅使价格和利润都恢复常态，而且会引起一个营业损失和不正常价格的时期。

这一切当然都假定银行体系的行动所根据的是原先实际上一直支配其本身的原则。至于确定并维持一种有效银行利率，使投资和储蓄始终保持接近相等的问题，则不是它的目标，或者是不属于它的权力范围。因为它如果根据后一标准成功地管理通货，那么信用循环就完全不可能发生。

我在这一章用尽可能普通的词句描写了信用循环的创生和生命史。显然，事物的实际过程是难以胜数的，在细节上互不相同。但我认为许多不同的情形都可以引入以上所概述的格局中去。

第十九章　信用循环的某些特殊方面

一、商品膨胀的“辩护”

欧战后时期的经验使我们之中的许多人都主张，物价水准稳定是实际政策所能求得的最上目标。这一点，除开其他情形以外，就意味着银行当局将不惜一切牺牲来消灭信用循环。这种鼓吹引起了批评，D. H. 罗伯逊先生（参看他所著的《银行政策与物价水准》）是提出批评的主要著作家。这种批评的大意是说，信用循环虽然会造成灾难性的过分发展和严重的弊端，但在进步的社会中却有它的作用；如果试图完全加以遏止，就会在产生稳定性之外还产生停滞。因此，在这儿不妨讨论一下罗伯逊的说法有多大的说服力。

罗伯逊先生那一说法的主要根据是，信用循环的商品膨胀阶段在其存在时期中，使社会的财富比其他情形下增长得更快。这一点无疑是正确的。商品膨胀的结果是使社会的本期产品超过其本期消费的程度比其他情形下为大。但从另一方面说来，萧条时期所享有的更高的真实工资却是牺牲正常的资本积累而获得的。

商品膨胀使财富增长超过自愿储蓄所代表的财富储存量的这一超过量，罗伯逊先生称之为“强加的缺乏”。他说：财富积累的增加率大于自愿的储蓄在没有“强加的缺乏”为之补充时的增加率，有时是有好处的。

应当看到的是，信用循环中的商品膨胀阶段不能用来使财富积累率不断增长。它只能用来产生一种短期骤发的上涨。我们完全可以想象得到，这种性质的骤发作用有时候是极有必要的。在任何情形下，如果我们大有理由急于求成，那么商品膨胀便是急速转变的最有效办法。但这种情形我还难于找出很好的例子来，战争当然是例外。在战争的情形下，金融界的清规戒律奉行者在自己迟缓的办法还没有来得及生效时，就发现自己已经是招架不迭了。

因此，我们必须将信用循环的紧缩阶段对于财富积累所造成的损失列在另一边。像这样做了以后，两抵的结果究竟有利于哪一边，我们能肯定吗？19 世纪时全世界大大增长的财富，很可能绝大部分是由商品膨胀的过程所积累的。但这也可能是由于以下两种原因造成的：(一)货币不断增多，同时(二)生产因素的效能增长，使物价在长期内略微高于效能报酬，因而产生了利润并造成了财富；而不是说，叠加在这一般趋势之上的信用循环的急剧摆动造成了财富。因为在另一边我们还必须列上可以归因于循环紧缩阶段的巨大损失。紧缩阶段中所产生的损失不但是由于人们的消费耗损了储蓄而造成的，同时也是由于非自愿的失业使产量蒙受损失而造成的。后一种情形的弊害比其余时间的繁荣的利益还要大。一般人对紧缩阶段一部分由于储蓄的亏蚀、另一部分由于生产因素非自愿的间歇所造成的巨大的财富损失远没有给予足够的重视。货币管理的政策如果能在自愿储蓄看来不充分时就时常造成商品膨胀，而又从来不让紧缩的反应接着发生，那倒的确可能产生好效果。但这就不会是一种循环性的膨胀。如果我们能找得有关信用循环的各种一般法则的话，那么有利于这种循环的一般法则在利弊两抵之后看来并不见得是有利的。

其次，社会公平问题也必须加以考虑。在商品膨胀中，生产因素的报酬的价值没有他们当时所生产的产品那样大。这一差额被武断地分配在企业家阶级的成员之中，成为后者的财富的巩固增量。因为他们在膨胀阶段所得到的利润往往大于紧缩阶段所蒙受的损失。像这样强制而武断地移转劳作成果的所有权，本身就是很大的流弊。

但有一些次要的理由可以用来支持罗伯逊先生的一般论点，内容是这样：

（一）在一个进步的社会中，从一种生产转变为另一种生产的过程如果要取得满意的速度，临时膨胀有时是一种必要的工具。实际上，发生任何变化的社会，情形都是这样。在根据完整的知识与智慧指导的社会主义体系中，生产资源的转移可以通过命令来实现。但个人主义的体系却办不到这一点。资源往往保持在原来的地方不动。不但要在其他地方有更高的预期利润推动它们，而且在它们不动的时候还要用较低的利润以至破产的威胁来挤压它们。由此看来，新的人物如果要等到现在控制着资源的基础稳固的企业家自愿放弃资源让新人物来运用，那么他们实现自己理想所需的资源就不易像社会利益所要求的那样迅速地获得。这种说法认为：由以上的情形看来，进步如果要取得应有的速度，新借款者最好是不时通过商品膨胀的作用以获得掌握资源的机会，或是让他们通过收入膨胀的作用能够和基础已经奠定的厂商相竞争。我们必须承认，这的确是有力量的。新人物和新方法比平静的繁荣时期中更容易出头，乃是奋力挣扎时期的副产物，的确也是普遍的不幸状况所导致的副产物。但这显然是一个权衡利害得失的问题。此外，个别工业通常的起伏变化往往能提供十分充分的刺激而无需造成我们现在所讨论的普遍扰动。通货稳定并不意味着普遍的宁静和不变的气氛流行。它所要达到的平均稳定性是企业家在一方面的损失大致上被同一阶级的人在另一方面的利得所抵消，因之就不会有一般的繁荣与萧条的趋势叠加在个别工业与个别企业家的兴衰之上。在这种情形下，利润与损失的作用下的适者生存原理并没有停止作用。

（二）罗伯逊先生说，在某些情形下，不同于个别价格变化的一般物价水准变化可以使生产因素将其努力程度与报酬程度调适得比稳定状况下更接近于最大利益。这一点纵使在特别情形下可以成立（要成立也必须先满足许多条件），可是，仍然存在着一般法则究竟是哪一种才最好的问题。

因此，我的结论便是，罗伯逊先生的论点虽然值得认真地加以注意，但不足以驳倒一个一看就有理由的推论，这就是一般主张求得购买力稳定而避免信用循环的摆动的推论。但读者必须着重注意的是，我在整个这一章中完全只是讨论作为信用循环的一部分的商品膨胀，也就是由投资因素引起、而又没有伴随出现货币因素的持久变化的膨胀。至于由货币供应不断增长引起、并与长期商品紧缩相对立的长期商品膨胀却是完全另外一回事，这一点我们在下卷，第30章中就可以看到；后一种膨胀可能成为增加财富累积的最有力工具。

无论如何，下述结论是可以成立的，即：物价上涨所引起的投资量增长作为纠正原先存在的商品紧缩的办法而言，一般说来是极有好处的。在这种情形下，物价上升就会使物价水准重新和现存收入水准取得平衡。比方说，如果信用循环的下降阶段造成广泛的失业，而商品紧缩又没有过渡为收入紧缩时，那么要恢复正常的生产和就业水准而又不容许一定程度的膨胀和价格上升来纠正现存紧缩状况，便是无法实行的。收入紧缩如果在发生时对所有的生产因素的作用都相当均等，情形就不是这样。商品紧缩的情形却正好是这样。总而言之，在商品紧缩的最低潮稳定物价是非常愚笨的事。但在这一点上，所有"稳定者"都将一致同意。

从这一讨论中，还可以推论出另一个合乎逻辑的普遍结论，即：信用循环的主要流弊是由它的紧缩阶段产生的，而不是由它的膨胀阶段产生的。所以当商品膨胀已经过渡为收入膨胀时，如果不设法恢复旧状况而只在新的收入水准上保持稳定，那就可以得到真正的好处。因此，在一种状况下，如果货币的供应允许平均物价水准在长期内比效能报酬略微提高得快一些，以致不断地略微偏于促成商品膨胀的话，那么这种状况和物价水准相对于报酬而言缓慢下降的状况比起来就优越得不可比拟。权衡起来，经济进步和财富累积方面的好处将胜过违反社会公平的因素。当后者可以由一般税收制度予以照料并部分补救时，情形就更加如此；纵使没有这种补救办法，如果社会是从一个低下的财富水准上出发，而又亟须急速累积资本时，情形也是这样。

二、商品膨胀的发生

商品膨胀的确能增进新投资的可用资源，并使社会财富贮量增加。在这一方面，它和收入膨胀以及资本膨胀都完全不同，后二者做不到这一点。对各种膨胀不加区别的人却往往忽视了这一点。

但它也会使现存财富重新分配，使财富从货币所有者和债权人方面移转到借款人和货币债务人手中，在这一方面和收入膨胀相似。因为不但是具有货币收入的人发现他们的真实收入减少了，而且具有贮存货币的人也发现他的贮量的真实价值比以前降低了。罗伯逊先生根据这一点提出，后一类人将因此而被引导着使储蓄规模增加得比其他情形下更大，以便弥补他们在贮存货币的价值方面非自愿地遭受的损失。此外，收入增加的那一类人，不论是由于就业量增加而来的还是由于货币效能报酬率增长而来的，预计都会把一部分收入储蓄起来，以便构成其收入存款。

关于上述方式下所产生的储蓄（即补充收入存款而产生的储蓄），罗伯逊先生取了一个名称叫“引发的缺乏”，以示有别于他所谓的“强加的缺乏”。后者是商品膨胀使本期货币收入的购买力降低而造成的。

但关于两者之间的区别，还有一些问题需要提出。罗伯逊先生的“强加的缺乏”只是商品膨胀的特殊现象，在收入膨胀中不存在。然而他所谓的“引发的缺乏”却基本上是收入膨胀的特殊现象，商品膨胀唯有伴随出现产品量的增加时，才会有这种现象。因为收入存款除非和货币报酬的增加成比例增加以外，就没有理由预计它有任何增长。此外，“强加的缺乏”虽必然代表着新投资可用资财的增长，但“引发的缺乏”却只有由真实的储蓄造成时才有这种情形。不过我们还有其他办法扩大收入存款，例如由储蓄存款移转过去，或不以正常的本期储蓄购买证券等。要不然，也可以增加收入存款的流通速度而不增加其量。因此，在我看来，“引发的缺乏”作为另增的储蓄来源而言，太不稳定了，不值得另加论列。

现存货币储量以及货币债权的价值损失与本期收入的价值损失之间的混乱概念，有时会在商品膨胀的发生方面导致相应的混乱概念。当银行伴随物价的上涨而增加信用量时，借得新增货币信用的借款者所能支配的购买力便显然增加了，他可以用这种新增加的购买力来扩充他的营运资金。纵使在物价上涨时，这一点还是正确的，不论上涨多少都一样。这种扩充究竟是牺牲了谁的利益得来的呢？换句话说，当落到借款者手中的这种真实收入在增长时，谁的真实收入要减少呢？一眼看上去，问题的答复是，这种移转是牺牲存款者的利益而来的，但这个答复却是错误的。实际上，借款者成为新增加的购买者进入市场，而现存物价水准下的现有购买者的购买力又没有任何减少时，物价就会上升。同时，物价上升就会减少存款者的存款价值，也就是减少他的购买力支配权，这一点也是正确的。但除非我们假定，存款者作为一个群体而言，将减少其真实余额，否则物价水准的上升虽然会减少货币存款的价值，却不会因此而必然减少存款者的消费。只要存款者作为一个群体而言不支取原先的存款用于消费的目的，那么他们支付消费费用时便不是花用现有的存款，而是支用本期收入。这样就引导我们得到了正确的答案。物价上涨所减少的是一切可以用现

金支付的本期收入的价值。也就是说，社会上其余的人手中的购买力之流的减量，等于前述借款者所取得的新增购买力。此外，正如我们已经看到的，有一种利益刚好等于本期收入价值所遭受的这种损失，它将以利润的形式累积到可以在增长的价格下出售本期产品的企业家手中去。因此，新借款者通过贷款所取得的资本增量，是牺牲本期收入收受者而取得的。但这种财富（毋宁说是财富所担保的贷款）增量不归于牺牲利益造成财富的人，而是直接或间接地归于因为可以在上涨的价格下出售产品，以致获得了意外利润的企业家手中。

从另一方面说来，哪一类人又会得到相应于存款者财富损失的财富增量呢？显然是旧有的借款者。也就是在原有较低的物价水准下借款，而又能在新的较高物价水准下还款的人。但这种财富的移转虽然不仅包括银行存款者和银行借款者之间的移转，而且也包括一切按货币计算的借款者与贷款者之间的移转，然而却不可能在任何方式下使资本贮量扩充。在这种情形下，借款者到期还债时所付出的购买力的确可以比原先预计的量少，因之而保持了另增的购买力，他们可以用来补充营运资本，也可以不这样做；然而银行家收回旧债以便对企业界放出新债的可用信用量，价值却相应减少了。

三、信用循环的正常道路

上面我们已经充分地强调，信用循环可能采取的道路是举不胜举的。现在为了简单起见，不妨特别选出一种道路来。这种道路在我们看来是经常出现的，也许足以称为常有的或正常的道路。

首先是有某种非货币性质的事物发生，增加了投资的吸引力。这可能是一种新发明、一个新国家的发展或一次战争，或是许多小的影响因素朝同一方向发展，因而使“营业信心”恢复。还有一种可能是：事情以证券交易的繁荣开始，最初对自然资源进行投机或实际垄断，最后却对新资本品的价格发生感应性的影响。当发生主要作用的因素是货币原因时，就更可能出现这类情形。

这时自然利率相应于投资吸引力增加而发生的增长并没有被储蓄的增长所遏阻；投资量的扩充没有受到市场利率充分增长的约束。

银行体系默许投资量像这样增长以后，就可能要让总货币量有若干增长。但开初时，必要的增长不会很大，并且可能几乎不知不觉地从该体系的普遍疲滞状况中拿出货币来加以应付；或者是由金融循环的需求量减少得到供应，货币总量并无需有任何变更。

在这一阶段，资本品的产量和价格都开始上升。就业状况改善，批发物价指数上升。接着，当新就业的人支出增加后，就会使消费品的价格上涨，并让这种商品的生产者获得意外利润。这时，几乎所有的商品都会涨价，各类的企业家都会获得利润。

最初，生产因素的就业量会增加，其报酬率却不会有很大的变动。但当一大部分失业的生产因素就业后，企业家在高额利润的刺激下就会互相争夺，因而开始提供更高的报酬率。

因此，在全部的时间中，工业循环的需求都会增加。首先是要用来应付就业量的增长，接着还要用来应付报酬率的增长。这样就会达到一个阶段，那时银行体系将不能继续在符合其原则与传统的情形下提供必要货币量。

但在金融流通、货币流通速度和中央银行准备比例发生变化以后，银行体系在不明显地背离其原则与传统的情形下所能应付的总报酬额变化量是令人吃惊的。

因此转折点就可能不是由于银行体系不愿或不能为已增长的报酬总额提供资金导致的，而是由于以下另外三种原因中的一种或多种所造成的。转变可能是由于某些金融家具有预见或对原先的危机具有经验，比金融界或银行界看得更远一点，因而使金融情绪发生动摇。果然如此，就会正像我们已经见到的情形一样，“空头”情绪的增长将增加金融流通的需求量。因此，可能是由于工业流通增长之上又加上了金融流通的增长趋势，才使银行体系支撑不住，最后使它不得不加上一种利率，其数量不仅只是完全等于市场利率，而且在已改变的条件下，将远远超过市场利率。

还有一种可能是新投资的吸引力将随着时间的发展或某些类资本品供应的增长而渐次衰弱。

最后，如果没有因为上述任何原因而产生转变的话，在繁荣时期第二阶段（消费品生产活动增加）正式开始之后再经过略多于一个生产时期的时间，就很可能会产生一种感应性反应。这是由于消费品的价格会不可避免地跌落到它增长的水准以下去的缘故。

这样一来，由于累积了若干重大的原因，最后就会发生衰退。这些原因中包括：（一）新投资吸引力的消失；（二）金融情绪的摇摆；（三）消费品物价水准的反应；（四）银行体系愈来愈无力赶上日益增长的需求，起初是工业流通需求的增长，接着是金融流通需求的增长也发生作用。

因此，事情的顺序便是这样：首先，发生资本膨胀导致投资的增加，接着造成商品膨胀；其次，又出现更多的资本膨胀和商品膨胀，时间大约是消费品的一个生产时期；第三，这一时期末尾在商品与资本膨胀的程度上发生了反应；第四，资本膨胀衰退；第五，投资降低到正常水准以下，造成商品紧缩。

第二十章　信用循环纯粹理论中的一个练习

在这一章中我打算举出一种特殊类型的信用循环，并作充分详细的讨论。在实际生活中，往往有各种各样的复杂情形存在。为了撇开这些情形，就必须作出许多简化的假定。因此，我们所举的例子便带有一些虚拟的性质。同时，它并不能使原先的说法增添内容，而只能加以说明，所以有些读者也许会宁愿跳过这一章去。但前几章的方法和概念用这种方式加以解释，也许比粗浅地包容更多的材料的叙述法要明白一些。

在我们所举的类型中，循环开始时有些生产因素是失业的。其次假定的是银行采取了一种放款政策，让消费品生产增加，随之造成一种没有充分被新增的储蓄所补偿的新增营运资本贮量，因之而足以使所有的失业生产因素逐渐恢复就业。这样看来，本章便是一篇论文，讨论的是循环过程的价格—工资—就业结构的内部机制。这一循环过程代表着从物价与生产成本之间已取得平衡，但仍然具有失业的原有萧条状况中恢复就业量的过程。

一、标准情形

首先让我们把问题简化一下，以便提出主要的机制而撇开非主要的复化情况。我们将看到，这种主要机制在较为普遍的情形中基本上是相似的。起初我们要提出一些假定，往后再除去，内容是这样：

假定一： 除去收入存款增量以外的本期储蓄，与提供新增就业量所需的营运资本增量以外的新投资净额相等。所以新增的营运资本便刚好等于企业家的利润量加上收入存款的任何增量。①

假定二： 银行除了计入金融流通量的任何变动以外，为工业流通提供的货币增量刚好足以在稳定的速率下吸收失业的生产因素就业；所以当一个生产时期过去后，最后一个生产因素就刚好就业了。这等于是说：企业家除了利润以外，为了支付日渐增加的工资（已在假定中规定）并增加其营业存款 A，就需要向银行贷款，需要多少银行就供应多少。

假定三： 全部增加的就业量都用于消费品的生产，流动资本的贮量如果有的话也是恒常的。

假定四： 没有收入膨胀发生，所以生产因素的效能报酬率始终不变。也就是生产的货币成本始终是稳定的。

假定五： 一切商品的生产过程的长度都是相等的，所以过程是一个稳定的过程。

假定六： 工资每隔一定的时期之后（我们将称之为星期）按

① 这就隐含着一个假定，即资本家在这时期开始时既没有获得利润，也没有蒙受损失；但这一假定并非主要的，上述论点本身对于没有这种假定存在的情形是很容易适应的。

各时期的工作发放一次。如此发放的工资只能由收受者在下一星期中支出。任何一个星期中的支付率都是稳定的。换句话说:任何一个星期的支出都由前一个星期的收入支配。按本星期所完成的工作而得到的收入,其领取时期赶不上影响本星期的支出。此外,消费者还将在收入存款中把一部分款项续储到周末,数量等于刚刚得到的本周收入加上前一周收入中的一个恒定部分。

当货币所得不变或以恒定的比率变化时,以上的假定就意味着每一周周末所续储的收入存款都是该周收入的一个恒定部分,收入存款的流通速度也是恒定的。但货币收入有变化时,情形就没有这样简单了。因为如果 k_1 像以前一样代表收入存款流通速度的倒数,w_1 和 w_2 代表相继两星期的收入,$m \times w_1 + w_2$ 代表第二周末续储的存款(根据上述假定而来),那么第三周的支出便是 $w_2 + m(w_1 - w_2)$,收入存款的平均水准是 $m \times w_1 + w_2 - \frac{1}{2}\{w_2 + m(w_1 - w_2)\}$,这是一周中点的余额,即 $\frac{1}{2}\{w_2 + m(w_1 + w_2)\}$,故得:$k_1 = \frac{1}{2}\frac{w_2 + m(w_1 + w_2)}{w_2 + m(w_1 - w_2)}$.这一数目只有在工资稳定或按稳定的率(几何几数)增加时才是稳定的。

假定七: 以往不论有过什么错误,所有有关的人对于信用循环的后继过程都有准确的预测。

命生产时期的长度等于上述单位时间(“星期”)的 $2r-1$ 倍,根据假定五,这种时期的长度是一律的,强度是稳定的。

因此,如果 $a=$ 单位时间内的货币报酬之流,$t=$ 报酬用于消费的部分。同时根据假定一说来,这也是以可用消费品的形式出现的一部分产品。

在开始时我们所具有的便是:

$a\times r=$ 营运资本生产成本①和

$t\times a=$ 消费之流。

命 p 是可用消费品的物价水准。

让我们假定失业生产因素和在业生产因素的比是 x,并开始了一种动态使就业量增加到最大容限,因之也就是按 x 的比例增加营运资本。根据假定二,我们将认为这不是一步达成的,而是稳定等量地增加上来的。因此,制造机器每星期的投入率 $\frac{a}{2r-1}$ 便按 x 的比例增加,然后维持在 $\frac{a}{2r-1}(1+x)$ 的水准上。这样说来 $2r-1$ 个星期以后,收入将增加到 $a(1+x)$,往后将维持在这一稳定水准之上。

这就意味着,在第一个星期中收入将增加到 $a\left(1+\frac{x}{2r-1}\right)$,在第二个星期中增加到 $a\left(1+\frac{2x}{2r-1}\right)$,在第三个星期中增加到 $a\left(1+\frac{3x}{2r-1}\right)$,直到 $2r-1$ 个星期时就达到了 $a(1+x)$,这时就业

① 因为 $\frac{a}{2r-1}+\frac{2a}{2r-1}+\frac{3a}{2r-1}+\cdots+\frac{(2r-1)a}{2r-1}=a\times r$。

量也就达到了最大容限。

增加的报酬在第一个时隔中不会影响物价水准，因为我们已经假定工资是在周末发放的，所以新增的报酬在第二个星期以前不会作为购买力进入市场。但在第二个星期中进入市场与以往相同的可用真实产品量相遇的购买力将增加到 $a\left(t+\frac{x(1-m)}{2r-1}\right)$，因为$\frac{ax}{2r-1}$是收入的增量，而加入续储量中未花费的部分则是可以的$\frac{axm}{2r-1}$，这样才满足了假定六的要求。[①] 其结果是物价水准将上升到

$$p\left(1+\frac{x(1-m)}{t(2r-1)}\right).$$

因此，消费者的货币收入将损失购买力$\frac{x(1-m)}{t(2r-1)}$. 在这一时隔中，如果有企业家的产品成为可用形式出现，因之使所获价格成为 $p\left(1+\frac{x(1-m)}{t(2r-1)}\right)$，而不是 p，他就将获得价格增量这样多的利润。

第二个星期的报酬量是 $a\left(1+\frac{2x}{(2r-1)}\right)$，第三个星期中的新物价水准根据与前面相同的推理将是 $p\left(1+\frac{x(2-m)}{t(2r-1)}\right)$. 然后这一过程将一直继续到 $2r-1$ 个星期过去以后为止，这一时期末的

---

① 如果 m 大于 1，也就是续储量大于一个星期的收入，这一假定便除非是经过一段时隔，否则无法实现。因为在这种情形下，当收入增加时，续储量可能只会渐次地做到以同一比例增加，所以收入存款的流通速度将暂时跌落到正常值以下。

报酬量将是 $a(1+x)$，第 $(2r-1)$ 个时隔中的物价水准将是 $p\left(1+\frac{x(2r-2-m)}{t(2r-1)}\right)$. 如果 $2r-1$ 代表很多个星期，这一式子实际上就会等于是 $p\left(1+\frac{x}{t}\right)$. 也就是说，如果 r 很大的话，[①]物价的上涨不论是绝对量还是相对于 m 而言，都很少因为消费者维持其收入存款对货币收入的比例而受到阻滞。这种物价上涨的阻滞就其发生状况而言，一部分是由于报酬获得者在一个星期之后才得到报酬的缘故；另一部分则是由于他们使逐期续储而未花费的收入量增加，以便使其收入存款与货币收入保持适当关系的缘故。

这时收入存款的增量（即 $(2r-1)$ 个星期末的续储量）将达到 $a\times x\left(1+\frac{2r-2}{2r-1}\times m\right)$. 同时包括造成新产品量的人在内的全部消费者的消费量则会刚好和原先一样，也就是按每星期 $a\times l$ 的比率消费。原因是这样：真实工资率虽然始终会持续下降，使造成新产品量以外的生产者的旧生产者削减其消费量，然而新生产者则将等量地增加其消费量。[②] 因此，新生产者将按 $a\times x\times r$ 的比例增加其总收益，并按 $a\times x\left(1\times\frac{2r-2}{2r-1}m\right)$的比例增加其收入存款。累积到企业家手中的总利润量将达到 $a\times x\left\{r-\left(1+\frac{2r-2}{2r-1}\right)m\right\}$，因为这代表着投资价值超过储蓄量的部分。在下面我们将看到，企业家将在第 $2r$ 个星期上牺牲一小部分剩余，所以最后累积到他们

---

① 关于 r 的可能量值，请参看下卷第 28 章。

② 上述说法已将失业津贴这类的可能情形除外。

手中的全部剩余量将是 $a\times x\{r-(1+m)\}$。

营运资本、产品量和就业量这时都将随着与我们的假定相吻合的物价上涨，特别是随着与货币工资率维持原先水准的假定相符合的物价上涨而达到最大量。

这就是繁荣的最高潮，物价也上涨到了顶峰。如果生产因素中有待吸收的失业百分比原先是10%，t 则是90%，那么物价就会上涨11%左右，这时就会出现台面上的第二幕，即萧条。

从就业开始恢复起算的第 $2r$ 个时隔中，可用产品便开始以 $a(t+x)$ 的增率出现，而不是以 $a\times t$ 的增长率出现，而且往后将继续稳定地保持这一已增加的增长率。因此，物价水准便会按这时市场上的消费品增加比例 $\frac{x}{t}$ 降低。也就是说，由于在第 $2r$ 个时隔中支出是 $a(t+x)$，进入市场的消费品是 $\frac{a}{p}(t+x)$，于是物价水准便会陡然降到始值 p 上去。①

应当注意的是，可用产品之流的增加刚好抵消了物价的跌落，所以增加为 $k_1\times a(1+x)$ 的收入存款仍然和新的状况平衡。

在目前的假定下，萧条纯粹是价格方面的萧条，对就业量方面没有带来反应。新的位域是生产扩充前的同一物价水准和同一工资水准上的平衡位域，但营运资本、生产和就业量却都按 x 的比

① 这并不是刚好准确的情形。因为第 $2r$ 个时隔末的逐期续储量 $a(1+x)(1+m)$ 比 $2r-1$ 时隔末的 $a(1+m)+a\times x(1+\frac{2r-2}{2r-1}\times m)$ 大，所以这种续储量的增加就会在第 $2r$ 个时隔中使物价暂时低于 p，以致在第 $(2r+1)$ 个时隔之前不会在 p 这一数值上稳定下来。

例增加了。

二、八条结语

在我们没有放松上述假定之前，有几点值得特别针对目前所讨论的情形重复一下，其中大部分在以前几章中都已经提出过了。

（一）将物价保持稳定，并按上述情形下假定物价上升的比例不断降低货币工资，也可以得到同样的结果。除非是在这种情形下，新增的财富累积到新参加生产的企业家手中的多，而累积到生产开始上涨时货物已在制造的企业家手中的少，其结果使这种替换的情形在竞争条件下不可能出现。

（二）如果生产因素愿意以一种延期付给的形式接受一部分货币工资，等到可以从其他来源得到新储蓄时再交换可用产品，那么纵使没有任何财富从消费者手中转移到企业家手中，也可以得到同样的结果。比方说，如果工资时隔等于生产时隔，以致使 $r=1$，或逐期续储量在每一个工资时隔中按适当量增长，或是储蓄在某种其他方式下充分增加，那么物价水准就不会上涨。

（三）循环周期前的银行存款者如果在整个信用循环中坚持下来，便既不会获利，也不会受损失。他们的银行存款价值在周期末尾和周期开始时一样大。营运资本的增量根据直到目前为止的假定说来大部分是属于企业家的，它的累积完全是由于本期收入购买力下降、靠牺牲这方面的利益而形成的，绝没有牺牲存款者的利益。

（四）聚集营运资本的资金，使全民充分就业时，虽然必须由生产者减少其单位生产劳作的实际收入，但所造成的财富增量则几乎全都以纯粹意外利润的形式累积到企业家手中去了。

但假定被观察的社会是一个完全社会主义化的国家，工资和储蓄量都由国家决定，国家是唯一的企业经营者，那么增加营运资金的过程就不会同时引起不公平的问题。因为在这种情形下，实际工资水准的暂时降低就意味着整个社会积累的财富增加；这种暂时降低是生产因素充分就业必然会带来的现象，正如同为其他目的而进行储蓄时也必然会带来这种现象一样。

（五）此外，累积到企业家这一阶级手中的财富增量主要是落到就业量开始上升时已经有货物在进行处理的企业家手中，而绝不会落到推动新增产量的企业家手中，因为他们的产品在销售时所得到的只是正常价格。换句话说，相当于制造过程长度的未来某一日期的期货价格将始终维持正常价格，它与现货价格相比时显示有一种延期折扣存在；也就是说，现货价格将因上涨而具有超过期货价格的溢价。

（六）营运资本价格 p' 和批发原料价格指数大致上相同；由于我们假定预见是完整的，所以这种价格上涨的程度立即就会大于 p。p 是可用产品的物价水准，也就是流动消费品的物价水准。原因是这样：信用循环出现后，开始进入生产过程的商品所构成的那种营运资本价值不会上涨，因为当它们制成时只能以旧价格出售；然而循环开始时虽不可用，但已部分完成的那种商品所构成的营运资本的价值，则将反映出可用产品制造完成时预计上涨的价格。也就是说，假定预先的判断正确时，原料或半成品的物价水准 p'

平均将比 p 上涨得更剧烈得多，也就是将要上涨到 p 与 $p\left(1+\frac{x}{t}\right)$ 之间的水准上去。

（七）这一说法假定生产因素就业后的货币收入比未就业时大，消费也相应增长；由于就业量的增加，使原先失业的生产因素的单位收入增加，所以也就意味着已就业生产因素单位的真实收入在等于生产过程长度的一段时期内将会减少。如果情形不是这样（如失业救济金所造成的结果），那么所需的营运资本增量有一部分将由原先支付给失业者的资金中补足[①]。这并不影响上述说法的性质，但却意味着必要的物价上涨相应地减少了。比方说，如果失业者收入等于就业者报酬的一半时，上述方程式中 x 全部以 $\frac{x}{2}$ 代替后仍然能成立。如果有关社会中生产因素的报酬率不论失业还是就业一律相等（“工作或维持”），那么物价就显然不会上涨。从另一方面说来，除非是原先支付失业救济金、往后用来扩充营运资本的资金在那时用来扩大消费或某些其他方面的投资，否则在这类情形下，物价在生产时期末将跌落到开始的水准以下去。

（八）还有一个极其重要的表面矛盾的事实原先虽然已经提出，但却值得再重复一下。任何给定时期中社会财富积累的增加取决于该时期内关于产品采取固定资本还是营运资本形式的比例的决定（这一决定主要由企业家与金融家做出），而不取决于每一

---

① 如果失业者的收入是由工业负担的，那么，假定每一个就业的生产因素的工资不变，增加就业的后果就是会减少效能报酬。从另一方面说来，我们也可以把失业救济的支出当做负储蓄。

个公民所组成的整体关于其货币收入有多大部分用于储蓄的决定。当新投资的生产成本和个人货币收入的储蓄量发生差额时，就必然会造成某种价格变动。如果情形和刚才所举的例子一样，是一种通货膨胀，那么纵使没有一个人特意增加储蓄，社会财富也会增加。增加的财富是由于物价上涨使个人消费减少而来的。但从另一方面说来，发生通货紧缩过程时，个人看起来是“储蓄”了，而且也的确可以尽量储蓄个饱，因为他们作为个人而言，储蓄多少财富就增加多少。然而纵使如此，国家财富绝不会有任何净增加。“储蓄者”财富的增加被一部分企业家等量的财富损失所抵消了，而“储蓄者”所放弃的消费则被一般消费者等量增加的消费所抵消了。

因此，赚得报酬和进行消费的公众作为个人而言不论是否节约，事实上对于他们的总消费量绝不会朝任何一方面造成一点点差别。因为就本期消费而言，个人削减或维持消费的意图对于本期总消费量全部情形的任何效果始终会被物价涨落的相应动态所抵消。因此，公众中个人节约或不节约的净效果将无法在公众的总消费中看出来，而只能在物价水准以及拥有社会资本品增量的人身上看出来。总而言之，公众的“节约”在这种情形下对他们说来是便宜而又有用的。因为这样可以不减少他们的总消费量而又使他们能据有原来会归于企业家的财富。

三、一般化的情形

前面为了说明的简化所假定的某些限制，现在必须加以撤除。

(一) 假定一：

如果本期储蓄比这儿所假定的大，那么物价上涨就相应地较小，因为消费方面的购买增量将比上面所假定的每星期$\frac{ax}{2r-1}$小。如果本期储蓄比较小，关系就反过来了。但这并没有改变这说法的本质，而只是说，在我们的计算中，必须用一个更大或更小的项来代替$\frac{ax}{2r-1}$.

同样的道理，如果除了营运资本增量以外的新增净投资额有增减而储蓄又没有相应的变化，那么上述对价格等项的影响便会加重或减轻，但不会改变其性质。比方说，如果营运资本的增长可以被对外贸易差额的减少所抵消，其减轻的作用就属于这一类。

总而言之，信用循环的现象将随着储蓄和投资之间的实际不平衡超过或不及假定一所说的程度而比标准情形更剧烈或更缓和。

但在循环发展中没有满足假定一的条件所产生的主要差别是循环过程不刚好持续到一个生产过程那么长，而且只持续一个生产过程。情形比上面所说的要复杂多了，只有首先假定了它的严格性质才能严格地描述其过程。

举一个没有满足假定一的特殊情形来说，我们不妨假设企业家把前一个“星期”的意外利润完全用来增加个人消费的支出。这时，他们在上述定义下的“储蓄”便是负数。正和以前一样，新的购买力将要迟一个星期才能实际达到消费者手中，所以第一个星期和第二个星期中的状况和以前一样。但在往后的星期中，进入市场购买制成品的购买力就不仅只是新受雇者所增加的支出，而且也有前一个星期企业家的意外利润的等值量①。因此，第三个星期的物价将上涨到 $p\left(1+\frac{x(2-m)}{t(2r-1)}+\frac{x(1-m)}{t(2r-1)}\right)$，也就是上涨到 $p\left(1+\frac{x(3-2m)}{t(2r-1)}\right)$，第四个星期则上涨到 $p\left(1+\frac{x(3-m)}{t(2r-1)}+\frac{x(3-2m)}{t(2r-1)}\right)$，也就是上涨到 $p\left(1+\frac{x(6-3m)}{t(2r-1)}\right)$. 像这样加下去，直到第 q 个星期时，从简易的代数计算上就可以看出②，物价将变成 $p\left(1+\frac{(q-1)(q-2m)}{2}\times\frac{x}{t(2r-1)}\right)$. 而不像标准情形下一样，成为 $p\left(1+\frac{(q-1-m)x}{t(2r-1)}\right)$. 最后，在 $(2r-1)$ 个星期时，就会成为 $p\left\{1+(r-1)(2r-1-2m)\frac{x}{t(2r-1)}\right\}$.

如果我们取中间情形，假定旧企业家得到意外利润后保持一部分而不全部保持，那么物价的上涨就会处于以上所比较的两个公式的结果之间。于是，往后各时隔中的银行信用增量必然会比标准情形大，零售价格的上涨也因而会是这样。至于大多少，就要看获得意外利润的人消费多少而定，但上述说法除此以外并不受其他影响。现存消费者被强制减少的消费这时必然足以抵消意外

① 我们假定收受者并不把他的逐期意外利润当成其正式收入的一部分，因之便不成比例地增加其收入存款逐期续储量。

② 因为如果第 q 个时隔中的物价是 $p(1+s_q\frac{x}{t(2r-1)})$，我们就可以得到 $s_q-s_{q-1}=q-1-m$，因此 $s_q=\sum_{2}^{q}(q-1-m)=\frac{q-1}{2}\{(1-m)+(q-1-m)\}=\frac{(q-1)(q-2m)}{2}$.

利润获得者的新消费以及新生产者的消费，货币收入真实价值的跌落，必然会成比例地增大。由于这一原因，10%的失业者被吸收进生产过程之后，可能要求物价水准上涨到远高于标准情形所要求的11%最高额的程度。比方说，如果 x 是10%，t 是90%，m 是1，$2r$ 是50，物价在标准情形下从100上涨到110.6，而在企业家消费其意外收入的情形下则将由100上涨到350。如果消费者企图达成他们作为整体而言所无法达成的事，也就是支用储蓄维持原有的单位产品消费率，那么结果仍将不变。

从另一方面说来，除了增加收入存款以外，信用循环的现象还有一种方式可以刺激一种不会自发地发生的储蓄增长。由于货币价值在循环上升阶段跌落，往后又会上涨到原先的水准，所以任何个人要是延迟消费时间，并将与此相等的价值归入储蓄存款，他就不但可以得到正常的货币利润率，而且还可以得到货币价值按每年百分比计算的预期增长的价值增量。因此就会有一种强有力的动机发生作用，影响个人，使他们修改消费的时间分配。在物价上涨的早期阶段，这种刺激是小的。这一方面是因为物价上涨得不多，同时也是因为预期的物价下跌为期尚远。但在晚期阶段，当预期的物价跌落为量既大、为时也近的时候，这种刺激作用就会变得很大。因此，只要有正确的预测，这种因素便可以起一些作用，使曲线的峰势平缓。

（二）假定二：

如果银行体系促使就业量和总报酬量增加的速度大于或小于假定情形，那就会在与以上相同的方式下引起各种各样的不规则状况。要是在个别情形下加以描述倒并不困难，但一般的叙述却不便于讨论这类的状况。

（三）假定三：

我们假定所有可消费品的产品都是一生产出来就被购买和消费，流动消费品的存量如果有的话也是维持稳定的。换句话说，随时零售的货物没有贮积，也没有始贮量。如果可用产品是不耐久的，因而不能储积，那么这一假定在这一范围内就毫无保留地正确。但如果可用产品并非不耐久，那么，除非贮积的成本大于物价水准上涨的比率，否则，物价水准上涨的预期显然就会引起贮积货物；而物价水准将会恢复原来的较低水平的预期则又会使存货出清。因此，撤除没有贮积的假定是有重要意义的。

如果我们假定物价水准的发展过程被正确地预见到了，那么有一部分新银行信用便不会被用来补充营运资本，而会被用来扩充流动贮积。其结果是物价水准的始增值比没有这种预见时大，因而流动品可用于消费的量将减少。如果贮积无需成本，那么物价水准在第一时隔中就将上涨到最高额，而不像标准情形一样，要到第 $2r-1$ 个时隔中才涨到最高额。这一最高额将成为可以在全部 $2r-1$ 个时隔中始终维持不变的物价水准。其数值将在起始物价水准与无贮积的旧假定下的最高物价水准之间的中间部位。也就是说，大致将是 $p\left(1+\frac{x}{2t}\right)$.[①]在这种情形下，贮积量将继续增加

① 因为上涨如果比这更大的话，那么在第一时隔中从市场取走的某些存货，在往后的时隔中将只能赔本卖出。

到第 r 个时隔为止，接着就会一直减少到第 $(2r-1)$ 个时隔中贮积量被完全吸收内为止。此后，物价水准就会和原先一样，重新降落为 p。

我们可以看到，贮积不费成本时，其可能性将使物价变动的幅度减少一半。这是符合一般利益的，因为它使消费在全部时间中得到更好的分配。贮积如果能随着我们所假定的就业增长率而实现的话，那么货币供应的增加在头几个星期中就必须略大，而在后几个星期中则必须略小，因为需要提供资金的利润量在早期阶段将增加，而往后则将减少。

以上所说的情形是信用循环的过程得到正确预见时所发生的情形。但实际上物价上涨开始时不仅不会刺激贮积，反而会在有可能时使现存的贮积或正常储备量出清，使市场的供应增加。物价只有持续上涨一个时期，因而产生了长期持续上涨的错误预期时才会刺激贮积。在这种情形下，物价开始时的上涨就会比标准情形小，往后则会更大。同时由于错误地预期物价还会上涨，储积者到第 $2r$ 个时隔中新增的产品供应已上市时手中还会有存货，所以衰退的趋势乍一开始时会使物价降低到正常水准 p 以下去。

其次，我们必须考虑到贮积一般是要费一些成本的。如果这种成本比物价在没有贮积时的上升率大，那就没有贮积可言了。也就是说，每一时隔的贮积成本如果大于$\frac{px}{t(2r-1)}$，就不会有贮积。从另一方面说来，如果小于$\frac{px}{t(2r-1)}$的话，就会有贮积出现。在这种情形下，当贮积在较早的时隔中已经开始以后，物价就会比标准情形高，往后则会较低。但正和以前一样，最高物价水准将紧

接在第 $2r$ 个时隔之前达到，到 $2r$ 时隔中则将降回到 p。

（四）假定四：

我们在标准情形下假定，生产因素的报酬率按货币计算时在整个循环过程中始终不变。也就是说，商品膨胀并不伴随出现收入膨胀。如果这一假定不满足的话，消费品物价水准就会有一个上涨的趋势叠加在商品膨胀所造成的上涨之上，其程度和时期刚好等于有收入膨胀存在的程度和时期。

（五）假定五：

往下，让我们放弃所有商品的生产过程长度一律相同的假定。

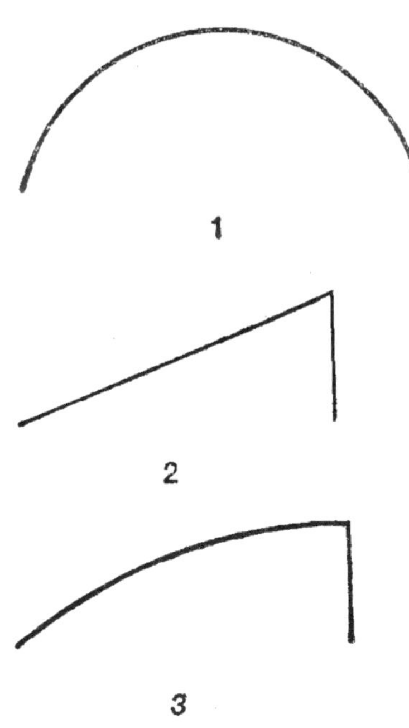

在这种情形下，物价水准将由一些商品组成，其中有些还没有达到最高价格水准，而另一些则已经超过了。这时这种综合物价水准的曲线将采取一种大家熟悉的形式，如图1：

而不会像没有贮积的标准情形下一样，呈直线形然后陡然降低，如图2：

或是像有贮积的情形一样，曲线开初上升较快，然后陡然降落，如图3：

因为当愈来愈多的商品达到顶峰然后下降时，综合物价水准的增

加率就会像第1图所说明的情形一样愈来愈慢。终于达到一点，那时价格下降的商品就超过了价格仍在上升的商品。

如果我们放宽关于生产过程长度一律的假定而不放宽完整预见的假定，那么原先的结论还有一个限制条件。因为如果生产时期短的商品的投入率和其他东西按同一比例增加，那么它的价格在生产期末将跌落到正常水准以下去。原因是可用于这方面的购买力可能还没有增加到它的产量那样大。由此看来，生产时期较短的商品的投入率应当比其他商品增加得更慢一些。从另一方面说来，人们的消费会有一些从生产时期长的商品方面转到这方面来，以便利用这种商品的低廉价格，这样就对上述情况部分地起了平衡作用。

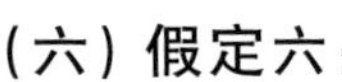

（六）假定六：

任何偏离这一假定的情形，效果都和有关假定一的讨论中所谈过的储蓄率变化的效果相同。

（七）假定七：

实际上，信用循环和标准情形比较起来，具有一种强烈的趋向于“过火”的内在趋势。

以上我们一直假定预见是正确的，只是略微提及了预见不完整的结果。但事实上预见肯定不会完整；在目前的无知状态下，还可能朝一方面发生偏向。因为企业家在现存的心理状况下将新原料投入制造机器的速率的决定，受眼前肯定的现货价格的影响比完全不肯定的生产时期末预期价格的影响要大得多。然而应当对他们发生影响的却完全是后者而绝不是前者。其结果是，当现货价格上涨时，尤其是当它们持续上涨六个月以后，投入率就会过分地加速；如果是跌落的话，则会使之过分受阻，往下的后果是很明显的。

此外，如果有许多企业家独立作出牵涉增加投入率的决定，而且彼此处心积虑地不让旁人知道，那么他们之中便没有一个人能准确地预见到投入率的增加。因之也就无法预见到一个生产过程过去后，这种增加对于物价将发生什么样的影响。

前述说法显然可能作出许多细节方面的发展和扩充，再继续写许多页加以扩充、修正和总括都办得到。但以上所说的话，也许已经足以让领会了这儿所说明的一般思想体系的读者应用到自己遇见的任何其他有趣的情形中去了。

第二十一章　国际不平衡所造成的变化

国际价值理论的详尽讨论，不属于本书范围。但这种理论的某些简短的导论却必然适于在货币论中提出。

一、作为货币不平衡原因的相对物价水准和相对利率

我们已经看到，国际通货体系的平衡要求每一个国家的对外投资收付必须等于其对外贸易差额。这一点牵涉两套条件。因为对外投资收付率取决于国内外的相对利率，而对外贸易差额则取决于国内外的相对物价水准。

不过相对物价水准脱节所造成的不平衡和相对利率脱节所造成的不平衡是根本不同的。在前一种情形下，不平衡可以由物价水准（毋宁说是收入水准）的变化补救；它虽然必需有暂时性的利率变化来造成收入水准的变化，但却无需有永久性的利率变化。从另一方面说来，在第二种情形下，平衡的恢复可能不仅需要利率变化，而且需要收入水准发生持久性的变化，可能还要有物价水准方面的变化。也就是说，一个国家的物价水准和收入水准，不但会受国外物价水准变化的影响，**而且会受到国外投资需求相对于国内需求的变化所引起的利息率变化的影响**。

1. 首先让我们讨论一下较简单的第一种情形。在这种情形下，平衡的扰动完全是由于国外物价水准的变化（如跌落）所造成的。这样就会使对外贸易差额 B 降低，而对外投资收付量 L 则没有相应的变化。其结果是使 L 超过 B，使黄金外流。银行利率必须暂时提高。但像这样造成的首先使物价下跌，接着使货币收入下跌的过程完成后，银行利率就可以安稳地恢复原有的水准。其原因是全部产品的物价水准 Π 以及 S_1、L、I_1 和 B 等以购买力衡量时虽然未变，但以货币衡量则都比外国物价未跌落前降低，其程度相当于外国物价水准的跌落，因而使平衡条件得到满足。除了货币价值以外，新平衡一旦成立以后，将不会与旧平衡发生重大差别，生产性质将没有变化。①

2. 其次让我们假定，平衡的扰动是由于国外利率的上升造成的，而国内的 S 和 I_1 却仍然是利息率的原有函数。这样就会使 L 增加，其结果是使 L 超过 B，使黄金外流。正像上面所说的情形一样，银行利率必须提高，而银行利率提高就会使国内投资 I_1 和对外投资贷付差额 L 都受到阻抑，所以 S 便会超过 I，物价 Π 就会跌落。Π 的跌落使旧生产成本下的企业家蒙受损失，所以他们就会趋向于减少为生产因素所提供的货币报酬率。最后，基本方程式的第一项就会降低。同时，起初由于基本方程式第二项的降低、接着由于第一项的降低所造成的 Π 的跌落将使 B 增加，而银行利率

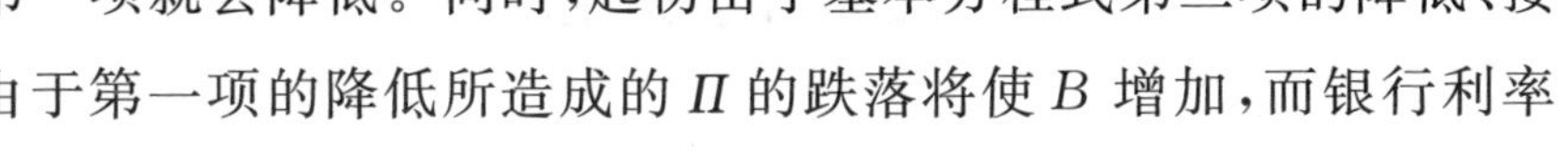

① 这一点牵涉一些默契的假定，如不同生产因素的货币报酬按同一比例变化等。

的上升则会使 L 减少。这一过程一直要继续到重新出现 $L=B$、黄金停止外流时为止。在新平衡位域上，L 中在 S 中所占分量比以前大，而 S_1 所占分量则比以往小。那么 Π 又将怎样呢？

B 将必须增加。这就意味着输出必须增加或输入必须减少，或是两者兼有。所以 B 必要的增加只能由国产外贸商品的价格跌落，使生产转移、使 I_1 减少而得到。在上述过程的一个阶段中，这三种现象全会出现。因为黄金的外流将在其作用范围内使外国货涨价，使本国货跌价，而利率的上涨则会使 I_1 减少。所以在新的平衡点上，一切国产货的价格相对于一切外国货的价格而言都会下跌。这种相对跌落的量将取决于国内外生产力的实际性质所造成的贸易条件的变化，这一点在第 303 页上就可以看到。

关于 Π 本身，其组成成分中有某些将下跌，而另一些则将上升。如果国内消费的一切商品都可以毫无阻碍地进入国际贸易，那么 Π 就不可能相对于类似的国外物价水准而发生变化。但由于这一条件实际上从没有得到满足，而大多数国家又主要是消费本国产品。所以一般说来，两抵之后 Π 的绝对值就会跌落。这就是论点的要义。但我们现在必须进一步详细加以讨论，理由在下面可以看到。

二、对外投资收付差额和黄金流动之间的关系

上述的说法中隐含着一个假定，即 B 是国内外相对物价水准的函数，而不是 L 的直接函数。这就是说，仅只是 L 增加（我们的

假定如此)这一事实,并不能影响外国的状况;无论是外国物价水准方面,还是外国在给定物价水准下对我国货物的需求状况方面,都无法对之发生某种影响,以致能在完全不相当大地扰动国内物价或收入水准的情况下,使 B 和 L 发生同一程度的增加。相反地,我们假定:在大多数情形下,L 和 B 之所以能维持接近相等,并不是由于 L 的增长直接刺激 B 增加;而是由于 L 超过 B 之后,就会产生黄金流动的危险或事实,这样就会引得有关国家的银行当局以一种方式改变其放款条件,以便扰动双方的现存投资平衡、使国内外相对物价水准发生适当的变化,从而暂时减少 L 的净量,最后增加 B。当 B 增加后,L 的暂时减少就不再有必要了。

由于上述推论所根据的是黄金的实际流动,所以便和传统的李嘉图学说相符合。陶西格教授等针对当前的事实来解释这一学说时,[①]使它得到了推广,将国际资本的交换也包括在内了,李嘉图本人却很少谈到这一点。但上述说法和19世纪时主要根据经验而在英国得到广泛流传的另一传统学说不十分符合,现在还有人持这种传统学说。根据这一学说来看,对外投资贷付差额将直接刺激对外贸易差额,其作用几乎是自动发生的,黄金的实际流动只起十分次要的作用。我认为这一结论,根据19世纪的英国经验的地方比根据先验推理的地方要多得多。但最近(尤其是关系到德国赔偿问题)又有人提出说法来支持这一结论,俄林教授尤为显著。

① 参看其《论国际贸易》(1927年版)一书各页。

陶西格教授在其《论国际贸易》一书中，研究了19世纪和20世纪初期的许多例证。这些例证是从 L 值曾经在不同日期上发生重大起伏变化的国家中引来的。他力图通过这样的方式使这问题受到一次归纳的测验。他发现 B 和 L 趋于关联一致变化，这是极其自然的，而且也的确是不可避免的。但当他讨论到货币变化必须到多大程度才能使 B 服从 L 的方向的问题时，结论就不那么肯定了。有时事实看来是在支持李嘉图的看法，有时则很难看出货币变化的规模达到了足以证实这一学说的中心内容的程度。此外，黄金流入的现象有时也可能随着物价上涨之后出现，而不在上涨之前出现。

我和俄林教授在《经济杂志》(1929)的许多页次上特别对于德国赔款问题展开过争论。那时由于本书前面几章的分析没有发表，所以我没法说清楚我的观点的理论根据是什么。但有了这种分析的帮助后，我希望我能解决这个困难，证明在什么情况下事实看来证实了俄林的命题，在什么情况下事实看来又证实了李嘉图—陶西格的命题。

有两种可能的情形，由于和论点的本质无关，所以首先必须撇开。一种情形是对外投资收付差额受契约或谅解的约束，规定收入要在国内进行购买；要是没有这种契约的话，一般是会流出国外的。这种契约之所以能撇开不谈，除了总量实际上微不足道以外，而且性质也等于是补贴所供商品的成本。这就等于是牺牲本来应取的利息，降低它们的价格。

其次，还有一种情形是，有某种形式的金汇兑管理存在。所以外国流动资财的流动就代替了实际黄金的流动。我们将认为这种流动对于本讨论说来，等于黄金的流动。

一个国家可以避免黄金流动的市场利率值（即 $G=0$ 时的值），不妨称之为国际利率。（同一通货体系的不同成员的国际利率当然不是互相独立的。）

首先让我们假定有关的国家只有 A、B 两国，这样就可以避免迂回贸易的复杂情况。

假定我们从一种平衡位域出发，其中两国都是 $G=0$，和 $I=S$。这就意味着每一个国家都是市场利率＝国际利率＝自然利率。读者应当记得，除非是国际投资贷付具有完全的流动性，否则这并不意味着两个国家的利率相同。但如果其中的一国市场利率与国际利率相等，而有关的国家又只有两个，那么另一个国家的市场利率与国际利率也必然会相等。

然后再假定投资吸引力在 A 国增加在 B 国不增加。这样就有两个问题要加以讨论，一个是所达到的新平衡位域的性质，另一个是从旧平衡位域到新平衡位域的转移过程的性质。如果我们假定市场利率的上涨在任一国家中对于储蓄率都没有重大的影响，那就可以使表达简单而又不会改变问题的本质。

第一，新平衡位域的性质：——在每一个国家中，市场利率、国际利率和自然利率都会互相恢复平衡，但水准比以往高，其程度相当于两国投资边际吸引力增长的总和。同时这一水准在 B 国中比没有国际投资贷付流动性时的情形更高，而在 A 国中则更低。B 和 L 又会重新相等，但数值比以往高。换句话说，这样 B 国事先就会有一种有利于 A 国投资增长的投资转位出现，这种转位对两国的货币报酬水准有什么影响呢？

原先在B国中生产新投资品的生产因素将必须改而生产预计可以方便A国新投资的其他东西。这一过程出现的方式有以下几种:(1)B国生产因素生产原先由A国进口的东西,因而将A国的生产因素解放出来为A国的投资进行生产;(2)B国生产因素生产原先在A国生产的东西向A国出口,因而将A国的生产因素解放出来为A国投资进行生产;(3)B国生产因素生产A国正在进行的新投资可以直接利用的商品输往A国。

这种生产性质的改变可能不损及任何效率。也就是说:B国可以生产原先在A国生产的东西,根据实际情况在B国或A国出售,价格和原先一样,而生产因素所获货币报酬和原先的职业比起来并无任何减少,企业家也无任何损失。果然如此,那么两国在新平衡位域中的货币报酬率就没有理由和旧平衡位域中有任何区别。如果B国直接生产A国所需的新投资品的原料特别有效,那么用这种办法和A国生产这些商品的办法比起来就非但不会损失效率,而且实际上还会增加效率。在这种情形下,B国的货币报酬相对于A国的报酬而言绝不会下降,而且在可以想象得到的情形下,实际上会由于A国中只能由B国的生产因素作有效供应各种投资的吸引力增加而上升。从另一方面说来,如果A国的新投资品必须由A国的生产因素生产,这些生产因素是从以往一直向B国出口的商品或往后从B国进口的商品的生产中解放出来后才能得到的;那么假定就不同了。因为A国要是无利可图,原先就不大可能向B国输出有关的商品,或不输入这些商品。因此,一般说来,B国的货币报酬率相对于A国的这种报酬率而言,在新

平衡位域中必然比旧平衡位域中低落①。

一般对这种现象的说法是两国间的贸易条件将发生不利于 B 国的变化。贸易条件变化的程度等于 B 国出口商品价格相应于其进口商品价格的比例变化所发生的比例变化。这一比数将不等于 B 国平均实际报酬率相对于 A 国这种率的比例变化，除非是一国的生产因素有国内流动性，以致使他们在国内贸易工业中的报酬率与国际贸易工业相等。也许我们还要补充一句说，真实报酬的变化当然没有货币报酬的变化那样大。同时，对外贸易在一国经济中所占重要性愈小，真实报酬的变化也就愈小。

A 国与 B 国之间的贸易条件由于 A 国投资吸引力的增加而发生的变化量，跟转移过程的性质以及产生转移的方法无关。它取决于实际情况与实际容量，取决于一国对另一国能以实效率生产的商品的需求弹性等非货币因素。

这种贸易条件的改变有时可能很小。比方说，大不列颠在 19 世纪贷款给外国发展铁路时，这种新投资所需的许多器材唯有它自己才能进行有效的生产，那时的情形就是这样。这也不是说，新状况两抵之后对 B 国一定是不利的。因为 B 国有三种可能的获利来源可以抵消贸易条件的恶化，即(一)它的储蓄利率较高；(二)往后当新贷款付息或最后还本时，贸易条件的变化将逆转；(三)新

---

① 陶西格教授在他的《论国际贸易》一书中搜集了许多证据说明事实证实了这一理论。也就是说，当对外投资增加时，贸易条件不利于贷付国而有利于借收国，前者的工资跌落，后者的工资上升。用他的名词来说，总实物交换条件和净实物交换条件都将朝同一方向发展。我认为陶西格教授过于轻易地假定出进口将自动和状况中的其他因素相适应，而没有假定它们会部分地发生不相适应的情形，但他关于国际投资对不同国家物价水准的影响的讨论却远超过了任何其他有关这一题目的讨论。

投资将来可能使它一向从A国输入的商品的成本降低。

从另一方面说来，在某些情形下，不利于B国的贸易条件变化可能很大。如果A国对B国的商品征收高额关税，或是B国不能直接供应A国新投资所需的原料时，情形就尤其可能是这样。

如果生产因素必须有一段时间才能改变其活动的性质而不严重地损失效能，以致使国内外投资贷付的吸引力发生突然变化时，贸易条件的变化在短期内便也可能很大。由于这一原因，所谓“资金逃避”问题才会变得具有很大的灾难性。这就是某些原因使这国的人受着压倒一切的动机驱使，将资金投往外国时所发生的情形。在欧战后的时期里发生了一些显著的实例，包括由于短期内贸易条件受到特大的影响，以及人们对货币突然失去信心，致使国内外投资收付差额的吸引力突然发生变化等不同情况。

卡塞尔教授的“外汇购买力平价说”最不能令人满意的特点也许就是没有估计到贸易条件改变的效果。因为这样不但使他的结论不能适用于长期过程，而且就是用于某些短期过程，也只是更加引起不符实际的看法，如果在短期过程中发生对外投资贷付吸引力急剧变化的时候，情况就是这样。

第二，转移过程的性质：——我们已经看到，在两个国家的相对货币报酬率没有发生适当的变化以前，双方的国际利率就不可能都恢复到与自然利率相等的状态。但报酬率的相对变化可以由两种方式发生：一种是由一个国家承担全部的冲量，改变其绝对率而让另一个国家的绝对率不变，另一种是两国共同负担改变的分量。

如果每一个国家都决定保持一定量的黄金准备，使之与其货币收入水准保持恒定的比例，那么每一个国家所要负担的改变分量就已经事先决定了，大部分的改变要由两国中较小的一国负担。但如果它们打算让这种比例有一些变化，那么两国负担绝对报酬率变化的比例便没有确定，要看事情的过程和两国中央银行在转移过程中的政策而定。实际上由于外国投资的增加所引起的变化，一般只会使黄金准备相对于总收入的比例发生微小的变化，甚至根本没有黄金从一国流入另一国家。

我们不妨举一些极端的情形来说明这一点。假定A国不反对多接受一些黄金，并不顾B国的政策如何而将其市场利率订得与自然利率相等。但B国却不愿损失黄金，而将其市场利率订得与国际利率相等（后者当然大部分要取决于A国所订的市场利率）。在这种情形下，A国便没有任何时期会出现市场利率、自然利率与国际利率不相等的情形，其黄金储量也不会发生变化，因之其报酬率便无需有任何改变。于是整个改变的冲量便由B国的报酬率承当，它由于要保持其黄金，于是便会被迫使其市场利率保持高于自然利率，直到由此所造成的紧缩过程使其报酬率降低到必要程度为止。

从另一方面说来，如果B国准备损失任何数量的黄金而不使其市场利率高于其自然利率，那就必须由A国来承担改变的冲量，经受一个膨胀的过程，直到其货币报酬率相对于始终未变的B国报酬率而言上涨到一个必要的程度为止。

两国间黄金的流动量如果有的话，在某种意义下对过程说来也是完全非主要的。因为黄金流动的潜势和黄金流动的事实可以得到同样的结果。A国与B国报酬率的绝对变化量取决于两国中央银行关于自然利率与市场利率的关系所操的政策。一国的政策如果最能摆脱和另一国家政策的关系，并在整个转移过程中使其市场利率最为接近其自然利率，其报酬率所遭受的绝对变化就最小。

由于一般都极不愿意损失黄金而愿意接受黄金，这就意味着贷付国往往要承受改变的冲量。唯有贷付国愿意而且能够对于损失黄金的危险采取独立的态度时，才能将改变的冲量推到借收国的身上。

但如果是一个老的国家贷付与新的国家，就可能存在着必要的条件，使贷付国转移过程的困难减轻。因为贷款可能是由于借收国受着外界条件的控制，使其市场利率相对于自然利率而言趋于上涨的结果(同时也是这种趋势的象征)。在这种情形下，在贷付之前和贷付之时，借收国的报酬率可能上涨。该国在没有这笔贷付款项时，就会与外界形成一种不平衡状况。总而言之，外国贷款可能使借收国的国内投资相对于国内储蓄而言增加；而不至于像在其他情形之下一样，由于物价上涨、黄金外流和随之而来的市场利率上涨，造成对于国内投资量的反应，因而使这一发展过程夭折。但读者必须注意，这一切只有在其他原因已经使借收国的自然利率相对于外国利率而言有一种上涨的趋势时才会发生。因此，需用贷款究竟是为了在国内新投资自发上涨的潮流之前维持现存的平衡，还是牵涉到一个走向新平衡的引发转移过程，是大有区别的。

从另一方面说来，如果贷款是由于借收国家市场利率上涨而造成的，其自然利率并没有相应的上涨趋势，那么除非贷付国有财力可以让黄金流动大量发生，我们就必须预计这种现象会对该国发生紧缩的效果。这种状况可能是由于借收国银行当局想增加黄金存量，有意拟定一种政策所引起的。他们也有可能是由于其银行体系的性质所造成的某种原因而被迫形成这种状况。比方说，贷款可能是由于借收国家为了应付金融流通需求的增长使市场利率上涨而造成的，而不是由于该国的自然利率上升使市场利率上涨而造成的。比方说，1928—1929 年间美国与世界其余部分之间的 L 值的变动就可能多半是由于美国的金融因素所造成的，而不是投资因素所造成的，前者当时正在增加金融流通的需求。然而美国利率高如果是由于该国自然利率相对于世界其余部分而言上涨所造成的，那么他们的高利率政策就不会使世界其余部分遭受任何严重的困难，或压低世界商品价格。因为它会伴随着出现一种趋势，使美国的对外贸易差额愈来愈不利。

因此，如果情形是由借收国的金融因素造成的而不是由于其投资因素造成的，那么黄金流动就会继续发生。如果要避免黄金流动的话，世界其余部分的市场利率就必须提高到超过自然利率的水准上去，其结果是使各处的投资率都跌落到储蓄率以下去，因之而造成利润紧缩的状况。这就说明了利润紧缩在国际体系的各成员间作感应传布的方式（利润膨胀也是这样）。这种传布的发生可以无需有任何重大的黄金流动，如果其他成员不能或不愿让他们的黄金存量跌落到任何重大的程度，那么他们保持黄金的努力就必然会让他们发生感应紧缩。但如果发起变动的国家能够吸收大量黄金而不被迫使其市场利率降低到和自然利率平衡①，那么

① 我们在下卷，第 30 章中可以看到，19 世纪 90 年代中，英国拒绝按国际经济关系已经调适的规模向外贷付资金，于是就使得每一个其他国家都发生紧缩。在 1929 年末，看来法国好像也可能起近乎相同的作用。由于它拒绝以适当的规模向外贷付，就引起了世界规模的紧缩（也就是使 L 适应于 B ）。

纵使有重大的黄金流动，上述传布也会发生。

关于这一过程和论点的性质，我已经说得够多了。显然，我们可以举出许多例证来。比方说，一个贷付国如果不愿意损失很多黄金，而报酬率对于紧缩的力量又不敏感，那就可能在一个平衡位域到另一个平衡位域之间遭受一段漫长而痛苦的转移过程。但这样就会使我过深地陷入国际贸易的复杂理论中。如果继续往下讨论的话，这问题本身就可以写成一本书。读者要是对此感到兴趣，无妨自己去进一步想想。

但我也许可以顺便把上述说法应用到我和俄林教授在《经济杂志》(1929)中所讨论的德国赔款问题上去。德国的赔款在交付的那一年发生作用的方式和强制性的等量外国投资差不多。差别只是德国在往后各年中没法享受对外投资所能提供的累积性抵消款项，而且投资不会和国外自发变化相应，以致直接引起德国出口品的需求。我认为俄林教授的论点是，如果受款国具有适当的信用政策，那么取得新平衡时就无需让德国在本期报酬率方面受到任何变化的冲击，也无需有任何黄金的流动。

这一点完全正确。这种事情在理论上说来并非不可能。但我认为在实际问题的条件中这是十分不可能的。俄林教授如果要提出相反的论点，就必须更充分地探讨他的理论要成立时所必须满足的条件。

首先，这种说法和贸易条件所需作出的改变量完全无关，因之也就和德国对其他地方的相对报酬率以及德国的真实工资率的改变量无关。它所谈的只是这种相对改变究竟主要由德国货币工资率的绝对跌落引起，还是主要由其他地方的货币工资率的绝对上涨引起。使前一种道路成为可能的条件很难更好地得到满足。因为德国不可能放出足够的黄金使世界其他国家的信用政策受到显著的影响。受款国的自然利率事先并没有一种相对于德国的自然利率而言表现出上涨的趋势。而且德国也不能采取一种办法来调整其对外投资的增长率，以便配合其相对货币报酬率所能进行的调适。或者说，它只能增加国外借款来办到这一点，而国外借款却比减少它本身的对外投资贷付要难得多。我的结论是：如果赔款的偿付须要使贸易条件发生重大的变动（不取决于货币条件，而取决于有关德国与世界其余部分生产力性质的实际状况），那就可能必须用痛苦以至无法实现的紧缩过程迫使德国的货币报酬率下降。上述说法只有在下述情形下才需要作修正：第一是世界其余部分有意或碰巧鼓励导致收入膨胀的趋势，结果使德国达到相对调适的问题所遭遇的实际困难减轻；第二是发生新的外来条件，自然地使得世界其余部分的货币收入水准提高。

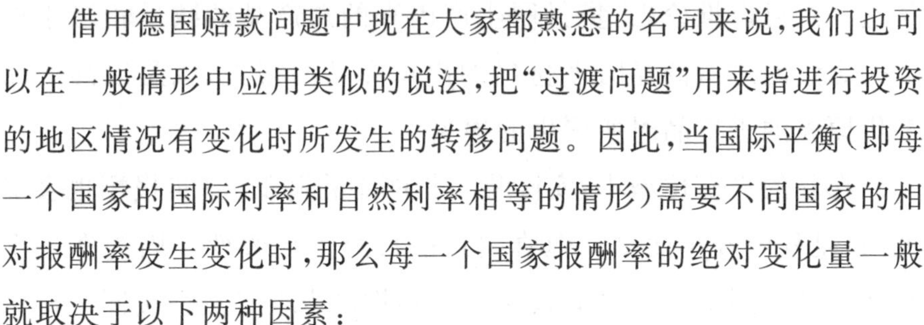

借用德国赔款问题中现在大家都熟悉的名词来说，我们也可以在一般情形中应用类似的说法，把“过渡问题”用来指进行投资的地区情况有变化时所发生的转移问题。因此，当国际平衡（即每一个国家的国际利率和自然利率相等的情形）需要不同国家的相对报酬率发生变化时，那么每一个国家报酬率的绝对变化量一般就取决于以下两种因素：

（一）所需的相对变化总量。这一点取决于生产某一地区某种投资所需商品的企业改而生产另一地区不同投资所需商品的难易程度如何，效能损失多大，也就是贸易条件必须改变多大。

（二）总相对改变量落在每一个国家上的比例。这要决定于各个中央银行在承受黄金与流通货币的比例变化方面所具有的政策、相对技术和力量。

三、对外投资的净国家利益

我们已经看到,贸易条件随着对外投资的增加而发生变化时,原因是贷付国的生产因素相对于借收国的生产因素而言必须转到生产效能比未变化前较差的产品方面去。这里所谓的效能差,兼指技术效能和各种有关的需求弹性。也就是说,他们交换外贸产品的边际效能降低了。这就意味着不但是相应于对外投资增长量部分的对外贸易条件变得不利于他们,而且连整个的对外贸易范围的贸易条件都变得对他们不利,这当然是假定有竞争条件时的情形说的。因为在我们的定义下,生产出口商品换取进口商品的生产因素的产量,是用交换中所能取得的进口商品量来衡量的。从这一点可以推论出,贷付国生产因素的总产品的减量相当于换取一定量的进口商品时多付出的出口商品的损失,或是以国产品替代原先的进口品时所发生的损失。

在新的平衡位域中,实际货币报酬率将降低,真实报酬也会降低,只是程度较小而已。但真实效能报酬不会改变。因为在一个平衡位域中用货币衡量的效能报酬和物价水准必然会按同一比例变化。换句话说:真实效能报酬率$\frac{E}{O\times\Pi}$将维持不变。但产量O和生产因素的实际报酬$\frac{E}{\Pi}$都会按同一比例减少,其程度和生产因素在新状况中的效率相对于旧状况中的效率而言其降低的程度相当。

从另一方面说来，用于对外投资的资本效能却由于所获利率较高而增加。国家增加对外投资的结果两抵之后究竟是受损失还是获得利益，就要取决于对外投资未来所得的增长以及这笔所得付还时贸易条件的改良等两方面的预期增益和进行对外投资时贸易条件的恶化所引起的目前损失相比较情形如何而定。也就是说，要取决于按利息率计算的国内投资需求弹性，以及我国对世界与世界对我国商品的需求弹性。

为了简单起见，我们假定：(一)对外贸易行业的报酬和其他行业的报酬相等，(二)在有关的变动范围内工业可以得到恒常的收益，(三)总储蓄量不变；那么出口商品相对于进口商品的价格跌落所造成的损失就等于 $E_2(p_1-p_2)-F_2(q_1-q_2)$，这儿的 E_2 是新位域中的出口量，F_2 是新位域中的进口量①，p_1 和 q_1 分别是旧位域中的进口与出口价格，p_2 和 q_2 则是新位域中的价格。从另一方面说来，由于利率增长而在本期对外投资贷付的利益中所获增益则等于 $s\times L'$，这儿的 s 是利率成比例的增长，L' 是新位域中的对外投资贷付量。于是本国在这两种计算要素方面的净增益（或损失）是：

$$s\times L'-E_2(p_1-P_2)+F_2(q_1-q_2).$$

我认为无法推断出这一个量应当是正量而不是负量。一个国家中的国内投资弹性大而出进口商品需求弹性小时，我们就会预计这是一个负数。传统的学说主张，在各种力量自由发挥作用下

① 由于以国产品代替进口商品而造成的消费者剩余的损失未予计算。

的对外投资对投资国说来永远是一个社会最适量。这一学说可能是根据一个假定提出的，即出口商品价格极微小的跌落就可以造成足够的 B 的增量。

从一方面说来，以上所说的情形没有计入往后付给利息时，对外投资使贸易条件往另一方向变化的影响。也没有计入，发展世界资源以后，贷付国间接得到的利益。但对外投资如果由其他国家进行，该国也能照样获得这种利益。从另一方面说来，上述说法也没有计入任何转移所不可避免的损失。一般说来，货币报酬不会立即跌落到必要的程度。其结果是在一个中间时期中，市场利率超过自然利率，以致使全部投资少于储蓄，随之发生营业损失和失业。

上述的分析应用到德国偿付赔款的过渡问题时，就没有利率提高或往后贸易条件的改良等抵消项目。所以德国由于建立新平衡的压力而遭受的损失就等于 $E_2(p_1-p_2)-F_2(q_1-q_2)$，加上转移过程的痛苦和困难，此外还有实际赔款支付本身。

四、国际因素所造成的变化难局

上述讨论的意义是这样。单单是国外借款者需求表有变化时，那么货币状况本身并无需有任何变化，就能使国内现存货币收入水准失去平衡。如果国外借款者准备而且能够提高借款条件，而国内借款者需求表则未变，这就意味着对外投资贷付增加。因此，黄金就会外流，直到货币报酬相对于国外类似的报酬而言跌落到足够的程度（国外报酬由于黄金流动的结果将稍微上升），使对外贸易差额也相应增长时为止。国内真实收入降低的程度一部分取决于国内借款者对贷款的需求弹性，一部分取决于世界对该国的出口品以及该国对世界的进口品的需求弹性。如果国内的投资需求是有弹性的，而对外贸易状况则是没有弹性的，那么转移的麻烦和不便之处就会非常之大。

目前一般舆论主要是受着回忆19世纪经验的影响，至少在英国是这样。那时由于各种原因，对外投资对国内货币收入水准的不利影响可能是最小量。以上所说的各点在目前的各种情形下对于国际投资贷付高度流动性的国家利益的关系，那时还没有认识到。

在一个古老的国家中，尤其是人口迅速停止发展的国家，借款作国内投资的人吸收国内储蓄的利率必然会下降。而在新国家中，利率则将维持不跌落。当这些国家渡过了开创时期的困难以后，只要他们注意到借款的信誉，那么借款给他们的估计风险就会降低。因此，古老国家的总储蓄中就会有愈来愈大的部分投往外国。其中有一部分将由它原先的对外投资贷付所获利息加以应付。但其余部分则必须由它降低生产成本、刺激出口、增加贸易账上的顺差才能取得。如果抵制这种跌落的话，黄金就会外流，银行利率就会上涨，失业就会变成长期性的。如果对制成品的关税盛行（这种商品进口增加时就很容易提高这种关税），使外国对古老国家的出口货的需求失去弹性，而古老国家的工会又大大妨碍货币工资降低时，上述情形就特别容易发生。

如果外国利率比国内所能取得的利率高，因而使大部分储蓄投往国外；如果外国对该国的大部分出口商品又都设有关税，并将不时提高这些关税，以便平衡受关税保护的国家由于黄金流出贷付国而引起的成本水准逐步上涨；这时该国将陷入怎样一种困境，详情读者无妨自行推想。

比方说，他不妨设想，大不列颠的政府和私人都不打算以高于5%的利率在国内投资，而澳大利亚已经社会主义化了，那儿的政府却愿意在6%的利率下发展。这两个国家都是金本位，而且彼此之间具有完全的投资贷付流动性。此外还要设想这个假想的澳大利亚根据两国的生产成本差额对大部分英国商品都订了滑度税则，假想的英国的工资实际上是按货币订的。最后还要设想一点来完成这一假想的图像，即大不列颠有一个节约运动使储蓄在国民收入中占的比例变得畸形地高；或者是政府受着财政良法的支配而征课重税，以便提高偿债基金来偿清国债。①

他也可以设想，黄金流入国的通货发行当局对于其通货体系加以管理，使流入的黄金对银行利率或货币量不发生任何影响。

我们必须重复指出，这一切都要服从国际投资贷付具有高度流动性的假定。没有这种流动性的地方，国外物价水准的变动所引起的不平衡可能比有这种流动性存在的地方发生得更突然，情

---

① 读者很容易看出，我写上面这一段话时，心里设想的有一部分是英国在1929—1930年的情况。因此，应当补充的是：我虽认为对外投资贷付的相对吸引力是加重困难的重大因素，但认为这一因素作为对外投资贷付差额与对外贸易差额不平衡的原因而言没有减少对外贸易差额的那些因素那样重要；后一差额减少的原因是生产报酬和成本的紧缩没有截至1925年为止的时期中英镑的国际价值上涨的程度那样大。实际情形是对外投资贷付差额增加和对外贸易差额减少两种趋势结合造成的。前者是由于长期外在原因而产生的，我们很少能加以控制。后者则是我们的战后货币政策所造成的短期结果。

形更糟，原因是无法用银行利率的变化来缓冲冲击。但从另外一方面说来，国外利率变化所引起的不平衡则只具有次要的意义。此外，纵使投资贷付在长期内的流动相当高，本国除非是可以获得其他利益，抵消流弊以外，否则并不一定要承受短期对外投资贷付的高度流动性。如果短期流动性不存在，那么国外利率的短期变动就不会引起严重的不便。减低国际投资贷付过高的短期流动性的方法将在下卷、第 7 篇，第 36 章中讨论。

国际不平衡所造成的变动的严重性一部分在于它们是不可避免的。如果我们所讨论的是一个封闭体系，以至只有对内平衡的条件需要满足，那么适当的银行政策就永远足以完全防止现状的任何严重扰动的发展。如果将信用提供率加以调节，使之避免利润膨胀，那么货币购买力和货币效能报酬率就没有任何理由会被推翻。但对外平衡条件也必须满足时，那就没有任何银行政策可以避免对内体系的扰动了。

这是由于国内和国外的借款者需求表不一律所引起的，和对外贸易本位价值的变化完全无关。这种需求表对国内外借款者分别说来可能作互不相同的变化，而且实际上也在发生这种变化。当这种情形发生时，现存对外投资贷付率就被推翻了。因此，除非一个国家准备随时接受大量黄金并在另一些时候付出大量黄金，而不修改国内投资条件和量(这种情形无论如何不能无限制地继续下去)，否则国外条件的变化就必然会在国内条件中造成不平衡状况。此外，如果对外投资收付的流动性高，而国内工资率的流动性低，同时国内出口商品的需求表没有弹性，而借款作国内投资的需求则具有高弹性，那么，由于必须保持对外平衡而从一个对内平衡的位域到另一个对内平衡位域的转移就会是困难、拖延和痛苦的。

银行利率的变化纵使只是暂时用来纠正对外投资收付率，以便保持对外平衡，我们也不能防止它对国内投资率发生反应；因之也就无法防止它在时间太短、以致来不及建立较低的工资水准的时期中对产量和就业量发生影响。于是我们在第13章中便说，银行利率作为一种恢复长期平衡的工具来说，好处是朝两方面发生作用：一方面是减少对外投资贷付，另一方面是增加对外贸易差额。像上面那样说来，当我们用它来遏制对外投资贷付时，那种好处就成了一种流弊，至少也成了一种麻烦。对外投资贷付过多可能是由于暂时原因引起的，无需我们具有任何通过痛苦的工资结构调整过程的愿望，这种过程必然会在对外贸易差额重大增长之前发生。由于银行利率对于对外投资贷付差额发生影响时作用迅速而又容易理解，但对于国内状况的影响却缓慢而又难于分析，所以应用这种双刃的武器所产生的麻烦到被认识时是很慢的。

五、金汇兑管理下的同类现象

旧式国际金本位之下的黄金流动，不仅作为权宜办法而言，而且作为恢复国际平衡的刺激而言都被正确地赞扬为好处在于具有双重效果：——对流失黄金和获得黄金的国家都发生作用，所以两个国家便会共同负担任何必然变化的冲量。因为正像黄金流失会刺激一个国家立即提高利率，往后再降低生产成本一样；获得黄金就会发生相反的效果。由于对外投资差额量 L 取决于国内外的相对利率，而对外贸易差额量B则取决于国内外的相对物价水准，所以上述的一点是至关重要的。因为这就意味着变化的冲量不会整个投在我们一国身上。黄金流动就意味着其他国被刺激起来半道迎接我们。

但如果我们的中央银行不以实际黄金的形式而以外国金融中心的流动资产的形式保持准备，结果又会怎样呢？这种资产量的变动是不是也会以交互的方式恢复平衡呢？金汇兑管理法的某些批评家虽然称赞这种方法可以节省中央银行准备的黄金需求，但却说黄金以外的流动资产的变动不会以交互的方式发生作用，并说这对于有关方法就是一个非常严重的反对理由。在中央银行B所属国家中保存流动准备的中央银行A如果开始支取这些准备以便保持其外汇平价，它的动机就好像是流失黄金以改变其国内的投资贷付条件一样。这种说法认为中央银行B不会有这种动机。因为B国之中除了某些流动资财的所有权改变以外并没有任何改变，于是就没有发生任何情形影响投资贷付条件。

在我们没有断定对于这一批评是不是可以提出令人满意的答复之前，必须对整个问题作更深入一些的探讨。如果中央银行B主要是受黄金准备对负债的比例的影响，那么它的体系内部所容受的对外贸易差额的变化对它本身的行为的直接效果便显然只是对外投资差额净量由于任何其他原因发生的变化所具有的那种直接效果，因为前一种变化就等于后一种变化。同时，除了A国以即期存款的形式在中央银行B中保持其余额，否则对外贸易差额量的变化就不会强制中央银行B以一种方式采取过早行动，这种方式根据其不受束缚的判断看来将像黄金流动迫使它采取过早行动一样不利于其对内平衡。在这种情形下，人们指摘流动资产准备没有相互行动的说法看来就有根据了。

从另一方面说来，如果中央银行 B 一贯把实际黄金的流动主要不当成一种病态，而看成是对外投资贷付差额的刺激和控制对外贸易差额的刺激之间的现存或预期关系的象征，那么中央银行 A 与 B 之间流动余额的交往作为象征而言，就会和彼此之间的实际黄金交往一样重要和有意义。因此，中央银行 B 在决定货币政策时受一种交往的影响正和受另一种交往的影响一样有理由。但我们必须在这里指出中央银行 B 手中所存的外国中央银行余额的增长，根据上述假定说来就相当于中央银行 B 黄金的损失。因此，中央银行 B 如果把外国中央银行余额的流动完全当成黄金的流动看待，那么比方当它手中的外国余额增长时，它就必须提高银行利率，这种政策一直要坚持到它所吸引的黄金量等于外国中央银行余额的增量时为止；要不然就要坚持到它吸引外国中央银行所属国国民的资产，迫使这些银行交出其余额为止。在任一种情形之下，全世界的中央银行整个说来并没有节约任何黄金量。

因此，初看起来我们便无法兼而有之。要就是批评者关于没有交互行动的指摘是有根据的，要不就是没有真正节约黄金。但情形并不一定会像这样坏，理由如下：

假定中央银行 A 存在中央银行 B 的流动国外资产的增减是损益中央银行 A′存在中央银行 B 的资产而得到的，那么就 B 而言虽然没有交互行动发生，但 A′却有一种交互行动帮助 A 重新调整。此外，如果中央银行 B 被用作其他国家中央银行的票据交换所，以致一家中央银行在 B 行中余额的变动一般被另一家银行等量的相反变动抵消了，那么中央银行 B 就有理由不为它所存的外国中央银行余额正常总量保持任何重大分量的黄金，只是把偏离这一正常总量的任何量当成一种象征，表示需要作出与黄金流动大致相同的处理。在这种情形下，在这一公认的正常总量限度内，我们就会为世界真正节省了黄金；当个别银行变化其对外收支差额时，也可以为它们节省其他中央银行交互行为，情形就像它们在变化黄金储量时一样。

但实际情形却不幸而没有理想情形这样好。因为理想情形须要满足两个条件：第一，各中央银行关于其金汇准备的正常总量必须有一个稳定的政策。第二，这些准备必须集中在一个中心；如果分在几个中心的话，每一个中心的正常总量也应当是稳定的，使得各中心之间不会由于差额利息率之类的事情的影响而发生流动的危险。这些条件要是不满足的话，就必然会牺牲一些交互行为或黄金节约。

无论如何，在一种制度下，如果全世界的中央银行依靠金汇兑本位的程度和依靠实际黄金的程度的相对状况十分不稳定，而这种准备又可能在利率变化的影响下大量地从一个中心转移到另一个中心（比如从伦敦转移到纽约），这种利率变化是本地条件决定的而不是由国际条件决定的，那么这种体系就很可能在一种不稳定和不令人满意的状况下运行。我认为上述讨论的一般旨趣是导致一个结论说：金汇兑体系唯一令人满意的运行方式是在国际银行的主持下进行，这一国际银行将是中央银行金汇准备的唯一储存所。各中央银行在该行的顺差总额将决定于国际政策方面的条件，其余额一般不会以黄金的形式支取，而只会从一个中央银行转移到另一个中央银行。在这种体系里，各中央银行在国际银行中所保持的那一部分准备才真正可以替代黄金，各国之间交互行动的利益才能充分维持。但国际银行问题计划要到下卷第7篇第38章中再作进一步讨论。

谈到目前的实际问题，我们也发现，金汇管理要以完全令人满意的方式运行还存在着另一些障碍。首先，一个银行体系在另一个银行体系领域之内作为准备而保持的流动资产量，并不永远能得到正确和及时的材料。因此，这些量的变化便不像实际黄金量的流动那样明显易见。的确，这种更大的保密程度能使中央银行的准备发生一定量的变动而不被人普遍知道，有时在银行看来正是它在自己的金库中保持外国流动资产而不保持黄金的理由。

我们对外国余额的动态知道得含糊可能是由于喜欢保密的缘故，就这一方面说来，各国中央银行只有怪自己。但这一点也可能是由于在目前的讨论中，关于哪些东西应当认为是外国银行准备的问题存在着一定程度的模糊而产生的。一种资产与另一种资产之间性质是逐步转化的，从中央银行余额到会员银行余额、银行证券、库券、其他短期证券以及一般具有自由国际市场的证券，性质都是逐步转化的。有时会员银行也惯于大规模地保持外国流动资产，在这些情形下我们的注意力为什么要完全集中在中央银行资产上也是不清楚的。因为真正的区别只在于资产究竟是存在外国作为应付本国整个银行体系可能情形的准备，还是由于它们作为投资具有吸引力而存到外国去的。要解决这一困难，只能让中央银行在上述各方面都具有最大量的资料，然后再实际判断对其中任一项或多项下的变化应给予多大的重视。的确，中央银行对于本国领土内的任何外国资产的绝对量和变动都应当完全知道。

另一个实际障碍是：金汇管理法虽然一般被推许为节约黄金的办法，而且也以相当大的规模实行了，但中央银行由于习惯的力量，对于黄金流动的注意和其他重要因素的注意比起来仍然是过大的。

此外，说过这一切之后，我们必须承认，如果国内体系发展出方法并保持大量流动资产，其明确目标是为了具有力量在短期内不过分敏感地理会外界事件而维持对内平衡，那么，除了长期内所发生的重大流动事件以外，交互行动就必然更加不可依赖。因为欧战前金本位被认为具有的那种敏感的交互作用使每一个国家的对内平衡都要服从任一次国外变动，不论这种变动是怎样微小和短暂都一样；而中央银行总准备的安全边际量愈宽，它就愈加不愿意对其他中央银行凭自己高兴的行动发生交互反应。

六、国际贸易本位不存在时的同类现象

以上我们一直假定有一种有效的国际贸易本位存在。最后，我们必须考虑一下没有这种本位存在时的情形。例如欧战刚结束后到1924—1929年普遍恢复金本位前，世界上许多国家的情形都是这样。

当对外贸易差额 B 和对外收支差额量 L 之间的距离无法通过准许黄金流动而弥补时，那么外汇方面所受的压力就显然会使本国和其他各国之间的汇率一直改变到这种距离消失所必须的程度为止。总之，维持对外平衡的作用机构基本上已经不再是银行利率的变化，而是外汇率的变化。银行利率在维持对外平衡方面始终是一个次要的工具，在维持对内平衡方面是一个主要工具。但国外扰动所造成的转移的性质和以上假定有国际贸易本位的情形相比时已经发生了相当大的改变。

外汇率改变的效果在某种意义上说来和银行利率的改变虽然相似，但我们将看到，它的作用方式是相反的。此外它还能立即使一些力量发生作用，这些力量在银行利率的变化被用作恢复平衡的工具时是完全不存在的，至少开始时是这样。外汇汇率作用和银行利率作用之间的主要区别可以分述如下：

(一)让我们把可以在拟定的外汇率变化范围之内进入对外贸易作为进口或出口物资的一切商品称为对外贸易商品。实际上没有进入对外贸易而在国内消费的商品，只要和上述意义下的对外贸易商品属于同一类，便可以包括在内。B 的增长就等于是国产对外贸易商品剩余的增长。所谓国产剩余指的是国内生产的这类商品超过国内投资或国内消费所用量的过剩量。因此，一个国家增加其对外贸易商品的剩余生产时就增加了对外投资量。同样的道理，我们也可以把国内生产的其他商品都称之为国内贸易商品。当外汇率改变时，所有的对外贸易商品价格用当地货币衡量时都立即改变了，但起初时却不会发生什么作用来改变国内贸易商品的价格。假定所要补救的不平衡状态是 B 相对于 L 而言不足，让我们比较一下外汇率政策和银行利率政策作为恢复平衡的手段而言在这种情形下的作用方式有什么异同。

如果外汇率改变后使本国货币发生了适当程度的贬值，那么平衡就会由于提高对外贸易商品的价格并使国内贸易商品价格保持不变而恢复，于是就会吸引企业家增加前者的产品，其结果是增加对外贸易商品的剩余生产，也就是增加 B。从另一方面说来，如果将银行利率提高到一个适当的程度，就会使一些力量发生作用，降低国内贸易商品的价格而又使对外贸易商品的价格维持不变（这是大致情形，没有谈到细致的变化）。上面说，这两种方法的作用相同但方式相反，指的就是这种情形。在上面所假定的情形下，外汇方式是通过膨胀的作用恢复平衡的，而银行利率方式则是通过紧缩的作用产生类似的相对变化。从另一方面说来，如果不平衡是由于 B 相对于 L 而言过大所造成的，那么通过紧缩发生作用的便是外汇方式，运用膨胀作用的则是银行利率方式。因此，当摩擦是一种严重的毛病时，最小抗力的路线是在前一种情形下运用外汇办法，而在后一种情形下则用银行利率办法。我们如果在具体环境下始终遵循最小抗力路线的话，其结果是长时期中的物价趋势会始终上涨。

两种方法之间的异点还不止于此。外汇法的特性是直接使相对物价水准上涨或下跌，而银行利率法则只能间接地起这种作用，因之便有一种时滞存在。从另一方面说来，银行利率法的特性是对 L 直接发生作用。这两种性质究竟哪一种好，就要看 B 与 L 之间的不平衡是由于国外利率的变化造成的，还是由于国外物价水准的变化造成的。在前一种情形下，平衡位域无法单纯通过汇率政策达到，迟早必须配合上银行利率的变化。的确，假定国内外货币收入的平均水准最后维持不变，那么外汇的新平衡率和原先的平衡率的差别就只会达到相应于贸易条件的改变那种程度。而贸易条件的改变量则和前面一样，要取决于两国的投资与生产的实际状况。但在后一种情形之下，银行利率法将在投资率中造成一种不必要的扰动，这种扰动就其本身而言是有害的。应用这方法只是为了最后对生产的货币成本造成影响，往后就要回复过来。国内的货币收入和原先维持同一水准时，要达到新平衡位域除了适当改变外汇汇率以外并不需要任何其他变动。

现在我们可以把选择问题总结如下：如果不平衡是由于国外物价水准的变动造成的，用外汇法就有利，因为这样可以保持对外平衡而完全无需推翻对内平衡。但如果是由于国外利率变化造成的，那么银行利率法就终究是必要采用的；而且，假定我们要维持国内货币收入稳定的话，那就只有在相对利率变化牵涉贸易条件的重大变化时，才能兼用外汇法。其次，如果不平衡纯粹是临时性的，无需作持久的重新调整，那么临时运用外汇法的好处就是可以迅速而直接对物价发生作用；银行利率法则只有到为时太晚、无法起作用时，才能产生所需的结果。因为在这种情形下，对外贸易商品和国内贸易商品的价格水准的相对摆动可以使 B 发生足够的改变来克服一现即逝的不平衡原因，而无需严重地扰动货币收入或储蓄与投资的平衡。

因此，如果各中央银行明智的话，那么在服从下述第（二）项的考虑事项之后，看起来就应当在武库中同时具有两种武器，以便在适当的机会上应用。

（二）外汇法还有一个很重要的副作用。预期外汇汇率不稳定时，对于 L 的大小将具有深远的影响，趋向于减少对外投资贷付差额量；如果我国是借入国的话，也会同样减少对外投资的借入量。因此，两种方法的选择便不但要考虑到以上所列举的技术性货币条件，而且也要同样考虑到我们根据社会与国家的一般政策出发，究竟是要鼓励还是要阻抑对外投资贷付（或借入）。

（三）此外，由于短期投资收付量的变动取决于国内外利率的较小差额，所以在本国国内经济中所起的作用便要小得多。因为还会有另一种支配 L 的因素出现，那就是对于外汇未来行市的预期。由于欧战后经验的结果，这一点已经是众所周知的了，所以毋庸赘述。如果外汇的变动据估计是围绕着一个缓慢移动的法线作短期的上下摆动，那么 L 相对于 B 的每一次过剩和不足一旦有时间影响到外汇，就会使纠正力量发生作用。因为对外贷款偿还时的预期损益永远会使 L 沿着某一个方向运动，这方向从保持对外平衡的观点看来是有利的[①]。但如果外汇的变动被认为是朝同一方向累积和继续向前变化的起始，那么，它的效果就会加重不平衡，并使 L 的运动方向与所需方向相反。

在下面的讨论中，让我们把当地的不兑现货币撇开不谈。这种货币没有客观标准，完全要听凭软弱无力或指导错误的管理摆布。我们倒是要假定，当地货币的管理从长期看来要受某种货币价值对内稳定性的标准支配。

在这种假定下，这类货币体系的行为和国际贸易本位下的货币体系的行为之间，主要的差别在于以下各点：（一）B 对于对外变化的敏感性更直接；（二）L 对于国内外相对利率的变化敏感性更迟缓；（三）引入了一种新方法来影响 L，这方法不是相对利率的变化，而是外汇率的变化；（四）可以不改变货币收入的平均水准而改

① 这方面的技术将在下卷第 7 篇第 36 章中更详细地讨论。

变对外投资率。

在本章中，我不打算对国际贸易本位和当地贸易本位的实际利弊作最后评价。这应当是下卷中所讨论的问题。在那儿我将把两者作出实际的比较。但不论是哪一种本位有利，我认为最重要的区别似乎有以下各点：

在当地贸易本位方面，中央银行有时遇到的两难局面（即对内和对外平衡不能同时维持的问题）情形较比缓和得多。如果中央银行能自由地变化外汇率和市场利率，而且在适当的时候适量地运用每一种方法，那么，由于普遍失业盛行而损失财富和产品的危险就要小得多。因为对外贸易商品价格的直接变化可以大部分代替失业作为保持和恢复对外平衡的因果之链中的第一环节。它的不利之处在于使对外投资收付的流动性减少（如果这是一个不利之处的话）。

关于优点究竟是哪一边多的问题，显然无法提出一般的答复。这问题只有一部分取决于对外贸易工业在本国国民经济中所占的相对地位，而不完全取决于这一点。因为它同时也要取决于当地利率的剧烈变动没有人为遏制时，相对于可以由贸易条件的微度变化迅速引起的对外贸易差额量的相应变动说来，对外投资收付量的潜在变动是否可能很大。最后一点的答案未始不会受到世界其余部分的关税政策的影响。因为如果光是对外投资收付率对于小变化具有高度敏感性，而不伴以对外贸易的反应对于小变化的同等高度的敏感性，那就会是不利的，甚至还是危险的。

图书在版编目(CIP)数据

货币论.上卷,货币的纯理论/(英)约翰·梅纳德·凯恩斯著;何瑞英译.—北京:商务印书馆,2017
(汉译世界学术名著丛书:120年纪念版:珍藏本)
ISBN 978-7-100-14109-3

Ⅰ.①货… Ⅱ.①约… ②何… Ⅲ.①凯恩斯主义—货币论 Ⅳ.①F091.348

中国版本图书馆CIP数据核字(2017)第138989号

汉译世界学术名著丛书
(120年纪念版·珍藏本)

货 币 论

上卷

货币的纯理论

〔英〕约翰·梅纳德·凯恩斯 著
何瑞英 译

商务印书馆出版
(北京王府井大街36号 邮政编码100710)
商务印书馆发行
南京爱德印刷有限公司印刷
ISBN 978-7-100-14109-3

2017年12月第1版　　开本710×1000 1/16
2017年12月第1次印刷　　印张22½
定价:105.00元